北京大学数学教学系列丛书

非寿险精算学

杨静平 编著

北京大学出版社
PEKING UNIVERSITY PRESS

图书在版编目(CIP)数据

非寿险精算学/杨静平编著.—北京:北京大学出版社,2006.12
(北京大学数学教学系列丛书)
ISBN 978-7-301-10795-9

Ⅰ.非… Ⅱ.杨… Ⅲ.保险-精算学-高等学校-教材 Ⅳ.F840.4

中国版本图书馆 CIP 数据核字(2006)第 062031 号

书　　　　名:	非寿险精算学
著作责任者:	杨静平　编著
责 任 编 辑:	刘　勇
标 准 书 号:	ISBN 978-7-301-10795-9/O·0701
出 版 发 行:	北京大学出版社
地　　　　址:	北京市海淀区成府路 205 号　100871
网　　　　址:	http://www.pup.cn　新浪官方微博:@北京大学出版社
电　　　　话:	邮购部 62752015　发行部 62750672　理科部 62752021
	出版部 62754962
电 子 邮 箱:	zpup@pup.cn
印　　刷　者:	北京虎彩文化传播有限公司
经　　销　者:	新华书店
	880mm×1230mm　A5　9.75 印张　288 千字
	2006 年 12 月第 1 版　2022 年 8 月第 6 次印刷
定　　　　价:	45.00 元

未经许可,不得以任何方式复制或抄袭本书之部分或全部内容。
版权所有,侵权必究
举报电话:010-62752024　电子邮箱:fd@pup.pku.edu.cn

《北京大学数学教学系列丛书》编委会

名誉主编：姜伯驹

主　　编：张继平

副 主 编：李　忠

编　　委：(按姓氏笔画为序)

　　　　　　王长平　刘张炬　陈大岳　何书元

　　　　　　张平文　郑志明

编委会秘书：方新贵

责任编辑：刘　勇

内 容 简 介

本书介绍非寿险中刻画险种损失的风险模型、风险模型的统计估计理论、费率厘定方法及准备金提取方法. 通过建立随机模型对险种的损失进行描述；利用统计理论对损失模型进行统计分析；介绍费率厘定和准备金提取方面的基础理论及应用. 本书力求精算理论与实务相结合，运用概率论和数理统计等对风险模型、经验费率和费率厘定等方面进行严谨的论述，并对风险保费、费率厘定及准备金提取等方面给出了一些实例分析.

全书共分为四部分：第一部分讨论保单损失的风险模型；第二部分介绍相关的统计理论，主要包括风险模型中的损失分布和索赔频率的统计估计理论、理赔模型的统计估计及风险保费的计算等；第三部分介绍经验费率，其中包括完全信度、部分信度、最精确信度及机动车辆保险中的 NCD (No-Claim Discount) 系统；第四部分介绍费率厘定方法和准备金提取方法.

本书采用风险模型 — 统计分析 — 实务理论这样的结构，使得读者对非寿险精算中的数理基础与实务方法之间的内在联系有较系统的了解. 作者通过一些例题及实例分析帮助读者加深理解相关的知识，并对书中部分习题给出了参考解答.

本书可以作为金融数学专业、应用数学专业、保险及金融等专业的教学用书，也可以作为保险从业者的参考用书.

作 者 简 介

杨静平 北京大学数学学院金融数学系副教授，博士生导师. 研究方向为精算学与风险管理、信用风险模型及应用、极限定理和极值理论在保险和金融中的应用. 作者 1993 年开始从事精算方向的教学和科研工作，编写的教材有《寿险精算基础》(北京大学出版社，2002)，并在国内外发表多篇精算学和信用风险方面的论文.

序　言

　　自 1995 年以来，在姜伯驹院士的主持下，北京大学数学科学学院根据国际数学发展的要求和北京大学数学教育的实际，创造性地贯彻教育部"加强基础，淡化专业，因材施教，分流培养"的办学方针，全面发挥我院学科门类齐全和师资力量雄厚的综合优势，在培养模式的转变、教学计划的修订、教学内容与方法的革新，以及教材建设等方面进行了全方位、大力度的改革，取得了显著的成效. 2001 年，北京大学数学科学学院的这项改革成果荣获全国教学成果特等奖，在国内外产生很大反响.

　　在本科教育改革方面，我们按照加强基础、淡化专业的要求，对教学各主要环节进行了调整，使数学科学学院的全体学生在数学分析、高等代数、几何学、计算机等主干基础课程上，接受学时充分、强度足够的严格训练；在对学生分流培养阶段，我们在课程内容上坚决贯彻"少而精"的原则，大力压缩后续课程中多年逐步形成的过窄、过深和过繁的教学内容，为新的培养方向、实践性教学环节，以及为培养学生的创新能力所进行的基础科研训练争取到了必要的学时和空间. 这样既使学生打下宽广、坚实的基础，又充分照顾到每个人的不同特长、爱好和发展取向. 与上述改革相适应，积极而慎重地进行教学计划的修订，适当压缩常微、复变、偏微、实变、微分几何、抽象代数、泛函分析等后续课程的周学时. 并增加了数学模型和计算机的相关课程，使学生有更大的选课余地.

　　在研究生教育中，在注重专题课程的同时，我们制定了 30 多门研究生普选基础课程 (其中数学系 18 门)，重点拓宽学生的专业基础和加强学生对数学整体发展及最新进展的了解.

　　教材建设是教学成果的一个重要体现. 与修订的教学计划相配合，我们进行了有组织的教材建设. 计划自 1999 年起用 8 年的时间修订、编写和出版40余种教材。这就是将陆续呈现在大家面前的《北京大学数学教学系列丛书》。这套丛书凝聚了我们近十年在人才培养方面的思考，记录了我们教学实践的足迹，体现了我们教学改革的成果，反映了我们对新世纪人才培养的理念，代表了我们新时期的数学教学水平。

经过20世纪的空前发展，数学的基本理论更加深入和完善，而计算机技术的发展使得数学的应用更加直接和广泛，而且活跃于生产第一线，促进着技术和经济的发展，所有这些都正在改变着人们对数学的传统认识。同时也促使数学研究的方式发生巨大变化。作为整个科学技术基础的数学，正突破传统的范围而向人类一切知识领域渗透。作为一种文化，数学科学已成为推动人类文明进化、知识创新的重要因素，将更深刻地改变着客观现实的面貌和人们对世界的认识。数学素质已成为今天培养高层次创新人才的重要基础。数学的理论和应用的巨大发展必然引起数学教育的深刻变革。我们现在的改革还是初步的。教学改革无禁区，但要十分稳重和积极；人才培养无止境，既要遵循基本规律，更要不断创新。我们现在推出这套丛书，目的是向大家学习。让我们大家携起手来，为提高中国数学教育水平和建设世界一流数学强国而共同努力。

张 继 平

2002年5月18日

于北京大学蓝旗营

前　言

精算学是综合运用概率论、数理统计等数学工具，并结合金融及经济学原理，对保险、金融、投资与财务等领域的风险进行预测、分析、评估和管理的一门学科．在精算学的主要应用领域——保险业中，着重讨论保费的确定、准备金的提取、财务风险的评估以及偿付能力的监管等方面．

作为精算学的一个重要应用领域——保险业，其业务可分为人身保险和非人身保险两大类别．非人身保险简称为非寿险，是指除人身保险以外的保险业务，主要包括财产保险、责任保险、信用保险、保证保险等．具体细分，可分为企业财产保险、家庭财产保险、工程保险、责任保险、信用保险、保证保险、机动车辆法定第三者责任保险、机动车辆商业第三者责任保险、机动车辆车体损失保险、机动车辆其他保险、船舶保险、货物运输保险、农业保险、短期健康保险、意外伤害保险、投资型非寿险等．

非寿险精算学主要是以非寿险中的不确定性为研究对象．通过建立随机模型对险种的损失进行刻画，研究未来的理赔规律，在此基础上建立费率厘定和准备金提取等方面的理论基础；通过对险种的赔付数据进行收集与分析，确定未来的费率结构，根据历史数据利用合理方法确定准备金提取的额度及安排合理的再保方式等．在险种的开发设计、费率厘定到准备金的提取以及再保险等方面，精算理论都起到核心作用．

本书着重介绍非寿险中的一些基本的风险模型、统计估计理论、费率厘定方法及准备金提取方法．全书共分为四部分：第一部分讨论保单损失的风险模型；在此基础上，第二部分介绍相关的统计理论，主要包括风险模型中的损失分布和索赔频率的统计估计理论、理赔模型的统计估计及风险保费的计算等；第三部分介绍在非寿险精算历史上占有极其重要地位的经验费率，其中包括完全信度、部分信度、最精确信度及机动车辆保险中的 NCD(No-Claim

Discount) 系统；第四部分介绍费率厘定方法和准备金提取方法. 本书采用风险模型 — 统计分析 — 实务理论这样的结构, 使得读者对非寿险精算中的数理基础与实务方法之间的内在联系有较系统的了解. 作者通过一些例题及实例分析帮助读者加深理解相关的知识, 并对书中部分习题给出了参考答案.

作者自 1997 年开始在北京大学数学学院金融数学系讲授"非寿险精算"课程. 本书是根据作者多年在精算方面的教学及科研积累编写而成, 在编写过程中得到了国家自然科学基金"相关风险理论及模型研究"(10471080) 和 "2004 年北京大学教材建设立项"的资助.

本书可以作为金融数学专业、应用数学专业、保险及金融等专业的教学用书, 也可以作为保险从业者的参考用书. 本书内容涉及北美精算师考试的精算模型、精算模型的建立及精算实务方面的部分考试内容, 可用做相关课程考试的参考资料, 也可作为中国精算师考试的参考用书. 有需要相关课件的同志可与北京大学出版社联系. 通讯地址为: 北京市海淀区成府路 205 号 (100871), 电子邮件为: chenxh@pup.pku.edu.cn.

感谢我的同事吴岚老师、中央财经大学的高洪忠老师、山东工商学院的罗文联老师和中国平安财险有限公司精算部的张振勇, 他们在本书的编写过程中提出了许多中肯、宝贵的建议. 感谢我的学生王耀君、黄洋、曾辉、易琛、池义春、黄晓亮、赵慧子、李娜以及数学学院金融数学系的 1997—2003 级学生. 感谢责任编辑刘勇同志对本书出版所做的辛勤工作.

《北京大学数学教学系列丛书》编委会同意将本书列入丛书, 在此表示深深的感谢.

由于水平有限, 书中难免存在错误或不妥之处, 希望诸同仁及读者不吝指正!

杨 静 平

2006 年 10 月于北京大学

目 录

第一部分 风险模型

第一章 风险模型基础 …………………………………… (1)
  §1.1 基本概念 …………………………………………… (1)
  §1.2 复合风险模型 …………………………………… (8)
  §1.3 个体风险模型 …………………………………… (16)
  习题 ……………………………………………………… (18)

第二章 损失分布 ……………………………………… (22)
  §2.1 正态分布 …………………………………………… (22)
  §2.2 对数正态分布 …………………………………… (24)
  §2.3 Γ 分布 …………………………………………… (27)
  §2.4 B 分布及帕累托分布 …………………………… (28)
  §2.5 构造新的分布族 ………………………………… (30)
  习题 ……………………………………………………… (32)

第三章 索赔次数分布 ………………………………… (34)
  §3.1 泊松分布 …………………………………………… (34)
  §3.2 二项分布 …………………………………………… (35)
  §3.3 负二项分布 ……………………………………… (38)
  §3.4 Logarithmic 分布 ……………………………… (40)
  §3.5 $(a,b,0)$ 类分布 ………………………………… (40)
  §3.6 零点截断和零点修正方法 ……………………… (44)
  习题 ……………………………………………………… (48)

第四章 复合风险模型的进一步讨论 ………………… (51)
  §4.1 损失分布为指数分布的情况 …………………… (51)

§4.2 复合泊松模型 .... (55)
§4.3 Panjer 递推算法 .... (61)
§4.4 离散化方法 .... (65)
§4.5 考虑自留额的影响 .... (68)
习题 .... (70)

第二部分 赔付数据的统计分析

第五章 索赔频率及个体赔付额的估计 .... (76)
§5.1 风险量 .... (77)
§5.2 统计估计 .... (82)
§5.3 假设检验 .... (85)
§5.4 拟合不同分布 .... (87)
习题 .... (90)

第六章 理赔模型的估计与风险保费的计算 .... (92)
§6.1 理赔数据 .... (92)
§6.2 完全数据下的理赔模型 .... (95)
§6.3 总体数据下的理赔模型 .... (104)
§6.4 分离方法 .... (115)
§6.5 IBNR 赔案数目的估计 .... (120)
§6.6 风险保费的计算 .... (123)
习题 .... (131)

第三部分 经验费率

第七章 完全信度和部分信度 .... (133)
§7.1 问题的提出 .... (133)
§7.2 完全信度 .... (134)
§7.3 部分信度 .... (139)

习题 .... (142)

第八章　最精确信度 .... (145)
§8.1　条件概率的应用 .... (145)
§8.2　贝叶斯保费 .... (148)
§8.3　信度保费 .... (154)
§8.4　参数估计方法 .... (161)
　　习题 .... (176)

第九章　NCD 系统 .... (181)
§9.1　NCD 系统简介 .... (181)
§9.2　索赔临界值 .... (183)
§9.3　NCD 系统的转移概率 .... (185)
§9.4　NCD 系统的稳定性 .... (186)
§9.5　NCD 系统的稳定速度 .... (191)
　　习题 .... (193)

第四部分　实用精算理论

第十章　费率厘定 .... (197)
§10.1　费率厘定简介 .... (197)
§10.2　费率结构的实例解释 .... (212)
§10.3　赔付率法 .... (217)
§10.4　损失成本法 .... (225)
§10.5　两种方法的等价性 .... (229)
§10.6　几个例子 .... (231)
　　习题 .... (238)

第十一章　准备金的评估方法 .... (241)
§11.1　准备金简介 .... (241)
§11.2　赔付率法 .... (242)
§11.3　链梯法 .... (242)

§11.4　Bornhuetter-Ferguson 方法 .... (246)
§11.5　索赔频率与案均赔款分开考虑 .... (247)
§11.6　分离方法 .... (249)
§11.7　IBNR 准备金的计算 .... (252)
§11.8　准备金的贴现 .... (253)
§11.9　理赔费用准备金的评估方法 .... (255)
§11.10　未到期责任准备金的评估方法 .... (259)
习题 .... (261)

附录　正态分布表 .... (266)
部分习题解答与提示 .... (268)
参考文献 .... (293)
名词索引 .... (295)

第一部分 风险模型

在本部分我们介绍非寿险中刻画保单损失的风险模型，这部分内容是本书的理论基础.

第一章 风险模型基础

本章针对非寿险中保单 (或保单组) 损失的随机模型进行深入讨论；通过建立刻画保单在保险期限内总损失额的随机模型，讨论保单总损失额的性质. 其中，保单的总损失额模型涉及保险期限内损失发生的次数以及每笔损失的额度.

为了便于读者掌握本书内容，本章先介绍一些描述随机变量的基本数字特征，如期望、方差、偏度、峰度及中位数等. 然后对矩母函数及概率生成函数与随机变量分布之间的关系进行讨论. 最后，讨论刻画保单总损失额的复合风险模型和个体风险模型. 关于分布函数的更详细介绍，读者可参考本书参考文献中所列的有关概率方面的书籍. 另外，如无特别说明，本书假定所考虑随机变量的各阶矩都存在.

§1.1 基本概念

1.1.1 随机变量的基本数字特征

已知随机变量的分布函数，就可以掌握随机变量的概率特性. 有些情况下，不太容易得到随机变量的精确概率分布，并且在实际问题中也并不总是需要已知其概率分布；在某些情况下只需要把握它的某些数字特征就可以了. 随机变量的数字特征是指使用数字来描述随机变量分布的某些特点. 下面对刻画随机变量的一些数字特征做一简要介绍.

随机变量 X 的数学期望 $E(X)$, 又称为均值, 它刻画了随机变量 X 的平均取值. 当 X 的概率分布已知时, 可以根据它的分布来计算期望. 离散型随机变量 X 的期望可以采用下面公式来计算:

$$E(X) = \sum_x xP(X=x).$$

密度存在的连续型随机变量的期望可以采用下面公式来计算:

$$E(X) = \int_{-\infty}^{\infty} xf(x)\mathrm{d}x,$$

其中 $f(x)$ 为 X 的密度函数.

随机变量的期望用来度量随机变量的平均取值, 而随机变量的方差则是用来刻画随机变量取值的波动程度. 随机变量 X 的方差 $\mathrm{var}(X)$ 定义为

$$\mathrm{var}(X) = E(X-E(X))^2,$$

它用来刻画随机变量 X 取值的分散程度. 在金融和保险中常使用方差来刻画风险的大小. 注意, 方差满足

$$\mathrm{var}(X) = EX^2 - (E(X))^2.$$

刻画一个随机变量的分布形状的两个重要指标为偏度和峰度. 随机变量 $X(\mathrm{var}(X) \neq 0)$ 的偏度定义为

$$\frac{E(X-E(X))^3}{\{\mathrm{var}(X)\}^{3/2}}.$$

它刻画了 X 的偏斜程度, 可用来度量分布的对称性.

随机变量 $X(\mathrm{var}(X) \neq 0)$ 的峰度定义为

$$\frac{E(X-E(X))^4}{\{\mathrm{var}(X)\}^2},$$

它度量了分布尾部的厚度.

另外两个数字特征为变异系数和中位数. 随机变量 X 的变异系数定义为
$$\frac{\sqrt{\operatorname{var}(X)}}{E(X)},$$
即 X 的标准差与期望之比. 在变异系数的定义中,要求期望 $E(X)$ 不等于零.

随机变量 X 的中位数 u 满足
$$P(X \geq u) \geq 0.5, \quad P(X \leq u) \geq 0.5.$$

注意,有些情况下中位数不唯一.

例 1.1.1 已知随机变量 $X \sim N(\mu,\sigma^2)$ (表示 X 服从期望为 μ、方差为 σ^2 的正态分布),参数 $\mu \neq 0$, $\sigma > 0$. 计算 X 的偏度、峰度和变异系数.

解 由于正态分布的密度函数关于期望对称,所以 X 的偏度为
$$\frac{E(X-\mu)^3}{(\operatorname{var}(X))^{3/2}} = 0.$$

由于 $\dfrac{X-\mu}{\sigma} \sim N(0,1)$,所以 X 的峰度为
$$\frac{E(X-\mu)^4}{\sigma^4} = \frac{1}{\sqrt{2\pi}}\int_{-\infty}^{\infty} x^4 e^{-\frac{x^2}{2}}\,\mathrm{d}x = \frac{2}{\sqrt{2\pi}}\int_{0}^{\infty} x^4 e^{-\frac{x^2}{2}}\,\mathrm{d}x$$
$$= -\frac{2}{\sqrt{2\pi}}\int_{0}^{\infty} x^3 d(e^{-\frac{x^2}{2}}) = \frac{6}{\sqrt{2\pi}}\int_{0}^{\infty} x^2 e^{-\frac{x^2}{2}}\,\mathrm{d}x$$
$$= \frac{3}{\sqrt{2\pi}}\int_{-\infty}^{\infty} x^2 e^{-\frac{x^2}{2}}\,\mathrm{d}x = 3.$$

当 $\mu \neq 0$ 时, X 的变异系数为 $\dfrac{\sigma}{\mu}$.

1.1.2 矩母函数和概率生成函数

对于随机变量 X, 定义其矩母函数
$$M_X(t) = E\mathrm{e}^{tX}.$$

注意，对于某些随机变量矩母函数不存在.

对于取非负整数值的随机变量 N，定义其概率生成函数为

$$P_N(z) = Ez^N.$$

注意对于 $0 \leq z \leq 1$，$P_N(z)$ 存在，且

$$P_N(z) = \sum_{n=0}^{\infty} E(z^N I_{\{N=n\}})$$

$$= \sum_{n=0}^{\infty} z^n E I_{\{N=n\}}$$

$$= \sum_{n=0}^{\infty} z^n P(N=n),$$

其中当 $N = n$ 时 $I_{\{N=n\}} = 1$，当 $N \neq n$ 时 $I_{\{N=n\}} = 0$.

矩母函数与概率生成函数的重要应用在于它们与分布函数之间的一一对应关系. 对于一个矩母函数（或概率生成函数），它对应的分布函数是唯一的. 反之, 一个分布函数的矩母函数（或概率生成函数）也是唯一的. 利用这种一一对应关系，可以解决一些直接利用分布函数处理起来比较困难的问题.

我们把矩母函数与分布函数以及概率生成函数与分布函数的关系表示为下面的定理. 对于证明感兴趣的读者可参阅文献 [2].

定理 1.1.1 关于矩母函数与概率生成函数有下述结论：

(1) 矩母函数唯一地对应一个分布函数；

(2) 概率生成函数唯一地对应一个非负整数值随机变量的分布函数.

对于独立的随机变量 $X_1, X_2, \cdots, X_n$，假设对于任意 $i = 1, 2, \cdots, n$ 随机变量 X_i 的矩母函数 M_{X_i} 存在. 根据独立性知

$$M_{X_1+X_2+\cdots+X_n}(t) = E e^{t(X_1+X_2+\cdots+X_n)}$$

$$= \prod_{i=1}^{n} E e^{tX_i} = \prod_{i=1}^{n} M_{X_i}(t).$$

同样地，对于非负取整数值的独立随机变量 $N_1, N_2, \cdots, N_n$，概率生成函数

$$P_{N_1+N_2+\cdots+N_n}(z) = \prod_{i=1}^{n} P_{N_i}(z), \quad 0 \leq z \leq 1.$$

例 1.1.2 随机变量 X 的密度函数为 $\lambda e^{-\lambda x}$ $(x > 0)$，其中参数 $\lambda > 0$. 计算 X 的矩母函数，并计算 $X_1 + X_2 + \cdots + X_n$ 的矩母函数，其中 $X_1, X_2, \cdots, X_n$ 相互独立，且与 X 有相同的分布.

解 利用矩母函数的定义，得到

$$M_X(t) = \int_0^\infty e^{tx} \lambda e^{-\lambda x} dx$$

$$= \lambda \int_0^\infty e^{-(\lambda-t)x} dx = \frac{\lambda}{\lambda - t}, \quad t < \lambda.$$

根据上面的计算结果及 $X_1, X_2, \cdots, X_n$ 的独立性，有

$$M_{X_1+X_2+\cdots+X_n}(t) = \prod_{i=1}^{n} M_{X_i}(t) = (M_X(t))^n$$

$$= \left(\frac{\lambda}{\lambda - t}\right)^n, \quad t < \lambda.$$

在车辆保险中，**二项分布**、**负二项分布**和**泊松 (Poisson) 分布**都是十分重要的分布. 下面给出它们概率函数的具体形式，在下一章将对这几个分布的性质做进一步介绍.

参数为 $\lambda(\lambda > 0)$ 的泊松分布的概率函数

$$P(N = n) = e^{-\lambda} \frac{\lambda^n}{n!}, \quad n = 0, 1, 2, \cdots;$$

参数为 $(m, q), 1 > q > 0, m$ 是正整数的二项分布的概率函数

$$P(N = n) = C_m^n q^n (1-q)^{m-n}, \quad n = 0, 1, \cdots, m;$$

参数为 $(r, \beta), r > 0, \beta > 0$ 的负二项分布的概率函数

$$P(N = n) = \binom{n+r-1}{n} \left(\frac{1}{1+\beta}\right)^r \left(\frac{\beta}{1+\beta}\right)^n, \quad n = 0, 1, 2, \cdots,$$

这里记
$$\binom{k}{n} = \frac{k(k-1)\cdots(k-n+1)}{n!}, \quad k \geq n.$$

例 1.1.3 计算二项分布、负二项分布和泊松分布的概率生成函数.

解 泊松分布的概率生成函数为
$$P_N(z) = \sum_{n=0}^{\infty} e^{-\lambda} \frac{\lambda^n}{n!} z^n = e^{-\lambda} \sum_{n=0}^{\infty} \frac{(\lambda z)^n}{n!} = e^{\lambda(z-1)}.$$

二项分布的概率生成函数为
$$P_N(z) = \sum_{n=0}^{m} C_m^n q^n (1-q)^{m-n} z^n$$
$$= (1-q)^m \sum_{n=0}^{m} C_m^n \left(\frac{qz}{1-q}\right)^n = (1-q)^m \left(1 + \frac{qz}{1-q}\right)^m$$
$$= [1 + q(z-1)]^m.$$

负二项分布的概率生成函数为
$$P_N(z) = \sum_{n=0}^{\infty} \binom{n+r-1}{n} \left(\frac{1}{1+\beta}\right)^r \left(\frac{\beta}{1+\beta}\right)^n z^n$$
$$= \sum_{n=0}^{\infty} \binom{n+r-1}{n} \left(\frac{1}{1+\beta}\right)^r \left(z\frac{\beta}{1+\beta}\right)^n$$
$$= \left(\frac{1}{1+\beta}\right)^r \left(1 - z\frac{\beta}{1+\beta}\right)^{-r} \sum_{n=0}^{\infty} \binom{n+r-1}{n}$$
$$\times \left(z\frac{\beta}{1+\beta}\right)^n \left(1 - z\frac{\beta}{1+\beta}\right)^r.$$

当 $0 < z < \frac{1+\beta}{\beta}$ 时,
$$\binom{n+r-1}{n} \left(z\frac{\beta}{1+\beta}\right)^n \left(1 - z\frac{\beta}{1+\beta}\right)^r, \quad n = 0, 1, 2, \cdots$$

为负二项分布的概率函数. 所以得到

$$P_N(z) = \left(\frac{1}{1+\beta}\right)^r \left(1 - z\frac{\beta}{1+\beta}\right)^{-r}$$

$$= [1 - \beta(z-1)]^{-r}, \quad 0 < z < \frac{1+\beta}{\beta}.$$

思考题 能否将二项分布、负二项分布、泊松分布的概率生成函数表示为统一表达式?

矩母函数、概率生成函数与分布函数的矩有下面的关系. 有些证明超出了本书的基本要求, 读者在阅读时可略去证明部分.

定理 1.1.2 (1) X 的矩母函数与 X 的 k 阶矩之间有下面的关系: 当 $E|X|^k < \infty$ 时, 有

$$EX^k = \left.\frac{\mathrm{d}^k M_X(t)}{\mathrm{d}t^k}\right|_{t=0}.$$

(2) 对于取非负整数值的随机变量 N, 它的概率生成函数与其矩之间有如下的关系: 对正整数 k,

$$E\{N(N-1)(N-2)\cdots(N-k+1)\} = \left.\frac{\mathrm{d}^k P_N(t)}{\mathrm{d}t^k}\right|_{t=1}.$$

证明 (1) X 的分布函数记为 $F(x)$. 则有

$$\frac{\mathrm{d}^k M_X(t)}{\mathrm{d}t^k} = \frac{\mathrm{d}^k}{\mathrm{d}t^k} \int_{-\infty}^{\infty} \mathrm{e}^{ty} \,\mathrm{d}F(y) = \int_{-\infty}^{\infty} y^k \mathrm{e}^{ty} \mathrm{d}F(y).$$

上式中取 $t=0$, 得到

$$\left.\frac{\mathrm{d}^k M_X(t)}{\mathrm{d}t^k}\right|_{t=0} = \int_{-\infty}^{\infty} y^k \mathrm{d}F(y) = E(X^k).$$

(2) N 的概率生成函数

$$P_N(t) = \sum_{n=0}^{\infty} P(N=n)t^n.$$

所以

$$\frac{\mathrm{d}^k P_N(t)}{\mathrm{d}t^k} = \sum_{n=k}^{\infty} n(n-1)(n-2)\cdots(n-k+1)P(N=n)t^{n-k}.$$

令 $t=1$, 得到

$$\left.\frac{\mathrm{d}^k P_N(t)}{\mathrm{d}t^k}\right|_{t=1} = \sum_{n=k}^{\infty} n(n-1)(n-2)\cdots(n-k+1)P(N=n)$$

$$= \sum_{n=0}^{\infty} n(n-1)(n-2)\cdots(n-k+1)P(N=n)$$

$$= E\{N(N-1)\cdots(N-k+1)\}.$$

定理证毕.

§1.2 复合风险模型

1.2.1 基本模型

假设非负随机变量列 $\{X_i, i \geq 1\}$ 相互独立, 具有相同分布 F_X. N 为取非负整数值的随机变量, 且与 $\{X_i, i \geq 1\}$ 独立. 定义

$$S = \sum_{i=1}^{N} X_i,$$

其中定义 $\sum_{i=1}^{0} X_i = 0$. 称这种风险模型为**复合风险模型** (compound risk model).

注意这种模型的特点:

(1) X_i 为非负随机变量, 通常 X_i 为正随机变量;

(2) N 为随机变量;

(3) X_i 与 N 相互独立.

在实务中可以使用复合风险模型来刻画一段时间内单张保单或一保单组的总损失额:

(1) 单张保单的损失模型: 一张保单在一段时间的总损失额可以使用复合风险模型来刻画. 在该段时间内保单发生损失的次数记为 N, 第 1 笔损失额记为 X_1, 第 2 笔损失额记为 X_2, 依此类推, 第 N 笔损失额记为 X_N. 则该保单的总损失额可表示为 $\sum_{i=1}^{N} X_i$. 注意我们前面所做的独立性假设与实际有些不符. 在实际中, 各笔损失额之间是不独立的, 损失额与发生损失的次数也是不独立的.

(2) 一保单组的损失模型: 保单组在一段时间内的总损失额可以利用复合风险模型来刻画. 假设在这段时间内发生损失的保单数目为 N. 这 N 张发生损失的保单中, 第 1 张保单损失额记为 X_1, 第 2 张保单损失额记为 X_2, 依此类推, 第 N 张保单损失额记为 X_N. 则该保单组的总损失额可表示为

$$\sum_{i=1}^{N} X_i.$$

在复合风险模型 $S = \sum_{i=1}^{N} X_i$ 中, 称 X_i 为个体损失额, 它的分布称为个体损失额分布, 有时简称为**损失分布**. N 为**索赔次数**, 称 $E(N)$ 为**索赔频率**. 除特别说明, 总假定随机变量列 $\{X_i, i \geq 1\}$ 独立同分布, 且与 N 独立.

当索赔次数 N 服从泊松分布时, 称 $S = \sum_{i=1}^{N} X_i$ 为**复合泊松随机变量**; 当 N 服从二项分布时, 称 S 为**复合二项随机变量**; 当 N 服从负二项分布时, 称 S 为**复合负二项随机变量**. 这三种模型中, 复合泊松模型是本书讨论的重点.

下面记 $p_n = P(N = n), n = 0, 1, 2, \cdots$.

1.2.2 基本性质

下面的定理给出复合风险模型的基本性质.

定理 1.2.1 复合风险模型 S 的期望满足

$$E(S) = E(N)E(X_1).$$

证明 根据复合风险模型的定义,有

$$E(S) = E\left(\sum_{i=1}^{N} X_i\right) = E\left(\sum_{j=0}^{\infty} I_{\{N=j\}} \sum_{i=1}^{j} X_i\right),$$

再根据 $I_{\{N=j\}}$ 与 $\sum_{i=1}^{j} X_i$ 独立,得到

$$E(S) = \sum_{j=0}^{\infty} E\left(I_{\{N=j\}} \sum_{i=1}^{j} X_i\right)$$

$$= \sum_{j=0}^{\infty} EI_{\{N=j\}} E\left(\sum_{i=1}^{j} X_i\right)$$

$$= \sum_{j=0}^{\infty} P(N=j) j E(X_1) = E(N)E(X_1).$$

定理证毕.

定理 1.2.1 说明,保单总损失额的期望等于索赔次数的期望即索赔频率乘以个体损失额的期望. 这一结果是非寿险中费率厘定的理论基础.

例 1.2.1 某保单有 N 笔损失发生,已知

$$P(N=0) = 0.60, \quad P(N=1) = 0.30, \quad P(N=2) = 0.10.$$

每笔损失服从如下分布:

$$P(X=1) = 0.80, \quad P(X=10) = 0.20.$$

计算该保单总损失额的期望以及该保单总损失额不大于 $E(S)$ 的概率.

解 该保单的总损失额可表示为 $S = \sum_{i=1}^{N} X_i$. 又

$$E(N) = 0.60 \times 0 + 0.30 \times 1 + 0.10 \times 2 = 0.5,$$
$$E(X) = 0.80 \times 1 + 0.20 \times 10 = 2.8,$$

因此根据定理 1.2.1, 有

$$E(S) = E(N)E(X) = 0.5 \times 2.8 = 1.4.$$

所以总损失额不大于 1.4 的概率为

$$\begin{aligned}P(S \leq 1.4) &= P(N = 0) + P(N = 1, X_1 = 1) \\ &= P(N = 0) + P(N = 1)P(X_1 = 1) \\ &= 0.60 + 0.30 \times 0.80 = 0.84.\end{aligned}$$

对随机变量 X 和 Y, $\text{var}[X|Y]$ 表示在 Y 的条件下 X 的条件方差, $E[X|Y]$ 表示在 Y 的条件下 X 的条件期望. 下面介绍计算方差时常用的一个公式.

定理 1.2.2 设随机变量 X 和 Y 的方差存在, 则有

$$\text{var}(X) = E(\text{var}[X|Y]) + \text{var}(E[X|Y]).$$

证明 根据条件期望和条件方差的定义, 有

$$\begin{aligned}&E(\text{var}[X|Y]) + \text{var}(E[X|Y]) \\ &= E(E[X^2|Y] - (E[X|Y])^2) + E(E[X|Y])^2 - (E(E[X|Y]))^2 \\ &= EX^2 - E(E[X|Y])^2 + E(E[X|Y])^2 - (E(X))^2 \\ &= EX^2 - (EX)^2 = \text{var}(X).\end{aligned}$$

在计算受其他因素影响的随机变量的方差时经常会使用定理 1.2.2. 定理 1.2.2 表明, 一个受 Y 影响的随机变量 X 的方差, 等于在条件 Y 下 X 的条件方差的期望加上在条件 Y 下 X 的条件期望的方差.

下面介绍定理 1.2.2 的一个应用.

推论 1.2.3 对于复合风险模型 $S = \sum\limits_{i=1}^{N} X_i$, 有

$$\text{var}(S) = E(N)\text{var}(X_1) + (E(X_1))^2 \text{var}(N).$$

证明 利用定理 1.2.2, 有

$$\operatorname{var}(S) = E(\operatorname{var}[S|N]) + \operatorname{var}(E[S|N])$$
$$= E(N\operatorname{var}(X_1)) + \operatorname{var}(NE(X_1))$$
$$= E(N)\operatorname{var}(X_1) + (EX_1)^2\operatorname{var}(N).$$

1.2.3 总损失分布的计算

对于非负随机变量 X, 分布函数记为 F_X. 它的 n 重卷积 $F_X^{*(n)}$ 定义为

$$F_X^{*(n)}(x) = \int_0^x F_X^{*(n-1)}(x-t)\mathrm{d}F_X(t).$$

对于独立的随机变量列 $X_1, X_2, \cdots, X_n$, 共同分布为 F_X, 则有 $X_1 + X_2 + \cdots + X_n$ 的分布函数为 $F_X^{*(n)}(x)$, 即

$$P(X_1 + X_2 + \cdots + X_n \leq x) = F_X^{*(n)}(x).$$

定义

$$F_X^{*(0)}(x) = 1, \quad x \geq 0; \quad F_X^{*(0)}(x) = 0, \quad x < 0.$$

假设非负随机变量 X 的密度 f_X 存在. 定义

$$f_X^{*(1)}(x) = f(x).$$

对于 $n \geq 2$, f_X 的 n 重卷积 $f_X^{*(n)}(x)$ 可根据如下的递推来定义:

$$f_X^{*(n)}(x) = \int_0^x f_X^{*(n-1)}(x-t)f_X(t)\mathrm{d}t.$$

可以验证函数 $f_X^{*(n)}$ 为分布函数 $F_X^{*(n)}$ 的密度函数.

若 X 为非负整数值的离散型随机变量, $f_X(x)$ 为 X 的概率函数, 则 n 重卷积 $f_X^{*(n)}(x)$ 可由下式得到:

$$f_X^{*(n)}(x) = \sum_{t=0}^x f_X^{*(n-1)}(x-t)f_X(t), \quad x = 0, 1, \cdots.$$

这里定义
$$f_X^{*(0)}(0) = 1; \quad f_X^{*(0)}(x) = 0, \quad x \neq 0.$$
注意到 $f_X^{*(n)}$ 为分布 $F_X^{*(n)}$ 的概率函数，$n \geq 0$.

根据上面的卷积定义，复合风险模型 $S = \sum\limits_{i=1}^{N} X_i$ 的分布函数为

$$
\begin{aligned}
P(S \leq x) &= P\Big(\sum_{i=1}^{N} X_i \leq x\Big) = \sum_{n=0}^{\infty} P\Big(\sum_{i=1}^{N} X_i \leq x, N = n\Big) \\
&= \sum_{n=0}^{\infty} P\Big(\sum_{i=1}^{n} X_i \leq x, N = n\Big) = \sum_{n=0}^{\infty} p_n P\Big(\sum_{i=1}^{n} X_i \leq x\Big) \\
&= \sum_{n=0}^{\infty} p_n F_X^{*(n)}(x).
\end{aligned}
$$

这里 $p_n = P(N = n)$. 特别地，

$$
\begin{aligned}
P(S = 0) &= P\Big(\sum_{i=1}^{N} X_i = 0\Big) = \sum_{n=0}^{\infty} P\Big(\sum_{i=1}^{N} X_i = 0, N = n\Big) \\
&= \sum_{n=0}^{\infty} P\Big(\sum_{i=1}^{n} X_i = 0\Big) P(N = n) \\
&= \sum_{n=1}^{\infty} p_n P(X_i = 0, i \leq n) + p_0 \\
&= p_0 + \sum_{n=1}^{\infty} p_n P(X_1 = 0)^n.
\end{aligned}
$$

上式说明分布 F_S 在原点的概率可能为正.

定理 1.2.4 (1) 设 F_X 的密度函数 f_X 有界. 令

$$f_S(x) = \sum_{n=1}^{\infty} p_n f_X^{*(n)}(x), \quad x > 0,$$

则有

$$P(S = 0) = p_0,$$

且对 $x \geq 0$,
$$F_S(x) = p_0 + \int_0^x f_S(t)\mathrm{d}t.$$

(2) 设 F_X 为非负整数值随机变量的分布函数, 概率函数为 f_X. 令
$$f_S(x) = \sum_{n=0}^{\infty} p_n f_X^{*(n)}(x), \quad x = 0, 1, 2, \cdots,$$
则有
$$F_S(x) = \sum_{i=0}^{x} f_S(i), \quad x = 0, 1, 2, \cdots.$$

证明 (1) 设 $f_X \leq M$. 则对于 $n \geq 2$, 有
$$f_X^{*(n)}(x) = \int_{-\infty}^{x} f_X^{*(n-1)}(x-t) f_X(t)\mathrm{d}t$$
$$\leq M \int_{-\infty}^{x} f_X^{*(n-1)}(x-t)\mathrm{d}t = M.$$

因此对 $x > 0$, $\sum\limits_{n=1}^{\infty} p_n f_X^{*(n)}(x)$ 存在, 且
$$\sum_{n=1}^{\infty} p_n f_X^{*(n)}(x) \leq M \sum_{n=1}^{\infty} p_n \leq M.$$

所以有
$$F_S(x) = \sum_{n=0}^{\infty} p_n F_X^{*(n)}(x) = p_0 + \sum_{n=1}^{\infty} p_n F_X^{*(n)}(x)$$
$$= p_0 + \sum_{n=1}^{\infty} p_n \int_0^x f_X^{*(n)}(t)\mathrm{d}t$$
$$= p_0 + \int_0^x \left[\sum_{n=1}^{\infty} p_n f_X^{*(n)}(t)\right]\mathrm{d}t = p_0 + \int_0^x f_S(t)\mathrm{d}t.$$

(2) 类似可证.

例 1.2.2 已知复合变量 S 的概率函数为

$$f_S(x) = \sum_{n=1}^{\infty} f_X^{*(n)}(x) \binom{n+2}{n} (0.6)^3 (0.4)^n, \quad x = 1, 2, \cdots$$

及

$$f_X(1) = 0.30, \quad f_X(2) = 0.60, \quad f_X(3) = 0.10.$$

计算 $\text{var}(S)$.

解 设 N 的概率函数为

$$P(N = n) = \binom{n+2}{n} (0.6)^3 (0.4)^n, \quad n = 0, 1, 2, \cdots,$$

$X_1, X_2, \cdots$ 的概率函数记为 f_X. 则

$$S' = \sum_{i=1}^{N} X_i$$

的概率函数为 $f_S(x)$. 所以有 $\text{var}(S) = \text{var}(S')$. 因此只要计算 S' 的方差即可. 注意到 N 服从负二项分布, 参数为 $r = 3, \beta = 2/3$.

根据 X 的概率函数可计算

$$E(X) = 0.30 \times 1 + 0.60 \times 2 + 0.10 \times 3 = 1.8,$$

$$E(X^2) = 0.30 \times 1 + 0.60 \times 4 + 0.10 \times 9 = 3.6,$$

所以方差

$$\text{var}(X) = 3.6 - 1.8^2 = 0.36.$$

又

$$E(N) = r\beta = 2$$

及

$$\text{var}(N) = r\beta(1+\beta) = \frac{10}{3}.$$

根据推论 1.2.3, 有

$$\text{var}(S) = \text{var}(S') = E(N)\text{var}(X) + (E(X))^2 \text{var}(N)$$

$$= 2 \times 0.36 + 1.8^2 \times \frac{10}{3} = 11.52.$$

1.2.4 复合风险模型的矩母函数

复合风险模型 S 的矩母函数满足

$$M_S(t) = E\exp\left(t\sum_{i=1}^{N} X_i\right) = \sum_{n=0}^{\infty} E\left[\exp\left(t\sum_{i=1}^{N} X_i\right) I_{\{N=n\}}\right]$$

$$= \sum_{n=0}^{\infty} E\exp\left(t\sum_{i=1}^{n} X_i\right) E(I_{\{N=n\}})$$

$$= \sum_{n=0}^{\infty} p_n (Ee^{tX})^n = P_N(M_X(t)),$$

即 $M_S(t)$ 可通过 P_N 与 M_X 复合得到.

例 1.2.3 已知个体损失额 X 服从参数为 $\theta > 0$ 的指数分布,密度函数为 $\theta e^{-\theta x}, x > 0$. 索赔次数 N 服从参数为 λ 的泊松分布. 计算 $M_S(t)$.

解 根据前面的计算公式,有

$$M_S(t) = P_N(M_X(t)) = e^{\lambda(\frac{\theta}{\theta-t}-1)}, \quad t < \theta.$$

§1.3 个体风险模型

设某保单组共有 n 张保单. 记第 i 张保单的未来损失额为 X_i,则该保单组总损失额可以表示为

$$S = \sum_{i=1}^{n} X_i.$$

称这种模型为**个体风险模型** (individual risk model).

我们也可以从单张保单的角度来解释个体风险模型. 某保单在未来第 i 年内的损失额记为 X_i,则该保单在未来 n 年内的总损失额为

$$S = \sum_{i=1}^{n} X_i.$$

注意 个体风险模型和复合风险模型是从两个不同的角度来刻画总损失额. 另外, 个体风险模型中并不要求每笔损失服从相同的分布.

定理 1.3.1 已知个体风险模型中, 个体损失额 X_i $(i \leq n)$ 独立且服从相同的分布, $0 < P(X_i = 0) < 1$. 则存在复合二项随机变量 S', 变量 S' 与 $\sum\limits_{i=1}^{n} X_i$ 的分布相同.

证明 假设 Y_i, $i \geq 1$ 为独立同分布的随机变量列, 分布函数为

$$P(Y_i \leq x) = \frac{P(X_1 \leq x) - P(X_1 = 0)}{1 - P(X_1 = 0)}, \quad x \geq 0.$$

N 服从参数 (n, q) 的二项分布, $q = 1 - P(X_1 = 0)$, 且 N 与 Y_i, $i \geq 1$ 独立. 则 $S' = \sum\limits_{i=1}^{N} Y_i$ 的矩母函数为

$$M_{S'}(t) = P_N(M_{Y_1}(t)) = \left(1 + q(M_{Y_1}(t) - 1)\right)^n.$$

而 $\sum\limits_{i=1}^{n} X_i$ 的矩母函数为

$$\begin{aligned} M_{\sum_{i=1}^{n} X_i}(t) &= (M_{X_1}(t))^n \\ &= \left(P(X_1 = 0) + P(X_1 > 0) \times E[e^{tX_1} | X_1 > 0]\right)^n \\ &= \left(1 - q + q M_{Y_1}(t)\right)^n \\ &= \{1 + q(M_{Y_1}(t) - 1)\}^n. \end{aligned}$$

所以 $\sum\limits_{i=1}^{n} X_i$ 与 S' 的矩母函数相同, 即二者分布相同. 定理证毕.

定理 1.3.1 说明, 个体损失独立且同分布的个体风险模型实际上是一个复合二项模型. 这一定理建立了个体风险模型和复合风险模型之间的联系.

例 1.3.1 已知损失额 X 服从 $[0, 100]$ 上的均匀分布, 损失额 Y 服从 $[0, 150]$ 上的均匀分布. 假设 X 和 Y 相互独立. 记总损失额 $S = X + Y$. 计算总损失额 S 的概率密度 $f_S(175)$.

解 根据 X 和 Y 的独立性, 有

$$f_S(175) = \int_0^\infty f_X(175-x) f_Y(x) \mathrm{d}x$$

$$= \int_0^{150} f_X(175-x) \frac{1}{150} \mathrm{d}x$$

$$= \int_{75}^{150} \frac{1}{100} \frac{1}{150} \mathrm{d}x = 0.005.$$

习　题

1. 对复合风险模型 S, 证明

$$E(S-ES)^3 = E(N)E(X-E(X))^3 + 3\mathrm{var}(N)E(X)\mathrm{var}(X) \\ + E(N-EN)^3(EX)^3.$$

2. 已知

$$f_S(x) = \sum_{n=1}^\infty f_X^{*(n)}(x) \frac{e^{-50}(50)^n}{n!}, \quad x=1,2,\cdots$$

及

$$f_X(1) = 0.30, \quad f_X(2) = 0.60, \quad f_X(3) = 0.10.$$

计算 $\mathrm{var}(S)$.

3. 设 X_1, X_2, X_3 是独立随机变量列，概率函数如下表：

x	$f_1(x)$	$f_2(x)$	$f_3(x)$
0	p	0.60	0.25
1	$1-p$	0.20	0.25
2	0	0.10	0.25
3	0	0.10	0.25

已知 $S = X_1 + X_2 + X_3$ 及 $f_S(5) = 0.06$. 计算 p.

4. 设 S 的概率密度函数 $f_S(x) = 5x^4, 0 < x \leq 1$. 对于参数 θ, λ,

有
$$P(S \leq (1+\theta)E(S)) = P(S \leq E(S) + \lambda\sqrt{\operatorname{var}(S)}) = 0.90.$$
计算 λ, θ.

5. 假设个体损失分布为正态分布 $N(100,9)$, 索赔次数 N 的分布为
$$P(N=0) = 0.50, \quad P(N=1) = 0.20,$$
$$P(N=2) = 0.20, \quad P(N=3) = 0.10.$$
计算总损失额超过 100 的概率.

6. 对复合风险模型 $S = \sum_{i=1}^{N} X_i$, 在已知 S 满足:

(1) 给定 Λ 条件下, N 服从参数为 Λ 的泊松分布;
(2) Λ 服从参数为 $\alpha = 3, \beta = 4$ 的 Γ 分布;
(3) X_i $(i = 1, 2, \cdots)$ 独立同分布, $P(X_1 = 1) = P(X_1 = 3) = 0.5$;
(4) $N, X_1, X_2, \cdots$ 独立

的条件下, 计算 $\operatorname{var}(S)$.

7. 某保单未来一年内发生损失的次数为 N, 各笔损失额分别为 $X_1, X_2, \cdots, X_N$. 保险人只赔付每笔损失额中超过 2 的部分. 在已知风险模型满足:

(1) X_i. $(i = 1, 2, \cdots)$ 相互独立, X_i 服从期望值为 10 的指数分布;
(2) X_i 与 N 相互独立;
(3) $E(N) = 100$

的条件下, 计算保险人赔付次数的期望及总赔付额的期望.

8. 随机变量 X 的密度函数为 $f(x)$. 对于 $s(x) = P(X > x), x > 0$, 定义
$$e(d) = \frac{\int_d^\infty s(x)\mathrm{d}x}{s(d)}, \quad d > 0$$
及
$$f_e(x) = \frac{s(x)}{E(X)}, \quad x > 0.$$

(1) 证明 $f_e(x)$ 为密度函数;

(2) 假设 Y 的密度函数为 f_e, 给出 X 的矩母函数和 Y 的矩母函数的关系;

(3) 假设 $s_e(x) = P(Y > x)$, 证明下面的等式:

$$s_e(x) = \frac{\int_x^\infty (y-x) f(y) \mathrm{d}y}{E(X)};$$

(4) 证明下面的等式:

$$s(x) = \frac{\int_x^\infty y f(y) \mathrm{d}y}{x + e(x)},$$

$$s_e(x) = \frac{e(x)}{x + e(x)} \times \frac{\int_x^\infty y f(y) \mathrm{d}y}{E(X)}.$$

9. 对于 $s \geq 0$ 及随机变量 Λ, 定义新的随机变量 Λ_s, 其密度函数为

$$f_{\Lambda_s}(\lambda) = \mathrm{e}^{-s\lambda} f_\Lambda(\lambda) / M_\Lambda(-s).$$

证明: (1) Λ_s 的矩母函数为

$$M_{\Lambda_s}(t) = \frac{M_\Lambda(t-s)}{M_\Lambda(-s)}.$$

(2) 对 $c_\Lambda(t) = \ln(M_\Lambda(t))$, 有

$$c_\Lambda^{(1)}(-s) = E(\Lambda_s), \quad c_\Lambda^{(2)}(-s) = \mathrm{var}(\Lambda_s).$$

10. 对某保单提供如下的赔付:

(1) 若保单持有人在一年内意外死亡, 赔付额为 100000 元;

(2) 若非意外死亡, 赔付额为 50000 元.

已知发生意外死亡的概率和非意外死亡的概率分别为 0.0005 和 0.002. 给出该保单的赔付额的分布.

11. 某机动车辆保险，最高赔付额为 2000 元. 假定保险期限内最多发生一次损失，发生损失的概率为 0.15. 已知在发生损失的条件下，赔付额 X 为 2000 元的概率为 0.1，赔付额 X 小于 2000 元的概率满足

$$P(X \leq x) = 0.9\left[1 - \left(1 - \frac{x}{2000}\right)^2\right], \quad 0 \leq x < 2000.$$

计算保险人赔付额 Y 的期望和方差.

12. 考虑由 100000 张保单组成的保单组. 假设各张保单的损失是相互独立的，保险人只赔付每张保单损失额的 80%. 每张保单损失额的概率函数由下表给出：

x	0	50	200	500	1000	10000
$P(X=x)$	0.30	0.10	0.10	0.20	0.20	0.10

要求该保单组所收取的保费总额低于总赔付额的概率不大于 5%. 计算每个个体应缴纳的最低保费. (使用中心极限定理来近似总赔付额分布.)

13. 对于复合风险模型 S，假设索赔次数 N 服从几何分布：

$$P(N = n) = pq^n, \quad n = 0, 1, 2, \cdots,$$

其中 $p = 1 - q$, $0 < q < 1$. 个体损失额服从期望为 1 的指数分布. 计算复合风险模型 S 的矩母函数.

14. 由 100 张独立保单组成的保单组合，每张保单至多发生一次损失，发生损失的概率为 0.05. 损失额 X 的概率函数为

$$P(X = 1) = 0.8, \quad P(X = 2) = 0.2.$$

计算总损失额的期望和方差.

第二章 损失分布

本章介绍在非寿险中常用的损失分布, 这些分布包括对数正态分布、Γ 分布、B 分布和帕累托分布. 由于正态分布在非寿险中的重要性, 本章对此分布进行详细的介绍. 同时, 本章介绍了一些构造新的损失分布的方法, 如幂变换、标度变换等.

§2.1 正态分布

如果随机变量 X 的密度函数为

$$\frac{1}{\sqrt{2\pi}\sigma} e^{-\frac{(x-\mu)^2}{2\sigma^2}}, \quad -\infty < x < \infty,$$

则称随机变量 X 服从期望为 μ、方差为 σ^2 的正态分布, 记为 $X \sim N(\mu, \sigma^2)$. 正态分布是两参数分布, 参数 μ 为正态分布的期望, σ^2 为正态分布的方差.

标准正态分布是指期望为 0、方差为 1 的正态分布, 其分布函数记为 $\Phi(x)$, 密度函数记为 $\phi(x)$. 附录中给出了标准正态分布的数值表.

对于一正态随机变量, 可通过标准化将其转化为标准正态随机变量. 如, 当 $X \sim N(\mu, \sigma^2)$ 时, 则 $\dfrac{X-\mu}{\sigma}$ 服从标准正态分布. 读者可以利用矩母函数来证明这个结论.

根据 §1.1 的结果, 知正态分布的偏度为 0, 峰度为 3. 注意: 正态分布的偏度和峰度与均值和方差无关.

结论 2.1.1 设随机变量 $X \sim N(\mu, \sigma^2)$. 则矩母函数

$$M_X(t) = e^{\mu t + \frac{\sigma^2}{2} t^2}.$$

证明 根据矩母函数的定义, 知

$$M_X(t) = E e^{tX}$$
$$= \int_{-\infty}^{\infty} e^{tx} \frac{1}{\sqrt{2\pi}\sigma} e^{-\frac{(x-\mu)^2}{2\sigma^2}} dx$$
$$= \int_{-\infty}^{\infty} e^{t\mu + t\sigma s} \frac{1}{\sqrt{2\pi}} e^{-s^2/2} ds$$
$$= e^{\mu t + \frac{\sigma^2}{2} t^2}.$$

利用上面结论可以证明下面的结果:

例 2.1.1 证明: 有限个独立正态随机变量的和服从正态分布.

证明 设 X_i $(i \le n)$ 相互独立,
$$X_i \sim N(\mu_i, \sigma_i^2), \quad i \le n,$$
则
$$M_{\sum_{i=1}^{n} X_i}(t) = \prod_{i=1}^{n} M_{X_i}(t) = \prod_{i=1}^{n} e^{t\mu_i + \frac{t^2 \sigma_i^2}{2}}$$
$$= \exp\left(t \sum_{i=1}^{n} \mu_i + \frac{t^2 \sum_{i=1}^{n} \sigma_i^2}{2}\right).$$

再根据矩母函数与分布函数的一一对应关系, 知
$$\sum_{i=1}^{n} X_i \sim N\left(\sum_{i=1}^{n} \mu_i, \sum_{i=1}^{n} \sigma_i^2\right).$$

证毕.

考虑 n 张同质保单, 其中 "同质" 是指每张保单的损失具有相同分布. 这里假设各张保单的损失额相互独立, 每张保单的损失额分别记为
$$X_1, X_2, \cdots, X_n.$$

考虑保单的平均损失额
$$\frac{X_1 + X_2 + \cdots + X_n}{n}.$$

当保单数目充分多时,利用概率论中的大数定律知平均损失额满足

$$\frac{X_1 + X_2 + \cdots + X_n}{n} \to E(X), \quad \text{a.s.}.$$

这说明平均损失额趋于常量. 此外, 可以利用正态分布来近似总损失额的分布. 设 X_i 的方差存在, 则根据中心极限定理, 当 $n \to \infty$ 时有

$$P\left(\frac{X_1 + X_2 + \cdots + X_n - nE(X_1)}{\sqrt{n\text{var}(X_1)}} \leq x\right) \to \Phi(x), \quad x \in (-\infty, \infty).$$

在保单数目充分多的情况下, 上面的近似效果是相当不错的. 保单数目越多, 逼近效果越佳.

例 2.1.2 某保单组由 85 张保单组成, 各张保单的损失相互独立, 且每张保单的损失额皆服从相同分布. 已知每张保单损失额的期望为 400, 标准差为 1000. 计算该保单组总损失额大于 49000 的概率.

解 记该保单组总损失额为 S, 利用正态分布近似总损失额的分布, 可得

$$P(S > 49000) = P\left(\frac{S - 400 \times 85}{\sqrt{85} \times 1000} > \frac{49000 - 400 \times 85}{\sqrt{85} \times 1000}\right)$$

$$\approx 1 - \Phi\left(\frac{49000 - 400 \times 85}{\sqrt{85} \times 1000}\right) = 1 - \Phi(1.627)$$

$$\approx 1 - \Phi(1.62) \times \frac{0.003}{0.01} - \Phi(1.63) \times \frac{0.007}{0.01} = 0.052.$$

§2.2 对数正态分布

对于取正值的随机变量 X, 若 $\ln(X) \sim N(\mu, \sigma^2)$, 则称 X 服从参数为 μ, σ^2 的对数正态分布. 根据定义, 知分布函数

$$P(X \leq x) = P(\ln X \leq \ln x) = \Phi\left(\frac{\ln x - \mu}{\sigma}\right), \quad 0 < x < \infty.$$

两边求导, 可得密度函数

$$f(x) = \frac{1}{\sqrt{2\pi}\sigma x} e^{-\frac{(\ln x - \mu)^2}{2\sigma^2}}, \quad x > 0.$$

定理 2.2.1 设 X 服从参数为 (μ, σ^2) 的对数正态分布. 则 X 的 k 阶矩

$$E(X^k) = e^{\mu k + \frac{\sigma^2 k^2}{2}}.$$

特别地, X 的期望为

$$E(X) = e^{\mu + \frac{\sigma^2}{2}},$$

方差为

$$\mathrm{var}(X) = e^{2\mu + \sigma^2}(e^{\sigma^2} - 1).$$

证明 由于 $\ln(X)$ 服从正态分布,所以利用正态分布的矩母函数,知 k 阶矩

$$E(X^k) = E(e^{k\ln(X)}) = M_{\ln(X)}(k) = e^{\mu k + \frac{\sigma^2 k^2}{2}}.$$

利用上述结果,可求得期望

$$E(X) = e^{\mu + \frac{\sigma^2}{2}},$$

方差

$$\begin{aligned}\mathrm{var}(X) &= E(X^2) - (E(X))^2 = e^{2\mu + 2\sigma^2} - e^{2(\mu + \frac{\sigma^2}{2})} \\ &= e^{2\mu + \sigma^2}(e^{\sigma^2} - 1).\end{aligned}$$

定理证毕.

定理 2.2.2 (1) 设 X 服从对数正态分布. 则 X 对比例变换及幂变换封闭,即 bX^c 仍服从对数正态分布,其中 $b > 0, c > 0$ 为参数;
(2) 对数正态分布的矩母函数不存在.

证明 (1) 由于

$$\ln(bX^c) = \ln(b) + c\ln(X)$$

为正态分布,所以 bX^c 为对数正态分布.
(2) 略.

例 2.2.1 某数据显示,每笔损失额 X 服从对数正态分布,$E(X) = 1.868246, \mathrm{var}(X) = 0.991346$. 计算每笔损失额:

(1) 大于 5 的概率;
(2) 在 [0,2] 之间的概率;
(3) 在 [2,5] 之间的概率.

解 先计算 $\ln(X)$ 的期望和方差. 设对应的正态分布的参数分别为 μ, σ. 则根据定理 2.2.1, 有

$$e^{\mu+\frac{\sigma^2}{2}} = 1.868246,$$

$$e^{2\mu+\sigma^2}(e^{\sigma^2} - 1) = 0.991346.$$

解得

$$\mu = 0.5, \quad \sigma = 0.5.$$

(1) 每笔损失额大于 5 的概率为

$$P(X > 5) = P(\ln(X) > \ln(5)) = 1 - \Phi\left(\frac{\ln(5) - 0.5}{0.5}\right)$$

$$= 1 - \Phi(2.2189) = 1 - 0.986 = 0.014;$$

(2) 每笔损失额在 $[0,2]$ 之间的概率为

$$P(0 < X < 2) = P(\ln(X) < \ln(2))$$

$$= \Phi\left(\frac{\ln(2) - 0.5}{0.5}\right) = \Phi(0.38629).$$

利用 $\Phi(0.38) = 0.64803, \Phi(0.39) = 0.65173$, 采取线性插值的办法, 得到

$$\Phi(0.38629) = \frac{0.38629 - 0.38}{0.01}\Phi(0.39) + \frac{0.39 - 0.38629}{0.01}\Phi(0.38)$$

$$= 0.650.$$

(3) 每笔损失额在 $[2,5]$ 之间的概率为

$$P(2 < X < 5) = \Phi\left(\frac{\ln(5) - 0.5}{0.5}\right) - \Phi\left(\frac{\ln(2) - 0.5}{0.5}\right)$$

$$= 0.986 - 0.650 = 0.336.$$

§2.3 Γ 分 布

如果随机变量 X 的密度函数为

$$f(x) = \frac{\beta^\alpha \mathrm{e}^{-\beta x} x^{\alpha-1}}{\Gamma(\alpha)}, \quad x \geq 0,$$

则称 X 服从参数为 (α, β) $(\alpha > 0, \beta > 0)$ 的 Γ 分布, 这里

$$\Gamma(\alpha) = \int_0^\infty \mathrm{e}^{-x} x^{\alpha-1} \mathrm{d}x.$$

特别地, 当 $\alpha = 1$ 时 Γ 分布为指数分布, 密度函数为

$$f(x) = \beta \mathrm{e}^{-\beta x}, \quad x \geq 0.$$

易于验证 $\Gamma(\alpha)$ 函数满足下面的性质:

$$\Gamma(\alpha) = (\alpha - 1)\Gamma(\alpha - 1), \quad \alpha > 1;$$

$$\Gamma(n) = (n-1)!, \quad n = 1, 2, \cdots.$$

根据 Γ 分布的定义, 知它的矩母函数为

$$\begin{aligned}
M_X(t) &= \int_0^\infty \frac{\mathrm{e}^{tx} \beta^\alpha \mathrm{e}^{-\beta x} x^{\alpha-1}}{\Gamma(\alpha)} \mathrm{d}x \\
&= \int_0^\infty \frac{\beta^\alpha \mathrm{e}^{-x(\beta-t)} x^{\alpha-1}}{\Gamma(\alpha)} \mathrm{d}x \\
&= \frac{\beta^\alpha}{(\beta-t)^\alpha} \int_0^\infty \frac{(\beta-t)^\alpha \mathrm{e}^{-x(\beta-t)} x^{\alpha-1}}{\Gamma(\alpha)} \mathrm{d}x \\
&= \frac{\beta^\alpha}{(\beta-t)^\alpha} = \left(1 - \frac{1}{\beta}t\right)^{-\alpha}, \quad t < \beta.
\end{aligned}$$

定理 2.3.1 已知 X 服从参数为 (α, β) 的 Γ 分布, 则 X 的 k 阶矩存在,

$$E(X^k) = \frac{1}{\beta^k}(\alpha + k - 1)(\alpha + k - 2) \cdots \alpha.$$

特别地，期望 $E(X) = \dfrac{\alpha}{\beta}$，方差 $\text{var}(X) = \dfrac{\alpha}{\beta^2}$.

证明 利用矩母函数与矩的关系，得到

$$E(X^k) = \dfrac{\mathrm{d}^k}{\mathrm{d}t^k}\left(1 - \dfrac{t}{\beta}\right)^{-\alpha}\bigg|_{t=0}$$

$$= \dfrac{1}{\beta^k}(\alpha+k-1)(\alpha+k-2)\cdots\alpha.$$

所以有

$$E(X) = \dfrac{\alpha}{\beta}, \quad E(X^2) = \dfrac{\alpha(\alpha+1)}{\beta^2}.$$

故

$$\text{var}(X) = E(X^2) - [E(X)]^2 = \dfrac{\alpha}{\beta^2}.$$

定理 2.3.2 设 $\{X_i, i \geq 1\}$ 为独立随机变量列，X_i 服从参数为 (α_i, β) 的 Γ 分布. 则

$$X_1 + X_2 + \cdots + X_n$$

服从参数为 $\left(\sum\limits_{i=1}^{n}\alpha_i, \beta\right)$ 的 Γ 分布.

证明 根据 $\{X_i, i \geq 1\}$ 的独立性，知

$$M_{\sum_{i=1}^{n}X_i}(t) = \prod_{i=1}^{n}M_{X_i}(t) = \prod_{i=1}^{n}\left(1 - \dfrac{1}{\beta}t\right)^{-\alpha_i}$$

$$= \left(1 - \dfrac{1}{\beta}t\right)^{-\sum\limits_{i=1}^{n}\alpha_i}, \quad t < \beta.$$

所以，随机变量 $X_1 + X_2 + \cdots + X_n$ 服从参数为 $\left(\sum\limits_{i=1}^{n}\alpha_i, \beta\right)$ 的 Γ 分布.

§2.4　B 分布及帕累托分布

两参数 (a,b)，$a > 0, b > 0$ 的 B 分布的密度函数为

$$f(x) = \frac{\Gamma(a+b)}{\Gamma(a)\Gamma(b)} x^{a-1}(1-x)^{b-1}, \quad 0 < x < 1.$$

定理 2.4.1 设 X 服从参数为 (a,b) 的 B 分布. 则有

$$E(X^k) = \frac{\Gamma(a+b)\Gamma(a+k)}{\Gamma(a)\Gamma(a+b+k)}.$$

证明 直接计算, 得到

$$E(X^k) = \int_0^1 \frac{\Gamma(a+b)}{\Gamma(a)\Gamma(b)} x^{k+a-1}(1-x)^{b-1} \mathrm{d}x$$

$$= \frac{\Gamma(a+b)}{\Gamma(a)\Gamma(b)} \frac{\Gamma(a+k)\Gamma(b)}{\Gamma(a+b+k)}$$

$$= \frac{\Gamma(a+b)\Gamma(a+k)}{\Gamma(a)\Gamma(a+b+k)}.$$

定理证毕.

帕累托分布的密度函数定义为

$$f(x) = \frac{\alpha \theta^\alpha}{x^{\alpha+1}}, \quad x > \theta,$$

其中参数 $\alpha > 0, \theta > 0$. 可得对于 $k < \alpha$, 帕累托分布的 k 阶矩

$$E(X^k) = \int_\theta^\infty x^k \frac{\alpha \theta^\alpha}{x^{\alpha+1}} \mathrm{d}x$$

$$= \int_\theta^\infty \frac{\alpha \theta^\alpha}{x^{\alpha+1-k}} \mathrm{d}x$$

$$= \frac{\alpha \theta^k}{\alpha - k}.$$

例 2.4.1 设 X 服从参数 $\alpha > 2, \theta > 0$ 的帕累托分布. 计算它的期望和方差.

解 根据前面的结果, 可得到

$$E(X) = \frac{\alpha \theta}{\alpha - 1}, \quad \mathrm{var}\,(X) = \frac{\alpha \theta^2}{\alpha - 2} - \left(\frac{\alpha \theta}{\alpha - 1}\right)^2.$$

注意：当 $\alpha < 2$ 时，帕累托分布的方差不存在.

§2.5 构造新的分布族

在某些情况下，一些常见分布通常不能很准确的拟合数据，因此需要构造一些新的损失分布. 下面我们介绍几种方法.

2.5.1 幂变化

对于随机变量 $X > 0$，变换 $Y = X^{1/\tau}$ 称为 X 的幂变化，其中 τ 可为正数或负数. 对于幂变化有下面的定理：

定理 2.5.1 假设 X 为非负连续随机变量，密度函数为 f_X，分布函数为 F_X. 定义变换 $Y = X^{1/\tau}$. 当 $\tau > 0$ 时，Y 的分布函数 $F_Y(y)$ 和密度函数 $f_Y(y)$ 分别为

$$F_Y(y) = F_X(y^\tau), \quad f_Y(y) = \tau y^{\tau-1} f_X(y^\tau), \quad y > 0;$$

当 $\tau < 0$ 时，有

$$F_Y(y) = 1 - F_X(y^\tau), \quad f_Y(y) = -\tau y^{\tau-1} f_X(y^\tau), \quad y > 0.$$

证明 当 $\tau > 0$ 时，Y 的分布函数

$$F_Y(y) = P(X^{1/\tau} \leq y) = P(X \leq y^\tau) = F_X(y^\tau), \quad y > 0.$$

两边求导，可得

$$f_Y(y) = \tau y^{\tau-1} f_X(y^\tau).$$

当 $\tau < 0$ 时，对 $y > 0$，有

$$F_Y(y) = P(X^{1/\tau} \leq y) = P(X \geq y^\tau) = 1 - F_X(y^\tau).$$

故密度函数为 $f_Y(y) = -\tau y^{\tau-1} f_X(y^\tau)$. 定理证毕.

例 2.5.1 假设 X 服从指数分布，密度函数为 $f(x) = \dfrac{1}{\lambda} e^{-x/\lambda}$. 给出 $\tau > 0$ 和 $\tau < 0$ 两种情况下 $Y = X^{1/\tau}$ 的分布函数.

解 当 $\tau > 0$ 时，$F_Y(y) = P(X \leq y^\tau) = 1 - e^{-y^\tau/\lambda}, y \geq 0$;

当 $\tau < 0$ 时，$F_Y(y) = P(X \geq y^\tau) = \mathrm{e}^{-\frac{y^\tau}{\lambda}}, y \geq 0$.

2.5.2 标度分布族

若一分布族中的任一随机变量乘以一个正常数后得到的随机变量仍然属于此分布族，则此分布族称为**标度 (scale) 分布族**.

例 2.5.2 证明指数分布族为一标度分布族.

证明 设随机变量 X 服从参数为 θ 的指数分布，分布函数为

$$F_X(x) = 1 - \mathrm{e}^{-\theta x}, \quad x > 0.$$

对 $c > 0$，令 $Y = cX$，则有

$$P(Y \leq x) = P\left(X \leq \frac{x}{c}\right) = 1 - \mathrm{e}^{-\frac{\theta}{c}x},$$

即 Y 仍然服从指数分布．所以指数分布族为一个标度分布族．

2.5.3 混合分布

下面分别给出离散情况和连续情况下的混合分布．

离散情况 称随机变量 Y 的分布为随机变量 $X_1, X_2, \cdots, X_k$ 的分布的混合分布，若存在满足

$$a_1 + a_2 + \cdots + a_k = 1$$

的非负常数 $a_1, a_2, \cdots, a_k$，使得

$$F_Y(y) = a_1 F_{X_1}(y) + a_2 F_{X_2}(y) + \cdots + a_k F_{X_k}(y),$$

其中 F_Y 表示 Y 的分布函数，F_{X_i} 表示 X_i 的分布函数，$i \leq k$.

连续情况 在参数 $\Lambda = \lambda$ 下，X 的条件密度函数为

$$f_X(x|\Lambda = \lambda),$$

而参数 Λ 的密度函数为 $f_\Lambda(\lambda)$，则 X 的密度为

$$f_X(x) = \int_{-\infty}^{\infty} f_X(x|\Lambda = \lambda) f_\Lambda(\lambda) \mathrm{d}\lambda.$$

在后续章节将会利用上面介绍的混合分布来讨论索赔次数.

习 题

1. 假设 X 服从帕累托分布，$Y = X^{1/\tau}$. 分别确定在条件 $\tau > 0$ 和条件 $\tau < 0$ 下 Y 的分布函数.

2. 假设 $\alpha > 1$. 计算参数为 (α, β) 的 Γ 分布的众数，并使用期望和方差来表示 α, β.

3. 设 X 是非负连续随机变量，密度函数为 $f_X(x)$. 对随机变量 $Y = \exp(X)$，证明：

$$F_Y(y) = F_X(\ln(y)), \quad f_Y(y) = \frac{f_X(\ln(y))}{y}.$$

4. 已知随机变量 X 服从指数分布，期望为 3. 计算 $Y = X^{-0.5}$ 的期望和密度.

5. 证明：Γ 分布族是一个标度分布族.

6. 证明：对数正态分布族属于标度分布族.

7. 设 X 表示个体的损失额，C 表示未来的通货膨胀因子，二者为相互独立随机变量. 记 $Y = CX$. 计算 $Y = CX$ 的期望和方差. (计算结果使用 X 和 C 的期望和方差来表示.)

8. 已知 $Y = CX$，其中 X 和 C 独立. X 服从期望为 $\theta > 0$ 的指数分布，C 的密度函数为

$$f_C(x) = \frac{1}{\ln(b/a)} \cdot \frac{1}{x}, \quad a \le x \le b,$$

其中 $a > 0, b > 0$ 为参数. 计算 Y 的密度函数.

9. 已知保险人的免赔额为 d，保险人只赔付超过 d 的超额部分. 令 X 表示损失额，则保险人赔付额为 $\max\{X - d, 0\}$. 给定损失额 X 的密度函数为

$$f(x) = 0.0004 x e^{-0.02x}, \quad x > 0.$$

(1) 计算保险人需赔付的概率；

(2) 在索赔发生的情况下，计算保险人预计的赔付额；

(3) 已知 $d = 50$, 计算 $\dfrac{E(\min\{X,d\})}{E(X)}$;

(4) 计算 $\max\{X-d, 0\}$ 的期望和方差;

(5) 计算 $\min\{X, d\}$ 的方差.

10. 考虑拟高斯随机变量 X, 密度函数为

$$f(x) = \sqrt{\frac{\theta}{2\pi x^3}} \exp\left[-\frac{\theta}{2x}\left(\frac{x-\mu}{\mu}\right)^2\right], \quad x > 0,$$

其中 $\theta > 0, \mu > 0$ 为参数.

(1) 计算 $\dfrac{1}{X}$ 的密度函数;

(2) 证明: 对 $t_1 < \dfrac{\theta}{2\mu^2}$ 及 $t_2 < \dfrac{\theta}{2}$, 有

$$E[\exp(t_1 X + t_2 X^{-1})] = \sqrt{\frac{\theta}{\theta - 2t_2}} \exp\left[\frac{\theta - \sqrt{(\theta - 2\mu^2 t_1)(\theta - 2t_2)}}{\mu}\right];$$

特别地, 有

$$M_X(t) = \exp\left[\frac{\theta}{\mu}\left(1 - \sqrt{1 - \frac{2\mu^2}{\theta}t}\right)\right], \quad t < \frac{\theta}{2\mu^2}$$

及

$$M_{1/X}(t) = \sqrt{\frac{\theta}{\theta - 2t}} \exp\left[\frac{\theta}{\mu}\left(1 - \sqrt{1 - \frac{2}{\theta}t}\right)\right], \quad t < \frac{\theta}{2}.$$

(3) 证明: 随机变量 $Z = \dfrac{1}{X}\left(\dfrac{X-\mu}{\mu}\right)^2$ 服从 Γ 分布.

11. 给定 $\Theta = \theta$ 的条件下, X 服从期望为 θ 方差为 v 的正态分布. 又 Θ 服从期望为 μ 方差为 a 的正态分布. 计算 X 的密度函数.

第三章 索赔次数分布

本章先介绍常用的索赔次数分布,其中包括:泊松分布、二项分布和负二项分布等. 然后介绍两类分布族, $(a,b,0)$ 类分布和 $(a,b,1)$ 类分布. 最后介绍构造新的索赔次数分布的方法:零点截断方法与零点修正方法.

§3.1 泊松分布

若随机变量 N 的概率函数

$$P(N=n) = e^{-\lambda}\frac{\lambda^n}{n!}, \quad n=0,1,2,\cdots,$$

则称 N 服从参数为 $\lambda > 0$ 的泊松分布,记为 $N \sim P(\lambda)$.

根据第一章结果, N 的概率生成函数为

$$P_N(t) = e^{\lambda(t-1)}.$$

据此可计算得到期望

$$E(N) = \left.\frac{dP_N(t)}{dt}\right|_{t=1} = \left.\lambda e^{\lambda(t-1)}\right|_{t=1} = \lambda$$

及

$$E[N(N-1)] = \left.\frac{d^2P_N(t)}{dt^2}\right|_{t=1} = \left.\lambda^2 e^{\lambda(t-1)}\right|_{t=1} = \lambda^2.$$

所以有

$$E(N^2) = E\{N(N-1)\} + E(N) = \lambda^2 + \lambda,$$

方差为

$$\text{var}(N) = E(N^2) - (E(N))^2 = \lambda.$$

注意:泊松分布的均值和方差相同,均为参数 λ.

定理 3.1.1 假设 $N_i \sim P(\lambda_i)$, $i \leq n$, 且彼此独立, 则
$$\sum_{i=1}^{n} N_i \sim P\left(\sum_{i=1}^{n} \lambda_i\right).$$

证明 下面利用概率生成函数来证明. 由
$$E(t^{N_i}) = e^{\lambda_i(t-1)},$$
得到
$$E\left(t^{\sum_{i=1}^{n} N_i}\right) = \prod_{i=1}^{n} E(t^{N_i}) = \prod_{i=1}^{n} e^{\lambda_i(t-1)}$$
$$= \exp\left\{\sum_{i=1}^{n} \lambda_i(t-1)\right\}.$$

根据概率生成函数与分布函数的一一对应关系, 知 $\sum_{i=1}^{n} N_i$ 服从参数为 $\sum_{i=1}^{n} \lambda_i$ 的泊松分布.

§3.2 二项分布

若随机变量 N 的概率函数为
$$P(N=n) = C_m^n q^n (1-q)^{m-n}, \quad n=0,1,\cdots,m,$$
则称 N 服从参数为 (m,q) 的二项分布, 其中 m 为正整数, $0 < q < 1$, 记为 $N \sim B(m,q)$.

由第一章结果知二项分布的概率生成函数为
$$P_N(t) = [1 + q(t-1)]^m.$$

二项分布的期望为 $E(N) = mq$, 方差为 $\text{var}(N) = mq(1-q)$. 由
$$E(N) = mq > mq(1-q) = \text{var}(N)$$
知二项分布的期望大于方差.

定理 3.2.1 已知 $N_i \sim B(m_i, q), i \leq n$, 且相互独立. 则有
$$\sum_{i=1}^n N_i \sim B\left(\sum_{i=1}^n m_i, q\right).$$

证明 随机变量 $\sum_{i=1}^n N_i$ 的概率生成函数为
$$P_{\sum_{i=1}^n N_i}(t) = \prod_{i=1}^n P_{N_i}(t) = \prod_{i=1}^n [1 + q(t-1)]^{m_i}$$
$$= [1 + q(t-1)]^{\sum_{i=1}^n m_i}.$$

根据概率生成函数与分布函数的一一对应关系, 知定理成立.

下面定理说明可以利用正态分布来逼近二项分布.

定理 3.2.2 已知 $N \sim B(m, q)$. 则当 $m \to \infty$ 时, 有
$$P\left(\frac{N - mq}{\sqrt{mq(1-q)}} \leq x\right) \to \Phi(x), \quad x \in (-\infty, \infty).$$

证明 假设独立随机变量列 $\{N_i, i \geq 1\}$ 满足
$$P(N_i = 1) = 1 - P(N_i = 0) = q,$$

则 $\sum_{i=1}^m N_i$ 与 N 同分布. 利用中心极限定理, 得到 $m \to \infty$ 时, 有

$$P\left(\frac{N - mq}{\sqrt{mq(1-q)}} \leq x\right) = P\left(\frac{\sum_{i=1}^m N_i - mE(N_1)}{\sqrt{m\text{var}(N_1)}} \leq x\right) \to \Phi(x).$$

定理证毕.

定理 3.2.3 已知 $N \sim B(m, q)$. 则当 $mq \to \lambda > 0$ 且 $m \to \infty$ 时, 有
$$P(N = k) \to e^{-\lambda} \frac{\lambda^k}{k!}, \quad k = 0, 1, 2 \cdots.$$

证明略, 读者可参见文献 [2].

例 3.2.1 某保单组由 m 张保单组成. 在未来一年内各张保单的损失额相互独立, 且服从相同的损失分布 F. 证明: 在未来一年内发生损失的保单总数目 N 服从参数为 (m,q) 的二项分布, 其中 $q = 1 - F(0)$.

证明 这 m 张保单未来一年内的损失额分别记为 $X_1, X_2, \cdots, X_m$. 发生损失的保单数目 N 可表示为

$$N = \sum_{n=1}^{m} I_{\{X_n > 0\}}.$$

由于 $I_{\{X_i > 0\}} \sim B(1, q)$, 且 $I_{\{X_i > 0\}}, i \le m$ 是 m 个独立的随机变量, 根据定理 3.2.1 知 N 服从参数为 (m, q) 的二项分布.

例 3.2.2 已知某保单在每 24 小时内发生一次损失的概率为 0.0037, 且每天最多发生一次损失. 假设该保单在每天是否发生损失是相互独立的, 且发生损失的概率相同. 计算在一年内该保单发生的总损失数目分别为 $0, 1, 2, \cdots$ 的概率.

解 一年以 365 天来计算. 设第 i 天发生损失的次数为 N_i, 则

$$P(N_i = 1) = 1 - P(N_i = 0) = 0.0037,$$

在一年内的总损失数目可表示为 $\sum_{i=1}^{365} N_i$.

(1) 计算精确分布: 对 $n = 0, 1, 2, \cdots, 365$,

$$P\left(\sum_{i=1}^{365} N_i = n\right) = C_{365}^n 0.0037^n (1 - 0.0037)^{365-n};$$

(2) 利用泊松分布来近似. 由于 $\sum_{i=1}^{365} N_i$ 服从参数为 $(365, 0.0037)$ 的二项分布, 根据定理 3.2.3, 它的分布可使用参数为 365×0.0037 的泊松分布来近似, 即对 $n = 0, 1, 2, \cdots, 365$,

$$P\left(\sum_{i=1}^{365} N_i = n\right) \approx \frac{e^{-365 \times 0.0037}(365 \times 0.0037)^n}{n!}.$$

上面两种方法的计算结果见下表:

n	精确方法 (二项分布)	逼近方法 (泊松分布)	逼近误差 (泊松分布 − 二项分布)
0	0.258463	0.259111	6.48E-04
1	0.35035	0.349929	−4.21E-04
2	0.236802	0.23629	−5.12E-04
3	0.10641	0.10637	−4.02E-04
4	0.035764	0.035913	1.49E-04
5	0.009589	0.0097	1.11E-04
6	0.002137	0.002183	4.66E-05
7	0.000407	0.00421	1.43E-05
8	6.76E-05	7.11E-05	3.47E-06
9	1.32E-06	1.07E-05	7.07E-07

§3.3 负二项分布

若随机变量 N 的概率函数为

$$P(N=n) = \binom{n+r-1}{n} \left(\frac{1}{1+\beta}\right)^r \left(\frac{\beta}{1+\beta}\right)^n, \quad n=0,1,2,\cdots,$$

则称 N 服从参数为 (r,β), $r>0, \beta>0$ 的负二项分布，记为 $N \sim NB(r,\beta)$.

第一章得到了负二项分布的概率生成函数

$$P_N(t) = [1-\beta(t-1)]^{-r}, \quad 0 < t < \frac{1+\beta}{\beta}.$$

根据概率生成函数，可计算得到期望 $E(N) = r\beta$，方差 $\text{var}(N) = r\beta(1+\beta)$. 由于 $\beta > 0$, 所以负二项分布有 $\text{var}(N) > E(N)$ 成立.

定理 3.3.1 对于独立随机变量列 $N_i \sim NB(r_i, \beta)$, $i = 1, 2, \cdots, n$, 有

$$N_1 + N_2 + \cdots + N_m \sim NB\left(\sum_{i=1}^{m} r_i, \beta\right).$$

可利用概率生成函数来证明此定理,证明方法与定理 3.2.1 类似.

注 通过比较定理 3.1.1、定理 3.2.1 和定理 3.3.1,可以看出泊松分布、二项分布和负二项分布具有相似的性质.

定理 3.3.2 已知

$$P(N=n|\Lambda=\lambda) = \mathrm{e}^{-\lambda}\frac{\lambda^n}{n!}, \quad n=0,1,2,\cdots,$$

Λ 服从参数为 (r,β) 的 Γ 分布,密度函数为 $\dfrac{\beta^r \mathrm{e}^{-\beta t}t^{r-1}}{\Gamma(r)}$,$t>0$. 则 $N \sim NB\left(r,\dfrac{1}{\beta}\right)$.

证明 根据已知条件,对 $n=0,1,\cdots$,得到

$$P(N=n) = E(P(N=n|\Lambda))$$

$$= \int_0^\infty \frac{\mathrm{e}^{-\lambda}\lambda^n}{n!} \frac{\beta^r \mathrm{e}^{-\beta\lambda}\lambda^{r-1}}{\Gamma(r)} \mathrm{d}\lambda$$

$$= \int_0^\infty \frac{\beta^r \mathrm{e}^{-\lambda(1+\beta)}\lambda^{n+r-1}}{n!\Gamma(r)} \mathrm{d}\lambda$$

$$= \frac{\beta^r \Gamma(n+r)}{n!\Gamma(r)(1+\beta)^{n+r}} \int_0^\infty \frac{\mathrm{e}^{-\lambda(1+\beta)}\lambda^{n+r-1}(1+\beta)^{n+r}}{\Gamma(n+r)} \mathrm{d}\lambda$$

$$= \frac{\beta^r \Gamma(n+r)}{n!(1+\beta)^{n+r}\Gamma(r)}$$

$$= \binom{r+n-1}{n}\left(\frac{1}{1+\beta}\right)^n\left(\frac{\beta}{1+\beta}\right)^r$$

$$= \binom{r+n-1}{n}\left(\frac{\frac{1}{\beta}}{1+\frac{1}{\beta}}\right)^n\left(\frac{1}{1+\frac{1}{\beta}}\right)^r,$$

因此 N 服从参数为 $(r,1/\beta)$ 的负二项分布. 定理证毕.

上面的定理说明,负二项分布可以表示为泊松分布和 Γ 分布的混合分布. 注意:定理 3.3.2 中的负二项分布的参数为 $(r,1/\beta)$,而不是 (r,β).

§3.4 Logarithmic 分布

Logarithmic 分布的概率函数

$$p_n = \frac{1}{n\ln(1+\beta)}\left(\frac{\beta}{1+\beta}\right)^n, \quad n=1,2,3,\cdots.$$

记 $q = \dfrac{\beta}{1+\beta}$, 则概率生成函数

$$P_N(t) = \sum_{n=1}^{\infty} \frac{1}{n\ln(1+\beta)}\left(\frac{\beta}{1+\beta}\right)^n t^n$$

$$= \sum_{n=1}^{\infty} \frac{(tq)^n}{-n\ln(1-q)} = \frac{\ln(1-tq)}{\ln(1-q)}.$$

根据概率生成函数可计算得到

$$E(N) = P_N^{(1)}(t)|_{t=1} = \left.\frac{-q}{(1-tq)\ln(1-q)}\right|_{t=1} = \frac{\beta}{\ln(1+\beta)},$$

$$\operatorname{var}(N) = \frac{\beta(1+\beta)\ln(1+\beta) - \beta^2}{[\ln(1+\beta)]^2}.$$

§3.5 $(a,b,0)$ 类分布

前面介绍了泊松分布、二项分布及负二项分布. 本节证明, 这三种分布可以统一表示为一种分布类 —— $(a,b,0)$ 分布类.

对于 $p_n = P(N=n), n \geq 0$, 称满足

$$p_n = p_{n-1}\left(a + \frac{b}{n}\right), \quad n \geq 1$$

的分布为 $(a,b,0)$ 分布类, 其中 a 和 b 为参数.

定理 3.5.1 除退化分布外, $(a,b,0)$ 类包含且仅包含泊松分布、二项分布和负二项分布.

证明 (1) 下面证明 $(a,b,0)$ 类分布必为泊松分布、二项分布和负二项分布中的一种.

$p_n, n \geq 0$ 为概率函数,当且仅当满足下面的两个条件:

$$p_n \geq 0, \quad n = 0, 1, \cdots \quad \text{及} \quad \sum_{n=0}^{\infty} p_n = 1.$$

由 $p_1 = p_0(a+b)$,得到 $p_0 \neq 0$. 否则,若 $p_0 = 0$,可推得 $p_n = 0, n = 1, 2, \cdots$,与 $\sum_{n=0}^{\infty} p_n = 1$ 矛盾. 进一步,根据 $p_1 = p_0(a+b) \geq 0$,可得到

$$a + b \geq 0.$$

下面就 $a + b \geq 0$ 的各种情况来讨论:

(i) 当 $a + b = 0$ 时, $p_n = 0$ $(n = 1, 2, \cdots)$. 此时有 $p_0 = 1$, p_n $(n = 0, 1, \cdots)$ 为退化分布的概率函数.

(ii) 当 $a + b > 0, a = 0$ 时, $b > 0$,且

$$p_n = p_0 \frac{b^n}{n!}.$$

再由

$$\sum_{n=0}^{\infty} p_n = p_0 \sum_{n=0}^{\infty} \frac{b^n}{n!} = p_0 \mathrm{e}^b = 1,$$

推得

$$p_0 = \mathrm{e}^{-b}.$$

所以 $p_n = \dfrac{\mathrm{e}^{-b} b^n}{n!}$ $(n = 0, 1, \cdots)$ 为期望为 b 的泊松分布.

(iii) 当 $a + b > 0, a > 0$ 时,令

$$r = \frac{a+b}{a}.$$

则有 $\dfrac{b}{a} = r - 1$. 所以

$$p_n = p_{n-1}\left(a + \frac{b}{n}\right) = a p_{n-1} \frac{n+r-1}{n} = p_0 a^n \binom{n+r-1}{n}.$$

再根据

$$\sum_{n=0}^{\infty} p_n = \sum_{n=1}^{\infty} p_0 a^n \binom{n+r-1}{n} + p_0 = 1,$$

可推得 $a \leq 1$. 若 $a = 1$, 则 $b > -1$, 此时对 $n \geq 1$ 有

$$p_n = p_{n-1}\left(1 + \frac{b}{n}\right) \geq p_{n-1}\left(1 - \frac{1}{n}\right)$$

$$\geq p_{n-2}\left(1 - \frac{1}{n}\right)\left(1 - \frac{1}{n-1}\right) \geq \cdots \geq p_1 \frac{1}{n},$$

所以

$$\sum_{n=0}^{\infty} p_n \geq \sum_{n=1}^{\infty} \frac{1}{n} p_1 = \infty,$$

导出矛盾. 由上可知 $a < 1$. 从而由 $\sum_{n=0}^{\infty} p_n = 1$ 可得 $p_0 = (1-a)^r$, p_n $(n = 0, 1, 2, \cdots)$ 为负二项分布的概率函数,

$$p_n = \binom{n+r-1}{n}(1-a)^r a^n.$$

(iv) 当 $a + b > 0, a < 0$ 时, 知当 $n \to \infty$ 时,

$$a + \frac{b}{n} \to a < 0.$$

根据 $p_n \geq 0$, 知存在正整数 m, 使得

$$a + \frac{b}{m+1} = 0,$$

即 $b = -(m+1)a$. 令

$$q = \frac{-a}{1-a},$$

则 $0 < q < 1$, 且

$$a = -\frac{q}{1-q}, \quad b = (m+1)\frac{q}{1-q}.$$

再根据递推公式 $p_n = p_{n-1}\left(a + \dfrac{b}{n}\right)$，得到

$$p_1 = p_0 \frac{mq}{1-q},$$

$$p_2 = p_1 \frac{q}{1-q} \frac{m-1}{2} = p_0 \left(\frac{q}{1-q}\right)^2 \mathrm{C}_m^2,$$

以此递推，

$$p_n = p_0 \left(\frac{q}{1-q}\right)^n \mathrm{C}_m^n, \quad n \leq m.$$

再利用

$$\sum_{n=0}^m p_n = 1$$

知

$$p_0 = (1-q)^m.$$

所以有

$$p_n = \mathrm{C}_m^n q^n (1-q)^{m-n}, \quad n = 0, 1, 2, \cdots, m,$$

即 $p_n\ (n=0,1,\cdots)$ 为二项分布的概率函数.

(2) 下面证明泊松分布、二项分布和负二项分布这三种分布属于 $(a,b,0)$ 类.

参数为 $\lambda > 0$ 的泊松分布的概率函数为

$$p_n = \mathrm{e}^{-\lambda} \frac{\lambda^n}{n!}, \quad n = 0, 1, 2, \cdots,$$

因此

$$p_n = p_{n-1} \frac{\lambda}{n}.$$

属于 $a = 0, b = \lambda$ 的 $(a,b,0)$ 类.

参数为 (r, β) 的负二项分布的概率函数为

$$p_n = \binom{n+r-1}{n} \left(\frac{1}{1+\beta}\right)^r \left(\frac{\beta}{1+\beta}\right)^n, \quad n = 0, 1, 2, \cdots,$$

则有 $p_0 = \left(\dfrac{1}{1+\beta}\right)^r$. 负二项分布属于参数 $a = \dfrac{\beta}{1+\beta}$, $b = \dfrac{(r-1)\beta}{1+\beta}$ 的 $(a,b,0)$ 类.

参数为 (m,q) 的二项分布的概率函数为

$$p_n = C_m^n q^n (1-q)^{m-n}, \quad n = 0, 1, \cdots, m,$$

则有 $p_0 = (1-q)^m$. 二项分布属于参数 $a = -\dfrac{q}{1-q}$, $b = \dfrac{(m+1)q}{1-q}$ 的 $(a,b,0)$ 类. 定理证毕.

根据定理证明过程可知, 并不是任意参数 a,b 都对应着一个分布. 下面我们讨论 a,b 可能的取值范围.

例 3.5.1 讨论 $(a,b,0)$ 类中参数 (a,b) 的取值范围.

解 根据前面的定理, 对于泊松分布, 参数 $a = 0, b > 0$; 对于负二项分布, 参数 $1 > a > 0, b > -a$; 对于二项分布, 参数 $a < 0$, $b = -(m+1)a$, m 为正整数. 具体参数范围如下图所示.

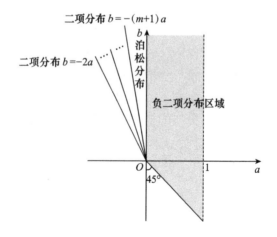

§3.6 零点截断和零点修正方法

本节介绍两种构造新的离散分布的方法: 零点截断方法和零点修正方法.

3.6.1 零点截断方法

对于取非负整数值的随机变量 N, 定义新的随机变量 N^T. N^T 的概率函数为

$$P(N^T = n) = P(N = n | N > 0), \quad n = 1, 2, \cdots.$$

这样定义的 N^T 为只取正值的随机变量. 我们称 N^T 为 N 的**零点截断**. 下面假设 $0 < p_0 = P(N = 0) < 1$.

记 $p_n^T = P(N^T = n)$, 则概率函数

$$p_n^T = P(N = n | N > 0) = \frac{P(N = n)}{P(N > 0)} = \frac{p_n}{1 - p_0}, \quad n = 1, 2, \cdots,$$

且 $p_0^T = 0$.

注意到对于 $(a, b, 0)$ 类随机变量 N 的零点截断, 有

$$p_n^T = \frac{p_{n-1}\left(a + \dfrac{b}{n}\right)}{1 - p_0} = p_{n-1}^T \left(a + \frac{b}{n}\right), \quad n = 2, 3, \cdots.$$

定理 3.6.1 (1) 对正整数 k,

$$E(N^T)^k = \frac{E(N^k)}{1 - p_0}.$$

(2) 矩母函数

$$M_{N^T}(t) = \frac{M_N(t) - p_0}{1 - p_0}.$$

证明 我们只给出 (2) 的证明, (1) 的证明类似. 直接计算有

$$M_{N^T}(t) = E e^{tN_T} = \sum_{n=1}^{\infty} e^{tn} \frac{p_n}{1 - p_0}$$

$$= \frac{\sum\limits_{n=0}^{\infty} e^{tn} p_n - p_0}{1 - p_0}$$

$$= \frac{M_N(t) - p_0}{1 - p_0}.$$

例 3.6.1 假设 N 为泊松变量,参数为 $\lambda > 0$. 对于 N 的零点截断 N^T,计算 $E(N^T), \text{var}(N^T)$ 及 $M_{N^T}(t)$.

解 根据 N 与零点截断 N^T 的矩之间的关系,有

$$E(N^T) = M'_{N^T}(t)|_{t=0} = \frac{M'_N(t)}{1-p_0}\bigg|_{t=0} = \frac{E(N)}{1-p_0} = \frac{\lambda}{1-\mathrm{e}^{-\lambda}},$$

$$E(N^T)^2 = M^{(2)}_{N^T}(t)|_{t=0} = \frac{M^{(2)}_N(t)}{1-p_0}\bigg|_{t=0} = \frac{E(N^2)}{1-p_0} = \frac{\lambda+\lambda^2}{1-\mathrm{e}^{-\lambda}}.$$

因此,

$$\text{var}(N^T) = E(N^T)^2 - (E(N^T))^2 = \frac{\lambda+\lambda^2}{1-\mathrm{e}^{-\lambda}} - \left(\frac{\lambda}{1-\mathrm{e}^{-\lambda}}\right)^2.$$

对于矩母函数,有

$$M_{N^T}(t) = \frac{M_N(t) - p_0}{1 - p_0} = \frac{P_N(\mathrm{e}^t) - p_0}{1 - p_0}$$

$$= \frac{\mathrm{e}^{\lambda(\mathrm{e}^t - 1)} - \mathrm{e}^{-\lambda}}{1 - \mathrm{e}^{-\lambda}}.$$

3.6.2 零点修正方法

定义新的随机变量 N^{ZM} 为 N 的零点修正,若 N^{ZM} 的概率函数 $p_n^{ZM} = P(N^{ZM} = n)$ 满足

$$p_n^{ZM} = cp_n, \quad n \geq 1,$$

其中 p_0^{ZM} 应先给定,然后再根据

$$\sum_{n=0}^{\infty} p_n^{ZM} = 1$$

来确定 c. 由

$$c\sum_{n=1}^{\infty} p_n + p_0^{ZM} = 1$$

可得

$$c = \frac{1 - p_0^{ZM}}{\sum\limits_{n=1}^{\infty} p_n} = \frac{1 - p_0^{ZM}}{1 - p_0}.$$

定理 3.6.2 N 的零点修正 N^{ZM} 与其零点截断 N^T 二者满足下面关系:
$$M_{N^{ZM}}(t) = p_0^{ZM} + M_{N^T}(t)(1 - p_0^{ZM})$$

及对 $k = 1, 2, \cdots,$
$$E(N^{ZM})^k = (1 - p_0^{ZM})E(N^T)^k.$$

证明 矩母函数
$$\begin{aligned} E\mathrm{e}^{tN^{ZM}} &= \sum_{n=1}^{\infty} \mathrm{e}^{tn} p_n^{ZM} + p_0^{ZM} \\ &= c \sum_{n=1}^{\infty} \mathrm{e}^{tn} p_n + p_0^{ZM} \\ &= c(1 - p_0) \sum_{n=1}^{\infty} \mathrm{e}^{tn} \frac{p_n}{1 - p_0} + p_0^{ZM} \\ &= c(1 - p_0) E(\mathrm{e}^{tN^T}) + p_0^{ZM}, \end{aligned}$$

再根据
$$c = \frac{1 - p_0^{ZM}}{1 - p_0}$$

得到
$$E\mathrm{e}^{tN^{ZM}} = p_0^{ZM} + M_{N^T}(t)(1 - p_0^{ZM}).$$

然后根据矩母函数与矩的关系, 可推得
$$\begin{aligned} E(N^{ZM})^k &= \frac{\mathrm{d}^k M_{N^{ZM}}(t)}{\mathrm{d}t^k}\bigg|_{t=0} \\ &= (1 - p_0^{ZM})\frac{\mathrm{d}^k M_{N^T}(t)}{\mathrm{d}t^k}\bigg|_{t=0} = (1 - p_0^{ZM})E(N^T)^k. \end{aligned}$$

例 3.6.2 假设 N 为泊松变量,参数为 1. 对于 N 的零点修正 N^{ZM}, $p_0^{ZM} = 0.5$. 计算 $E(N^{ZM})$ 和 $\text{var}(N^{ZM})$.

解 根据定理 3.6.2 及例 3.6.1 的结果,知

$$E(N^{ZM}) = E(N^T)(1-p_0^{ZM}) = \frac{1}{1-e^{-1}}(1-0.5)$$
$$= 1.58198 \times 0.5 = 0.79099,$$

$$E(N^{ZM})^2 = E(N^T)^2(1-p_0^{ZM}) = \frac{1+1}{1-e^{-1}}(1-0.5)$$
$$= 3.16395 \times 0.5 = 1.58198.$$

因此有

$$\text{var}(N^{ZM}) = E(N^{ZM})^2 - (E(N^{ZM}))^2$$
$$= 1.58198 - 0.79099^2 = 0.95631.$$

一般地,称满足

$$p_n = p_{n-1}\left(a + \frac{b}{n}\right), \quad n \geq 2$$

的分布类为 $(a, b, 1)$ 类分布.

例 3.6.3 $(a, b, 0)$ 类经零点修正后,属于 $(a, b, 1)$ 类.

证明 假设 N 服从 $(a, b, 0)$ 类分布. 则 N^{ZM} 的分布函数满足

$$P(N^{ZM} = n) = cP(N = n) = cP(N = n-1)\left(a + \frac{b}{n}\right)$$
$$= P(N^{ZM} = n-1)\left(a + \frac{b}{n}\right), \quad n \geq 2.$$

所以 N^{ZM} 属于 $(a, b, 1)$ 类.

习 题

1. 对于 $k = 1, 2, 3$, N_k 为独立的泊松变量. 已知 $S = N_1 + 2N_2 + 3N_3$ 及

$$E(S) = 56, \quad \text{var}(S) = 126, \quad E[(S-E(S))^3] = 314.$$

计算 $E(N_2)$.

2. 证明：对于负二项随机变量 $N \sim NB(r,\beta)$, 当 $r \to 0$ 时 N^T 的极限分布为 Logarithmic 分布，并给出对应的参数.

3. 已知 N 服从零点修正的泊松分布，泊松参数为 $\lambda = \ln 2$. 又 $P(N=0) = 1/4$. 计算 $E(N), \text{var}(N)$ 及 $P(N=3)$.

4. 使用 a, b 来表示 $(a,b,0)$ 类的期望和方差.

5. 对于 Logarithmic 分布，参数 $\beta = 2$. 计算

(1) p_0, p_1, 并给出 $p_k\ (k \geq 2)$ 的递推关系；

(2) 期望值和二阶矩.

6. 已知

$$p_k = p_{k-1}\left(-\frac{1}{3} + \frac{4}{k}\right), \quad k = 1, 2, \cdots.$$

p_k 是否属于 $(a,b,0)$ 类？若是，给出其概率函数.

7. 证明定理 3.3.1.

8. 证明：对于期望为 λ 的泊松随机变量 N, 有

$$\lim_{\lambda \to \infty} P\left(\frac{N-\lambda}{\sqrt{\lambda}} \leq x\right) = \Phi(x), \quad x \in (-\infty, \infty).$$

9. 考虑混合泊松分布

$$p_n = P(N = n) = \int_0^1 \frac{(\lambda\theta)^n e^{-\lambda\theta}}{n!} U'(\theta) d\theta, \quad n = 0, 1, \cdots,$$

其中

$$U(\theta) = 1 - (1-\theta)^k,$$

参数 $0 < \theta < 1$, k 为正整数. 证明

$$p_n = ke^{-\lambda} \sum_{m=0}^{\infty} \frac{\lambda^{m+n}(m+k-1)!}{m!(m+k+n)!}, \quad n = 0, 1, 2, \cdots$$

及

$$P(N > n) = e^{-\lambda} \sum_{m=0}^{\infty} \frac{\lambda^{m+n+1}(m+k)!}{m!(m+k+n+1)!}, \quad n = 1, 2, \cdots.$$

10. 考虑混合泊松分布

$$p_n = P(N=n) = \int_0^1 \frac{(\lambda\theta)^n e^{-\lambda\theta}}{n!} u(\theta) d\theta, \quad n = 0, 1, \cdots,$$

其中

$$u(\theta) = \frac{1}{\pi} \sum_{k=1}^{\infty} \frac{\Gamma(k\alpha+1)}{k!} (-1)^{k-1} \theta^{-k\alpha-1} \sin(k\alpha\pi), \quad \theta > 0,$$

参数 $0 < \alpha < 1$. 又知

$$\int_0^{\infty} e^{-s\theta} u(\theta) d\theta = \exp(-s^{\alpha}), \quad s \geq 0.$$

证明：$p_n \ (n \geq 0)$ 为复合泊松分布.

11. 设一复合风险模型 S 的索赔次数 N 服从负二项分布，其中 $\beta = 1/2$ 及 $\text{var}(N) = 24$. 个体损失额 X 的概率函数为

$$P(X=2) = 0.1, \quad P(X=3) = 0.4, \quad P(X=4) = 0.5.$$

计算 S 的期望和方差.

12. 考虑一个负二项分布，参数为 $\beta = 0.5, r = 2.5$. 确定零点截断后的概率函数. 对于零点修正的情况，已知 $p_0^{ZM} = 0.6$，计算对应的概率函数.

13. 证明任意一个零点修正的分布都是一个复合分布函数.

第四章 复合风险模型的进一步讨论

本章对复合风险模型做进一步讨论. 对于复合风险模型

$$S = \sum_{i=1}^{N} X_i,$$

假设 $\{X_i, i \geq 1\}$ 为独立同分布的非负随机变量列, 且与索赔次数 N 独立.

本章首先介绍损失分布为指数分布时复合分布的计算公式, 此时复合分布函数及其密度函数都有解析表达式. 复合泊松模型在分解以及求和方面有一些特殊性质, 我们将对此作详细介绍. 然后介绍 Panjer 递推算法. 鉴于计算一般的复合分布比较复杂, 本章将简单介绍复合分布的离散化计算方法. 最后对考虑自留额的再保险损失模型进行讨论.

§4.1 损失分布为指数分布的情况

本节假设 X_i $(i=1,2,\cdots)$ 服从指数分布, 均值为 θ, 则 X_i 的密度函数为

$$f_X(x) = \frac{1}{\theta} e^{-x/\theta}, \quad x > 0.$$

根据第二章的定理 2.3.2, $X_1 + X_2 + \cdots + X_n$ 服从参数为 $(n, 1/\theta)$ 的 Γ 分布, 密度函数为

$$f_{X_1+X_2+\cdots+X_n}(t) = \frac{e^{-t/\theta} t^{n-1}}{\theta^n (n-1)!}, \quad t > 0.$$

所以对 $x > 0$, $X_1 + X_2 + \cdots + X_n$ 的分布函数为

$$P(X_1 + X_2 + \cdots + X_n \leq x) = \int_0^x \frac{e^{-t/\theta} t^{n-1}}{\theta^n (n-1)!} \, dt.$$

进行多次分部积分，可得

$$P(X_1 + X_2 + \cdots + X_n \leq x) = -\int_0^x \frac{t^{n-1}}{\theta^{n-1}(n-1)!} \mathrm{d}(\mathrm{e}^{-t/\theta})$$

$$= -\frac{(x/\theta)^{n-1}\mathrm{e}^{-x/\theta}}{(n-1)!} + \int_0^x \frac{\mathrm{e}^{-t/\theta}t^{n-2}}{\theta^{n-1}(n-2)!}\mathrm{d}t$$

$$= \cdots\cdots$$

$$= 1 - \sum_{j=0}^{n-1} \frac{(x/\theta)^j \mathrm{e}^{-x/\theta}}{j!}, \quad x \geq 0.$$

因此，对于 $x \geq 0$，S 的分布函数为

$$F_S(x) = \sum_{n=0}^{\infty} p_n P(X_1 + X_2 + \cdots + X_n \leq x)$$

$$= p_0 + \sum_{n=1}^{\infty} p_n \left(1 - \sum_{j=0}^{n-1} \frac{(x/\theta)^j \mathrm{e}^{-x/\theta}}{j!}\right)$$

$$= p_0 + \sum_{n=1}^{\infty} p_n - \sum_{n=1}^{\infty} p_n \sum_{j=0}^{n-1} \frac{(x/\theta)^j \mathrm{e}^{-x/\theta}}{j!}$$

$$= 1 - \mathrm{e}^{-x/\theta} \sum_{j=0}^{\infty} \frac{(x/\theta)^j}{j!} \sum_{n=j+1}^{\infty} p_n$$

$$= 1 - \mathrm{e}^{-x/\theta} \sum_{j=0}^{\infty} P_j \frac{(x/\theta)^j}{j!},$$

这里 $P_j = \sum_{n=j+1}^{\infty} p_n$.

根据第一章的定理 1.2.4，变量 S 的密度函数

$$f_S(x) = \sum_{n=1}^{\infty} p_n f_X^{*(n)}(x) = \sum_{n=1}^{\infty} p_n \frac{x^{n-1}\mathrm{e}^{-x/\theta}}{\theta^n(n-1)!}, \quad x > 0.$$

考虑索赔次数服从二项分布的情况，概率函数为

$$p_n = \binom{m}{n} q^n (1-q)^{m-n}, \quad n = 0, 1, 2, \cdots, m,$$

§4.1 损失分布为指数分布的情况

则 S 的密度函数为

$$f_S(x) = \sum_{n=1}^{m} \binom{m}{n} q^n (1-q)^{m-n} \frac{x^{n-1} e^{-x/\theta}}{\theta^n (n-1)!}.$$

注意: 这里 $P(S=0) = (1-q)^m$.

当索赔次数服从负二项分布时可以得到更进一步结果, 下面对此作一介绍.

命题 4.1.1 设个体损失额服从均值为 θ 的指数分布, 索赔次数服从参数为 (r, β) 的负二项分布, 其中 r 为正整数. 则 S 服从复合二项分布, 对应二项分布的参数为 $(r, \beta/(1+\beta))$, 个体损失额服从均值为 $\theta(1+\beta)$ 的指数分布.

证明 索赔次数 N 的概率生成函数

$$P_N(t) = [1 - \beta(t-1)]^{-r}.$$

个体损失额 X_i 的矩母函数 $M_X(t)$ 为

$$M_X(t) = \frac{1}{\theta} \int_0^\infty e^{-x/\theta} e^{tx} dx = \frac{1}{1 - \theta t}, \quad t < \frac{1}{\theta}.$$

所以复合变量 S 的矩母函数

$$\begin{aligned} M_S(t) &= P_N(M_X(t)) \\ &= \{1 - \beta[(1-\theta t)^{-1} - 1]\}^{-r} \\ &= \left(1 - \frac{\theta \beta t}{1 - \theta t}\right)^{-r}. \end{aligned}$$

易于验证

$$1 + \frac{\beta}{1+\beta} \left[\frac{1}{1 - \theta(1+\beta)t} - 1\right] = \frac{1 - \theta t}{1 - \theta(1+\beta)t}$$

$$= \left(1 - \frac{\theta \beta t}{1 - \theta t}\right)^{-1}.$$

因此有
$$M_S(t) = \left\{1 + \frac{\beta}{1+\beta}[\{1-\theta(1+\beta)t\}^{-1}-1]\right\}^r.$$

对照复合二项分布矩母函数的表示式,知 $M_S(t)$ 为复合二项分布的矩母函数,对应索赔次数 N' 的概率生成函数为
$$P_{N'}(t) = \left\{1 + \frac{\beta}{1+\beta}(t-1)\right\}^r,$$

个体损失额 X' 的矩母函数为
$$M_{X'}(t) = \frac{1}{1-\theta(1+\beta)t}.$$

所以,S 对应二项分布的参数为 $(r, \beta/(1+\beta))$,损失分布是均值为 $\theta(1+\beta)$ 的指数分布. 命题证毕.

命题 4.1.1 也说明了某些复合分布不能唯一的确定其索赔次数的分布及个体损失额的损失分布,它可能对应多组不同的索赔次数分布和个体损失分布.

当索赔次数服从几何分布时,复合分布的密度函数有更简单的表达式.

命题 4.1.2 设个体损失额 X_i 服从均值为 θ 的指数分布,索赔次数 N 服从参数为 $\beta > 0$ 的几何分布,概率函数为
$$\frac{1}{1+\beta}\left(\frac{\beta}{1+\beta}\right)^n, \quad n = 0, 1, 2, \cdots.$$

则 S 的密度函数为
$$f_S(x) = \frac{\beta}{\theta(1+\beta)^2}\exp\left(-\frac{x}{\theta(1+\beta)}\right), \quad x > 0$$

且
$$P(S=0) = \frac{1}{1+\beta}.$$

证明 在命题 4.1.1 中,令 $r = 1$,便得到
$$M_S(t) = \{1 - \beta[(1-\theta t)^{-1}-1]\}^{-1}$$

$$= \frac{1}{1+\beta} \times 1 + \frac{\beta}{1+\beta}[1-\theta(1+\beta)t)]^{-1}.$$

上式说明,S 可以表示为原点的退化分布和指数分布的组合,指数分布的均值为 $\theta(1+\beta)$,所以 S 的分布为

$$F_S(x) = I_{\{x \geq 0\}} \frac{1}{1+\beta} + \frac{\beta}{1+\beta} \int_0^x \frac{1}{\theta(1+\beta)} e^{-\frac{s}{\theta(1+\beta)}} ds, \quad x \geq 0,$$

即 S 的密度函数为

$$f_S(x) = \frac{\beta}{\theta(1+\beta)^2} e^{-\frac{x}{\theta(1+\beta)}}, \quad x > 0.$$

在原点的概率 $P(S=0) = \dfrac{1}{1+\beta}$. 命题证毕.

§4.2 复合泊松模型

本节先介绍复合泊松模型的分解,然后再介绍复合泊松模型求和的性质.

4.2.1 独立复合泊松随机变量的和

考虑独立的复合泊松变量列 $S_1, S_2, \cdots, S_n$,对应的泊松参数分别为 $\lambda_1, \lambda_2, \cdots, \lambda_n$,个体损失分布分别为 $F_1(x), F_2(x), \cdots, F_n(x)$.

定理 4.2.1 变量 $S = S_1 + \cdots + S_n$ 服从复合泊松分布,泊松参数为

$$\lambda = \lambda_1 + \lambda_2 + \cdots + \lambda_n,$$

个体损失分布为

$$F_X(x) = \sum_{j=1}^n \frac{\lambda_j}{\lambda} F_j(x).$$

证明 记分布函数 F_j 的矩母函数为 M_j,则 S 的矩母函数可表示为

$$M_S(t) = \prod_{j=1}^n E e^{tS_j}$$

$$= \prod_{j=1}^{n} \exp[\lambda_j (M_j(t) - 1)]$$

$$= \exp\left[\sum_{j=1}^{n} \lambda_j M_j(t) - \lambda\right]$$

$$= \exp\left[\lambda\left(\sum_{j=1}^{n} \frac{\lambda_j}{\lambda} M_j(t) - 1\right)\right].$$

根据矩母函数与分布函数的一一对应关系及

$$\sum_{j=1}^{n} \frac{\lambda_j}{\lambda} M_j(t) = \int_0^\infty e^{tx} d\left(\sum_{j=1}^{n} \frac{\lambda_j}{\lambda} F_j(x)\right)$$

知定理成立.

例 4.2.1 已知 S_1 为复合泊松变量,泊松参数为 $\lambda_1 = 10$, 个体损失分布为 $f_{X_1}(1) = 0.70, f_{X_1}(2) = 0.30$. 设 S_2 也是复合泊松变量,泊松参数为 $\lambda_2 = 15$, 个体损失分布为 $f_{X_2}(1) = 0.50, f_{X_2}(2) = 0.30, f_{X_2}(3) = 0.20$. 并且 S_1 和 S_2 独立. 给出 $S = S_1 + S_2$ 对应的泊松参数和个体损失分布.

解 根据本节的定理,知 S 为一复合泊松变量,泊松参数为

$$\lambda = \lambda_1 + \lambda_2 = 25.$$

个体损失分布的概率函数为

$$f_X(k) = \frac{10}{25} f_{X_1}(k) + \frac{15}{25} f_{X_2}(k).$$

由上式可得

$$f_X(1) = 0.40 \times 0.70 + 0.60 \times 0.50 = 0.58,$$
$$f_X(2) = 0.40 \times 0.30 + 0.60 \times 0.30 = 0.3,$$
$$f_X(3) = 0.40 \times 0 + 0.60 \times 0.20 = 0.12,$$
$$f_X(n) = 0, \quad n = 4, 5, \cdots.$$

4.2.2 复合泊松变量的分解

假设 $S = \sum\limits_{i=1}^{N} X_i$ 为一复合泊松随机变量，N 是参数为 λ 的泊松变量，其中 $X_i \ (i \geq 1)$ 相互独立，且与随机变量 X 有相同分布. 又 $X_i \ (i \geq 1)$ 与 N 相互独立. 个体损失额 X_i 的分布记为 $F_X(x)$. 下面考虑对 S 的分解.

给定互不相交的集合 $A_1, A_2, \cdots, A_m$，它们的并集包含 $[0, \infty)$. 这里假设 $P(X \in A_i) > 0, i = 1, 2, \cdots, m$.

记

$$N_i = \sum_{j=1}^{N} I_{\{X_j \in A_i\}},$$

则 N_i 表示 $X_j, j \leq N$ 落在 A_i 中的数目. 所以有

$$N = N_1 + N_2 + \cdots + N_m.$$

对所有损失额落在 A_i 中的 X_j，令 $X_{i,j}$ 代表其中的第 j 笔损失额. 定义

$$S_i = X_{i,1} + X_{i,2} + \cdots + X_{i,N_i},$$

则总损失额 S 可表示为

$$S = S_1 + S_2 + \cdots + S_m.$$

定理 4.2.2 对于 $i \leq m$，有 N_i 为独立随机变量列，且 N_i 服从参数为 $\lambda P(X \in A_i)$ 的泊松分布.

证明 令 $n = \sum\limits_{i=1}^{m} n_i$，则利用

$$\sum_{i=1}^{m} P(X \in A_i) = 1,$$

知

$$P(N_1 = n_1, N_2 = n_2, \cdots, N_m = n_m)$$

$$= P(N_1 = n_1, N_2 = n_2, \cdots, N_m = n_m, N = n)$$

$$= P(N_1 = n_1, N_2 = n_2, \cdots, N_m = n_m | N = n) P(N = n)$$

$$= \frac{n!}{n_1! n_2! \cdots n_m!} P(X \in A_1)^{n_1} \cdots P(X \in A_m)^{n_m} \frac{\mathrm{e}^{-\lambda} \lambda^n}{n!}$$

$$= \frac{n!}{n_1! n_2! \cdots n_m!} P(X \in A_1)^{n_1} \cdots P(X \in A_m)^{n_m}$$

$$\times \frac{\mathrm{e}^{-\lambda \sum_{l=1}^{m} P(X \in A_l)} \lambda^n}{n!}$$

$$= \prod_{l=1}^{m} \left(\mathrm{e}^{-\lambda P(X \in A_l)} \frac{(\lambda P(X \in A_l))^{n_l}}{n_l!} \right).$$

固定 i, 在上式中分别对 n_j $(j \neq i)$ 求和, 可以得到

$$P(N_i = n_i)$$

$$= \sum_{n_1=0}^{\infty} \cdots \sum_{n_{i-1}=0}^{\infty} \sum_{n_{i+1}=0}^{\infty} \cdots \sum_{n_m=0}^{\infty} \prod_{l=1}^{m} \mathrm{e}^{-\lambda P(X \in A_l)} \frac{(\lambda P(X \in A_l))^{n_l}}{n_l!}$$

$$= \frac{\mathrm{e}^{-\lambda P(X \in A_i)} (\lambda P(X \in A_i))^{n_i}}{n_i!},$$

因此 N_i 服从参数为 $\lambda P(X \in A_i)$ 的泊松分布, 且

$$P(N_1 = n_1, N_2 = n_2, \cdots, N_m = n_m) = \prod_{l=1}^{m} P(N_l = n_l),$$

即 N_i $(i \leq m)$ 为独立的随机变量列. 定理证毕.

下面定理给出 S_i 的分布.

定理 4.2.3 对于 $i \leq m$, 有 S_i 为独立的复合泊松随机变量列, 其中 S_i 的泊松参数为 $\lambda P(X \in A_i)$, 个体损失分布为

$$F_i(x) = P(X \leq x | X \in A_i).$$

证明 记 $n = \sum\limits_{i=1}^{m} n_i$. 设 $x_i \geq 0, i \leq m$. 则有

$P(N_i = n_i, S_i \leq x_i, i \leq m)$

$= P(N_i = n_i, S_i \leq x_i, i \leq m | N = n) P(N = n)$

$= P(N = n) \dfrac{n!}{n_1! n_2! \cdots n_m!} P[\mathcal{A}_{n_1, n_2, \cdots, n_m}(x_1, x_2, \cdots, x_m)]$,

其中

$\mathcal{A}_{n_1, n_2, n_m}(x_1, x_2, \cdots, x_m)$

$= \left\{ X_s \in A_i, \sum\limits_{l=1}^{i-1} n_l < s \leq \sum\limits_{l=1}^{i} n_l,\ i = 1, 2, \cdots, m \right\}$

$\bigcap \left\{ \sum\limits_{k=\left(\sum\limits_{l=1}^{j-1} n_l\right)+1}^{\sum\limits_{l=1}^{j} n_l} X_k \leq x_j,\ j = 1, 2, \cdots, m \right\}.$

再利用 X_i 相互独立且服从相同的分布，易于验证

$$P\left(\sum_{l=1}^{n_i} X_l \leq x_i \bigg| X_j \in A_i, j \leq n_i \right) = F_i^{*(n_i)}(x_i),$$

因此有

$P(N_i = n_i, S_i \leq x_i, i \leq m)$

$= P(N = n) \dfrac{n!}{n_1! n_2! \cdots n_m!}$

$\quad \times \prod\limits_{i=1}^{m} P\left(\sum\limits_{l=1}^{n_i} X_l \leq x_i \big| X_j \in A_i, j \leq n_i \right) P(X_j \in A_i, j \leq n_i)$

$= \dfrac{\mathrm{e}^{-\lambda} \lambda^n}{n!} \dfrac{n!}{n_1! n_2! \cdots n_m!} \left\{ \prod\limits_{i=1}^{m} P(X \in A_i)^{n_i} \right\} \prod\limits_{i=1}^{m} F_i^{*(n_i)}(x_i)$

$$= \prod_{i=1}^{m} \frac{\mathrm{e}^{-\lambda P(X \in A_i)} (\lambda P(X \in A_i))^{n_i}}{n_i!} F_i^{*(n_i)}(x_i).$$

对 n_i $(i = 1, 2, \cdots, m)$ 求和, 得到

$$P(S_i \le x_i, i \le m)$$
$$= \sum_{n_1=0}^{\infty} \cdots \sum_{n_m=0}^{\infty} \prod_{i=1}^{m} \frac{\mathrm{e}^{-\lambda P(X \in A_i)} (\lambda P(X \in A_i))^{n_i}}{n_i!} F_i^{*(n_i)}(x_i)$$
$$= \prod_{i=1}^{m} \left\{ \sum_{n_i=0}^{\infty} \frac{\mathrm{e}^{-\lambda P(X \in A_i)} (\lambda P(X \in A_i))^{n_i}}{n_i!} F_i^{*(n_i)}(x_i) \right\}.$$

由上式, 知

$$P(S_i \le x_i) = \sum_{n_i=0}^{\infty} \frac{\mathrm{e}^{-\lambda P(X \in A_i)} (\lambda P(X \in A_i))^{n_i}}{n_i!} F_i^{*(n_i)}(x_i),$$

且 $S_1, S_2, \cdots, S_m$ 相互独立. 定理证毕.

例 4.2.2 设 S 为复合泊松变量, 泊松参数为 $\lambda = 10$, 个体损失额分布为 $f_X(1) = 0.50$, $f_X(2) = 0.30$, $f_X(3) = 0.20$. 记 $A_1 = (-\infty, 2]$, $A_2 = (2, \infty)$. 讨论按照 A_1, A_2 划分的 S 的分解.

解 根据题意, 有

$$P(X \le 2) = 0.80, \quad P(X > 2) = 0.20.$$

考虑按照 A_1, A_2 对 S 的分解, 分别记为 S_1 和 S_2, 则 S_1 和 S_2 为独立的复合泊松变量. S_1 的泊松参数为

$$\lambda_1 = \lambda P(X \in A_1) = 10 P(X \le 2) = 8,$$

个体损失分布为

$$f_{X_1}(1) = P(X = 1 | X \in A_1) = \frac{P(X = 1)}{P(X \le 2)} = \frac{5}{8},$$

$$f_{X_1}(2) = P(X = 2 | X \in A_1) = \frac{P(X = 2)}{P(X \le 2)} = \frac{3}{8},$$

$$f_{X_1}(3) = P(X = 3 | X \leq 2) = 0.$$

S_2 的泊松参数为

$$\lambda_2 = \lambda P(X \in A_2) = 10 \times P(X > 2) = 2.$$

个体损失分布为

$$f_{Y_1}(1) = P(X = 1 | X \in A_2) = 0,$$
$$f_{Y_1}(2) = P(X = 2 | X \in A_2) = 0, \quad f_{Y_1}(3) = 1.$$

§4.3 Panjer 递推算法

Panjer(1981) 提出了计算总损失分布的方法 —— Panjer 递推算法. 这种方法通过递推计算可以提高计算的速度.

本节假定
$$S = \sum_{i=1}^{N} X_i.$$

4.3.1 个体损失额为离散的情况

假设个体损失额为非负整数值的随机变量. 记个体损失额的概率函数 $f_X(n) = P(X = n), n = 0, 1, 2, \cdots.$

定理 4.3.1 已知 N 属于 $(a, b, 0)$ 类, 则 S 为非负整数值随机变量, 概率函数 $f_S(x) := P(S = x)$ 满足

$$(1 - af_X(0))f_S(x) = \sum_{j=1}^{x} \left(a + \frac{bj}{x} \right) f_X(j) f_S(x - j), \quad x = 1, 2, 3, \cdots.$$

证明 (1) 先证明对 $f_X^{*(n)}(x) \neq 0$ $(x = 1, 2, \cdots)$, 有

$$\sum_{j=1}^{\infty} \frac{j f_X(j) f_X^{*(n-1)}(x - j)}{f_X^{*(n)}(x)} = \frac{x}{n}, \quad n = 2, 3, \cdots.$$

利用
$$E[X_1|X_1+X_2+\cdots+X_n=x]$$
$$=E[X_i|X_1+X_2+\cdots+X_n=x],\quad i=1,2,\cdots,n$$

及
$$E\left[\sum_{i=1}^n X_i \Big| X_1+X_2+\cdots+X_n=x\right]=x,$$

得到
$$E[X_1|X_1+X_2+\cdots+X_n=x]=\frac{x}{n}.$$

又
$$E[X_1|X_1+X_2+\cdots+X_n=x]=\sum_{j=0}^{\infty}\frac{jf_X(j)f_X^{*(n-1)}(x-j)}{f_X^{*(n)}(x)}.$$

结合上面的两个等式, 得到
$$\sum_{j=0}^{x}\frac{jf_X(j)f_X^{*(n-1)}(x-j)}{f_X^{*(n)}(x)}=\frac{x}{n}.$$

(2) 下面给出定理的证明.

对 $x=1,2,\cdots$, 有
$$f_S(x)=\sum_{n=1}^{\infty} p_n f_X^{*(n)}(x)$$
$$=p_1 f_X(x)+\sum_{n=2}^{\infty} p_{n-1}\left(a+\frac{b}{n}\right)f_X^{*(n)}(x)$$
$$=p_1 f_X(x)+\sum_{n=2}^{\infty} p_{n-1}a f_X^{*(n)}(x)+\sum_{n=2}^{\infty} p_{n-1}\frac{b}{n}f_X^{*(n)}(x).$$

将 (1) 的结果代入上式得到
$$f_S(x)=p_1 f_X(x)+a\sum_{n=1}^{\infty} p_n f_X^{*(n+1)}(x)$$

$$+ \sum_{n=1}^{\infty} p_n \frac{b}{x} \sum_{j=0}^{x} j f_X^{*(n)}(x-j) f_X(j).$$

利用 $f_X^{*(n+1)}(x) = \sum_{j=0}^{x} f_X^{*(n)}(x-j) f_X(j)$,

$$f_S(x) = (a+b) p_0 f_X(x) + a \sum_{n=1}^{\infty} p_n \sum_{j=0}^{x} f_X^{*(n)}(x-j) f_X(j)$$

$$+ \frac{b}{x} \sum_{j=0}^{x} j f_X(j) \sum_{n=1}^{\infty} p_n f_X^{*(n)}(x-j),$$

整理得

$$f_S(x) = (a+b) p_0 f_X(x) + a \sum_{j=0}^{x-1} f_S(x-j) f_X(j)$$

$$+ a \sum_{n=1}^{\infty} p_n f_X^{*(n)}(0) f_X(x)$$

$$+ \frac{b}{x} \sum_{j=0}^{x-1} j f_X(j) f_S(x-j) + b f_X(x) \sum_{n=1}^{\infty} p_n f_X^{*(n)}(0)$$

$$= a \sum_{j=0}^{x-1} f_S(x-j) f_X(j) + a \sum_{n=0}^{\infty} p_n f_X^{*(n)}(0) f_X(x)$$

$$+ \frac{b}{x} \sum_{j=0}^{x-1} j f_X(j) f_S(x-j) + b f_X(x) \sum_{n=0}^{\infty} p_n f_X^{*(n)}(0)$$

$$= \sum_{j=0}^{x-1} \left(a + \frac{bj}{x} \right) f_X(j) f_S(x-j) + (a+b) f_X(x) \sum_{n=0}^{\infty} p_n f_X^{*(n)}(0).$$

再利用 $f_S(0) = \sum_{n=0}^{\infty} p_n f_X^{*(n)}(0)$, 得到

$$f_S(x) = \sum_{j=0}^{x-1} \left(a + \frac{bj}{x} \right) f_S(x-j) f_X(j) + (a+b) f_X(x) f_S(0)$$

$$= \sum_{j=0}^{x}\left(a+\frac{bj}{x}\right)f_S(x-j)f_X(j)$$

$$= \sum_{j=1}^{x}\left(a+\frac{bj}{x}\right)f_S(x-j)f_X(j) + af_S(x)f_X(0).$$

整理可得定理成立.

例 4.3.1 设复合泊松模型的个体损失额为正整数. 已知对某 k,
$$f_S(x) = \frac{1}{x}[0.16f_S(x-1) + kf_S(x-2) + 0.72f_S(x-3)], \quad x = 1, 2, \cdots,$$
且 $E(S) = 1.68$. 求泊松参数.

解 根据题中假设, 知 $f_X(0) = 0$. 设泊松分布的参数为 $b > 0$. 根据 Panjer 递推, 有
$$f_S(x) = \sum_{y=1}^{x}\frac{by}{x}f_X(y)f_S(x-y), \quad x = 1, 2, 3, \cdots.$$

比较上式和题中给出的递推等式, 可得到一系列的等式. 令 $x = 1$, 由上式得到 $f_S(1) = bf_X(1)f_S(0)$; 根据题中给出的递推等式, 得到
$$f_S(1) = 0.16f_S(0).$$

比较两者可得
$$0.16 = bf_X(1).$$

再令 $x = 2$, 根据 Panjer 递推得到
$$f_S(2) = \frac{b}{2}f_X(1)f_S(1) + bf_X(2)f_S(0),$$

利用前面得到的 $bf_X(1) = 0.16$, 有
$$f_S(2) = \frac{1}{2}0.16f_S(1) + bf_X(2)f_S(0) = 0.08f_S(1) + bf_X(2)f_S(0).$$

与题中给出的递推等式 $f_S(2) = \frac{0.16}{2}f_S(1) + \frac{k}{2}f_S(0)$ 对比, 得到
$$\frac{k}{2}f_S(0) = bf_X(2)f_S(0),$$

即
$$k = 2bf_X(2).$$

类似可得
$$3bf_X(3) = 0.72$$

及 $f_X(k) = 0, k \geq 4$. 由

$$E(S) = E(N)E(X) = b(f_X(1) + 2f_X(2) + 3f_X(3)) = 1.68,$$

即
$$b(f_X(1) + 2f_X(2) + 3f_X(3)) = 0.16 + k + 0.72 = 1.68,$$

解得 $k = 0.8$. 再利用

$$f_X(1) + f_X(2) + f_X(3) = \frac{0.16}{b} + \frac{k}{2b} + \frac{0.72}{3b} = 1,$$

解得 $b = 0.8$.

4.3.2 个体损失额为连续的情况

假设个体损失额的密度函数 f_X 存在且连续.

定理 4.3.2 已知 N 属于 $(a, b, 0)$ 类, 则 S 的概率密度函数 f_S 满足

$$f_S(x) = p_1 f_X(x) + \int_0^x \left(a + \frac{by}{x} \right) f_X(y) f_S(x-y) \mathrm{d}y, \quad x > 0.$$

定理 4.3.2 的证明, 读者可参考离散损失额的情况.

§4.4 离散化方法

对个体损失额分布是连续分布或混合分布的情况, 计算复合分布一般比较复杂. 下面介绍一种逼近方法: 使用离散分布来逼近个体损失额分布.

取定 $h > 0$. 令 $\left[\dfrac{X}{h} \right]$ 表示不超过 $\dfrac{X}{h}$ 的最大整数, $\left[-\dfrac{X}{h} \right]$ 表示

不超过 $-\dfrac{X}{h}$ 的最大整数. 定义

$$k_j^A = P\left(\left[\dfrac{X}{h}\right] = j\right), \quad j = 0, 1, 2, \cdots$$

及

$$k_j^B = P\left(-\left[-\dfrac{X}{h}\right] = j\right), \quad j = 0, 1, 2, \cdots,$$

则 k_j^A $(j = 0, 1, 2, \cdots)$ 为一离散分布的概率函数,k_j^B $(j = 0, 1, 2, \cdots)$ 也为一离散分布的概率函数.

根据定义,有

$$k_j^A = P\left(\left[\dfrac{X}{h}\right] = j\right) = P\left(j \leq \dfrac{X}{h} < j+1\right)$$
$$= P(jh \leq X < jh + h) = P(X < jh + h) - P(X < jh), \quad j = 0, 1, \cdots$$

及

$$k_j^B = P\left(-\left[-\dfrac{X}{h}\right] = j\right)$$
$$= P\left(\left[-\dfrac{X}{h}\right] = -j\right)$$
$$= P\left(-j \leq \dfrac{-X}{h} < -j + 1\right)$$
$$= P((j-1)h < X \leq jh)$$
$$= P(X \leq jh) - P(X \leq jh - h), \quad j = 0, 1, 2, \cdots.$$

记

$$K_A(x) = \sum_{j=0}^{[x]} k_j^A, \quad K_B(x) = \sum_{j=0}^{[x]} k_j^B,$$

则 K_A 和 K_B 都为取非负整数值随机变量的分布函数,且有

$$K_A(m) = \sum_{j=0}^{m} (P(X < jh + h) - P(X < jh)) = P(X < mh + h)$$

及
$$K_B(m) = \sum_{j=0}^{m} \left(P(X \leq jh) - P(X \leq jh - h) \right) = P(X \leq mh).$$

比较上面的两个等式，可得到
$$K_A(m) \geq K_B(m).$$

定理 4.4.1 复合风险变量 S 的分布函数 F_S 满足下列不等式：
$$\sum_{n=0}^{\infty} p_n K_A^{*(n)}(x) \geq F_S(hx) \geq \sum_{n=0}^{\infty} p_n K_B^{*(n)}(x), \quad x = 0, 1, 2, \cdots.$$

证明 令
$$S_h^A = \sum_{i=1}^{N} \left[\frac{X_i}{h} \right]$$

及
$$S_h^B = \sum_{i=1}^{N} -\left[-\frac{X_i}{h} \right],$$

则有
$$P(S_h^A \leq x) = \sum_{n=0}^{\infty} p_n K_A^{*(n)}(x), \quad P(S_h^B \leq x) = \sum_{n=0}^{\infty} p_n K_B^{*(n)}(x).$$

根据
$$\left[\frac{X_i}{h} \right] \leq \frac{X_i}{h} \leq -\left[-\frac{X_i}{h} \right],$$

知
$$S_h^A \leq \frac{S}{h} \leq S_h^B.$$

所以有
$$P(S_h^B \leq x) \leq P(S \leq hx) \leq P(S_h^A \leq x).$$

综上可以得到
$$\sum_{n=0}^{\infty} p_n K_A^{*(n)}(x) \geq F_S(hx) \geq \sum_{n=0}^{\infty} p_n K_B^{*(n)}(x), \quad x = 0, 1, 2, \cdots.$$

§4.5 考虑自留额的影响

考虑再保险的情况,设每笔损失分出保险人的自留额为 d, 即再保险人只负责赔付超过自留额 d 以上的超额部分. 如果实际损失额不高于自留额,则分出保险人承担全部赔偿;如果实际损失额高于自留额,则分出保险人按照自留额来赔偿.

记 $x_+ = \max\{x, 0\}$.

定理 4.5.1 设 X 为非负取整数值的随机变量.

(1) 设 d 为非负整数. 则有

$$E(X-d)_+ = 1 - F_X(d) + E(X-(d+1))_+.$$

(2) 设 $d_1 \leq x \leq d_2$, 其中 $d_1 < d_2$ 为非负整数. 若 $P(d_1 < X < d_2) = 0$, 则

$$E(X-x)_+ = \frac{d_2-x}{d_2-d_1}E(X-d_1)_+ + \frac{x-d_1}{d_2-d_1}E(X-d_2)_+.$$

证明 (1) 对任意的 $x \geq 0$, 易证 (可利用分部积分公式)

$$E(X-x)_+ = \int_x^\infty P(X>t)\mathrm{d}t.$$

所以有

$$E(X-d)_+ = \int_d^\infty P(X>x)\mathrm{d}x = \sum_{j=d}^\infty \int_j^{j+1} P(X>x)\mathrm{d}x$$

$$= \sum_{j=d}^\infty (1-F_X(j))$$

及

$$E(X-d-1)_+ = \int_{d+1}^\infty P(X>x)\mathrm{d}x = \sum_{j=d+1}^\infty (1-F_X(j)).$$

故有

$$E(X-d)_+ = \sum_{j=d}^{\infty}(1-F_X(j)) = 1 - F_X(d) + E(X-(d+1))_+.$$

(2) 进一步地，对 $d_1 \le x \le d_2$,

$$\begin{aligned}E(X-x)_+ &= \int_x^{\infty} P(X>t)\mathrm{d}t \\ &= \int_{d_2}^{\infty} P(X>t)\mathrm{d}t + \int_x^{d_2} P(X>t)\mathrm{d}t \\ &= \int_{d_2}^{\infty} P(X>t)\mathrm{d}t + \int_x^{d_2} P(X>d_1)\mathrm{d}t \\ &= E(X-d_2)_+ + (d_2-x)(1-F_X(d_1)).\end{aligned}$$

特别地，上式中令 $x=d_1$，得到

$$E(X-d_1)_+ = E(X-d_2)_+ + (d_2-d_1)(1-F_X(d_1)).$$

整理后得到

$$1 - F_X(d_1) = (E(X-d_1)_+ - E(X-d_2)_+)/(d_2-d_1).$$

再代入到

$$E(X-x)_+ = E(X-d_2)_+ + (d_2-x)(1-F_X(d_1))$$

中，得到定理中第二个等式成立. 定理证毕.

例 4.5.1 假设 S 为复合泊松变量，泊松参数为 $\lambda=5$，个体损失额的概率函数为

$$f_X(1) = 0.80, \quad f_X(2) = 0.20.$$

计算 $f_S(x)$ 及 $E(S-x)_+, x=0,1,2$.

解 由 S 的定义可得 $f_S(0) = P(N=0) = \mathrm{e}^{-5}$ 及

$$E(S-0)_+ = \lambda E(X) = 5 \times (1 \times 0.80 + 2 \times 0.20) = 6.0.$$

根据 Panjer 递推公式,有

$$f_S(k) = \sum_{j=1}^{2} \frac{\lambda j}{k} f_X(j) f_S(k-j)$$
$$= \frac{5}{k}[f_X(1)f_S(k-1) + 2f_X(2)f_S(k-2)]$$
$$= \frac{1}{k}[4f_S(k-1) + 2f_S(k-2)].$$

上式中令 $k=1$,可得

$$f_S(1) = 4f_S(0) = 4\mathrm{e}^{-5}.$$

令 $k=2$,可得

$$f_S(2) = \frac{1}{2}[4f_S(1) + 2f_S(0)] = \frac{1}{2}[4.0 \times 4\mathrm{e}^{-5} + 2\mathrm{e}^{-5}] = 9\mathrm{e}^{-5}.$$

再根据定理 4.5.1,有

$$E(S-1)_+ = E(S) - (1 - F_S(0)) = 6 - (1 - \mathrm{e}^{-5}) = 5 + \mathrm{e}^{-5}$$

及

$$E(S-2)_+ = E(S-1)_+ - (1 - F_S(1))$$
$$= E(S-1)_+ - (1 - f_S(0) - f_S(1))$$
$$= 5 + \mathrm{e}^{-5} - (1 - \mathrm{e}^{-5} - 4\mathrm{e}^{-5}) = 6\mathrm{e}^{-5} + 4.$$

习 题

1. 已知 S 服从复合泊松分布,泊松参数为 $\lambda = 0.60$. 个体损失额取 $1, 2, 3$ 的概率分别为 $0.20, 0.30$ 和 0.50. 计算 $P(S \geq 3)$.

2. 对于两个独立的复合泊松变量 S_A, S_B,已知泊松参数为 $\lambda_A = \lambda_B = 1$,个体损失额满足 $f_A(1) = 1, f_B(1) = f_B(2) = 0.50$. $S_A + S_B$ 的分布记为 $F(x)$. 计算 $F^{*(4)}(6)$.

3. 复合泊松变量 S 的个体损失额为 1, 2 或 3. 已知 $E(S) = 56$, $\mathrm{var}(S) = 126$, 泊松参数 $\lambda = 29$. 计算损失额为 2 的预计损失数目.

4. 一个复合泊松模型, 泊松参数为 0.1, 个体损失分布为

$$f_X(1) = 0.3, \quad f_X(2) = 0.2, \quad f_X(3) = 0.1, \quad f_X(4) = 0.1,$$
$$f_X(5) = 0.1, \quad f_X(6) = 0.1, \quad f_X(7) = 0.1.$$

讨论该复合泊松分布的分布函数.

5. 对于复合 logarithmic 分布, 个体损失额服从期望为 θ 的指数分布. 证明该复合分布的密度函数可以表示为

$$f_S(x) = \frac{\exp\left(-\dfrac{x}{\theta(1+\beta)}\right) - \exp\left(-\dfrac{x}{\theta}\right)}{x \log(1+\beta)}, \quad x > 0.$$

6. 设 N 服从参数为 4 的泊松分布. 给定 M 的概率函数为 $f_M(1) = f_M(2) = f_M(3) = 1/3$. 对于 $S = M_1 + \cdots + M_N$, M_i $(i \geq 1)$ 为独立的随机变量列且与 M 有相同的分布.

(1) 计算 $f_S(0)$;
(2) 推导 $f_S(k)$ 的递推公式;
(3) 计算 $f_S(k)$, $k = 1, 2, 3$.

7. 已知随机变量 X 服从期望值为 1 的帕累托分布. 给出 $K_A(x)$ 及 $K_B(x)$ 的表示.

8. 证明: 对于复合泊松模型, 有

$$E(S - E(S))^3 = \lambda E[X^3].$$

9. 已知 $f_X(1) = 0.7$, $f_X(2) = 0.20$, $f_X(3) = 0.10$, 并且 N 服从 Logarithmic 分布. 记

$$\hat{S} = I_1(X_1) + \cdots + I_1(X_N),$$

这里 $I_1(x) = (x-1)_+$. 计算 $E(\hat{S})$, $\mathrm{var}(\hat{S})$, $f_{\hat{S}}(0)$ 及 $f_{\hat{S}}(1)$.

10. 机动车辆驾驶员被分为三个同质的保单组, 每个驾驶员的索赔次数都服从泊松分布. 已知三个保单组的泊松参数如下表:

组别	驾驶员占总数的比例	泊松参数 λ
1	0.25	5
2	0.25	3
3	0.50	2

对于一个随机抽取的个体，计算索赔次数的方差.

11. 一个复合负二项分布的负二项分布参数为 $\beta = 1, r = 2$，个体损失额的概率函数为 $f_X(x)$, $x = 0, 1, 2, \cdots$. 如果复合分布函数保持不变，而个体损失额的概率函数变为

$$g_X(x) = \frac{f_X(x)}{1 - f_X(0)}, \quad x = 1, 2, \cdots,$$

计算对应的索赔次数的分布.

12. 对于某个被保险人，总赔付额服从参数为 $m = 12, q = 0.25$ 的二项分布. 已知保费为 5，保险人支付保费超过总赔付额的超额部分的 80% 作为红利. 计算红利的期望.

13. 假设个体赔付额 X 为非负整数，$P(X \leq m) = 1$，索赔频率服从 $(a, b, 1)$ 类分布. 证明下式成立：

$$(1 - af_X(0))f_S(x) = [p_1 - (a+b)p_0]f_X(x) + \sum_{y=1}^{\min\{x,m\}} (a + by/x)f_X(y)f_S(x-y).$$

14. 对某团体的伤残收入保险，每 100 人中预计的伤残人数为 1. 每一个体的伤残天数 Y 的分布为

$$P(Y > y) = 1 - \frac{y}{10}, \quad y = 0, 1, 2, \cdots, 10.$$

个体伤残后有 5 天等待期，如果 5 天等待期后继续伤残才开始赔付，直到康复为止. 已知每天给付的伤残保险金为 20 元. 计算 1500 个独立个体的总赔付额的方差.

15. 某随机变量 X 的概率函数如下表：

x	0	1	2	3	4	5	6	7	8	9
$f(x)$	0.05	0.06	0.25	0.22	0.10	0.05	0.05	0.05	0.05	0.12

已知 $E(X) = 4$, $E(X - d)_+ = 2$. 求 d.

16. 某再保险人赔付总损失额 S 中超过自留额 d 以上的超额部分，它得到的保费为 $E(S - d)_+$. 给定

$$E[(S - 100)_+] = 15, \quad E[(S - 120)_+] = 10$$

及

$$P(80 < S < 120) = 0.$$

计算 $P(S \le 80)$.

17. 对于复合泊松变量 S, 泊松参数 $\lambda = 0.8$. 个体赔付额 X_i 的概率函数为

$$P(X = 1) = 0.25, \quad P(X = 2) = 0.375, \quad P(X = 3) = 0.375.$$

计算 S 的概率函数 $P(S = x)$, $x = 0, 1, 2, \cdots, 10$.

18. 记 Y 的分布函数为

$$\Gamma(x, \alpha, \beta) = \int_0^x \frac{\beta^\alpha}{\Gamma(\alpha)} t^{\alpha-1} e^{-\beta t} dt, \quad x \ge 0.$$

对于某一随机变量 X, 现使用 $Z = Y + x_0$ 来逼近 X. 逼近的准则是：求 x_0, α, β, 使得

$$E(X) = E(Z), \quad \text{var}(X) = \text{var}(Z),$$
$$E[(X - E(X))^3] = E[(Z - E(Z))^3]$$

成立. 给出 x_0, α, β 的数学表达式. (计算结果使用 X 的矩来表示.)

19. 对于复合风险模型 $S = \sum_{i=1}^N X_i$, 索赔次数 N 的概率函数为

$$P(N = 0) = 0.1, \quad P(N = 1) = 0.3,$$
$$P(N = 2) = 0.3, \quad P(N = 3) = 0.3;$$

个体赔付额的分布为

$$P(X=1)=0.5, \quad P(X=2)=0.4, \quad P(X=3)=0.1.$$

计算 $E(S-7)_+$.

第二部分 赔付数据的统计分析

在保险实务中，每张保单的实际损失额与保险公司对该保单的实际赔付额是两个有区别的额度. 对于发生损失的保单，其实际损失额记为 X. 保险公司对该保单的实际赔付额 Y 不仅与该保单的损失额 X 有关，还与该保单的保险金额以及免赔额相关. 从数量上看，一般有 $Y \leq X$. 本书讨论损失模型的性质时，不区分保单的实际损失额与保险公司的赔付额.

保险人对一张保单在保险期限内的赔付额可以用如下随机模型描述：该保单在保险期限内的各笔赔付额依次记为 X_i $(i=1,2,\cdots)$. 在保险期限内的赔案数目记为 N. 保险人对这张保单的总赔付额 S 可表示为

$$S = \sum_{i=1}^{N} X_i.$$

为了简化考虑，我们仍假设各笔赔付额相互独立且服从相同的分布，且每笔赔付额 X_i $(i=1,2,\cdots)$ 与赔案数目 N 也相互独立.

根据前面假设，保险人对该保单总赔付额的期望满足

$$E(S) = E(N)E(X_1).$$

这里称 $E(S)$ 为该保单的 **风险保费**. 在实际计算风险保费时，需要考虑每张保单在保险期限内发生赔案数目的期望以及每笔赔付额的期望，根据实际数据估计赔案数目的期望以及每笔赔付额的期望. 为简单计，我们仍称赔案数目 N 的期望为**索赔频率**. 对 $E(S)$ 的估计值，从保费角度称为该保单的风险保费，从保单损失角度称为该保单的**损失成本**.

考虑到险种的每张保单的保额或保险期限可能会不同，需要给出刻画该险种的保单风险量的基本单位——**风险单位**. 风险单位又叫风险敞口单位. 风险单位是确定险种保费的基本单位，每张保单的风险

单位总数称为此保单的**风险量**. 如：对于机动车辆保险, 风险单位常选为车辆年, 即一辆车投保一年时间作为风险单位. 若一辆车投保半年时间, 则此保单的风险量为 0.5; 若两辆车的保险期限都为半年, 则总风险量为 1. 不同险种常基于不同方法确定风险单位.

计算保单的风险保费时需已知单位风险保单的风险保费. 首先利用实际数据估计单位风险保单的索赔频率及每笔赔付额的期望值, 然后根据公式

单位风险保单的风险保费 = 单位风险保单的索赔频率
$$\times\text{每笔赔付额的平均额度}$$

得到单位风险保单的风险保费. 每张保单的风险保费为该保单风险量与单位风险保单风险保费的乘积, 即

保单的风险保费 = 单位风险保单的风险保费 × 保单的风险量.

注意：风险保费是保单的损失成本, 它不包含保险费用, 我们将在第十章考虑保险费用. 另外, 将索赔频率和每笔赔付额分开讨论是基于实际的考虑, 在实际中有些因素对这两个量有不同程度的影响, 如地震的发生对赔案数目的影响要大于对赔付额的影响. 将二者分开考虑, 有利于根据实际情况的变化对这两个量的估计值进行不同程度调整.

本部分第五章介绍赔案数目分布与个体赔付额分布的统计估计方法；第六章介绍保险理赔模型以及在风险保费计算中采用不同数据类型对保险人现金流的影响.

第五章 索赔频率及个体赔付额的估计

本章对索赔频率与个体赔付额的估计作一简单介绍. 首先介绍风险量的计算方法, 然后介绍索赔频率与个体赔付额的估计方法. 本章还将介绍假设检验在非寿险中的应用, 最后通过一个实例用数据拟合

比较不同分布在拟合效果上的差异.

§5.1 风 险 量

前面介绍了风险单位的确定方法. 风险单位的确定常根据下面几个原则:
(1) 风险单位应准确地量化风险;
(2) 保险人易于确定被保险人的风险量;
(3) 风险单位不易由被保险人所控制;
(4) 易于记录与管理;
(5) 易于被保险人理解风险量的确定方法.

风险单位确定后, 以风险单位作为确定保费的基本单位, 每张保单的风险保费为该保单的风险量乘以单位风险的风险保费.

经常使用的风险量概念有: **已签风险量** (written exposure)、**已获风险量** (earned exposure) 及 **有效风险量** (in-force exposure). 在一段时间内的已签风险量是指在该时间段内签单保单在签单时的总风险量, 用来刻画签单时的总风险量; 在一段时间内的已获风险量是指保险人承保保单在该时间段内的总风险量; 某一时刻的有效风险量是指在此时刻所有有效保单在签单时的总风险量. 本章除特别说明, 假设每张保单都是单位风险保单, 且保险期限为一年.

表 5.1 给出某机动车辆的四张单位风险保单, 下面讨论如何计算它们的三种风险量. 第 1 列为保单的签单日期, 保险期限为一年. 由于所有保单都在 1987 年签单, 所以在 1987 年每张保单的已签风险量

表 5.1 某机动车辆的四张单位风险保单的风险量 (保险期限为一年)

签单日期	1987年已签风险量	1988年已签风险量	1987年已获风险量	1988年已获风险量	1988年1月1日有效风险量
1987年1月1日	1.00	0.00	1.00	0.00	0.00
1987年4月1日	1.00	0.00	0.75	0.25	1.00
1987年7月1日	1.00	0.00	0.50	0.50	1.00
1987年10月1日	1.00	0.00	0.25	0.75	1.00

都是 1.00, 而在 1988 年每张保单的已签风险量都是 0.

下面假设对所有保单不存在索赔以及保单提前终止的情况. 注意到已获风险量只计算在规定时间段内的风险总量. 对于在 1987 年 7 月 1 日签单的保单在 1987 年的有效期间为半年, 所以在 1987 年的已获风险量为 0.50, 该保单在 1988 年的有效期间也为半年, 因此在 1988 年的已获风险量也为 0.50.

考虑 1988 年 1 月 1 日这一时刻的有效风险量. 在 1987 年 4 月 1 日签单的保单还有效, 所以该保单的有效风险量为 1. 详细结果由表 5.1 给出.

在实际中计算已获风险量时, 由于获得的数据有限, 常采用一些近似算法. 所给出数据的类型不同, 计算方法也会有差异. 下面通过几个例子说明.

例 5.1.1 表 5.2 给出某家庭财产险 1978 和 1979 年的签单数据. 不考虑终止因素, 计算 1979 年的已获风险量.

表 5.2 新签或续保的保单数目

季度	1978 年	1979 年	季度	1978 年	1979 年
1	74	81	3	82	98
2	89	95	4	69	79

解 假设每个季度签单保单的签单时间都在相应季度中. 对于在 1978 年第 1 季度所签的保单, 每张保单在 1979 年的有效期间为半个季度, 折合风险量为 $0.5/4 = 0.125$, 所以该季度的 74 张保单在 1979 年总的已获风险量为 $0.125 \times 74 = 9.25$. 其他的可类似处理. 计算结果由表 5.3 给出, 1979 年总的已获风险量为 331.125. 解毕.

对于发生保险事故的保单, 若保险人的赔付额已达到了保险金额, 则保险人在余下的保险期限内不再负有赔付责任, 保险合同自动终止. 对于这些提前终止的保单, 保单有效期不满一年, 因此在计算已获风险量时需要扣除余下这段时间的风险量. 下面通过例子说明如何根据保单的提前终止时间调整已获风险量.

表 5.3 1979 年总的已获风险量

年	签单季度 (1)	签单数目 (2)	每张保单的已获风险量 (3)	总已获风险量 (4) = (2) × (3)
1978 年	第 1 季度	74	0.125	9.25
	第 2 季度	89	0.375	33.375
	第 3 季度	82	0.625	51.25
	第 4 季度	69	0.875	60.375
1979 年	第 1 季度	81	0.875	70.875
	第 2 季度	95	0.625	59.375
	第 3 季度	98	0.375	36.75
	第 4 季度	79	0.125	9.875
总计				331.125

例 5.1.2 表 5.2 给出某保险公司在 1978 年和 1979 年家庭财产险的签单数据. 表 5.4 给出在 1978 年及 1979 年提前终止保单的终止时间以及保单到期日. 计算 1979 年总的已获风险量.

表 5.4 1978, 1979 年提前终止保单的终止时间及保单到期日

保单提前终止时间	保单到期日
1978 年 1 月 4 日	1978 年 6 月 18 日
1978 年 5 月 1 日	1979 年 1 月 5 日
1978 年 7 月 29 日	1978 年 10 月 19 日
1978 年 11 月 5 日	1979 年 8 月 9 日
1979 年 1 月 18 日	1979 年 7 月 10 日
1979 年 4 月 21 日	1979 年 11 月 30 日
1979 年 7 月 14 日	1979 年 9 月 15 日
1979 年 11 月 18 日	1980 年 7 月 18 日

解 考虑到保单提前终止因素,需要将上一题计算中多算的风险量扣除.

考虑 1978 年 5 月 1 日终止的保单. 该保单到期时间为 1979 年 1 月 5 日, 在上个例子的计算中假设这张保单在整个保险期限内都有效. 实际上从 1979 年 1 月 1 日至 1 月 5 日期间保险人已不承担该保单的保险责任, 因此应该将这段时间的风险量扣除掉. 假设在 1 月 5 日到期的保单在 1 月 6 日保单失效, 则应该扣除的天数为 5 天.

对在 1979 年 1 月 18 日终止的保单, 到期时间为 1979 年 7 月 10 日, 从 1979 年 1 月 18 日至 1979 年 7 月 10 日相隔的天数为

$$31 - 18 + 28 + 31 + 30 + 31 + 30 + 10 = 173,$$

因此应扣除 173 天.

可类似考虑其他的提前终止保单. 计算结果见表 5.5.

表 5.5 应扣除的 1979 年的已获风险量

保单提前终止时间	保单到期日	应扣除的风险量 (天)
1978 年 1 月 4 日	1978 年 6 月 18 日	0
1978 年 5 月 1 日	1979 年 1 月 5 日	5
1978 年 7 月 29 日	1978 年 10 月 19 日	0
1978 年 11 月 5 日	1979 年 8 月 9 日	221
1979 年 1 月 18 日	1979 年 7 月 10 日	173
1979 年 4 月 21 日	1979 年 11 月 30 日	223
1979 年 7 月 14 日	1979 年 9 月 15 日	63
1979 年 11 月 18 日	1980 年 7 月 18 日	43
总 计		728

因保单终止因素应扣除的天数在表 5.5 中第 3 列给出. 故应扣除的总已获风险量为

$$\frac{728}{365} = 1.995.$$

因此 1979 年的总已获风险量为

$$331.125 - 1.995 = 329.130.$$

注意：在上述计算中没有考虑保单的准确签单时间. 如果考虑这一因素可得到更精确的结果, 在此不做进一步的讨论.

下面介绍计算已获风险量的一种近似方法. 已知在时刻 t 的有效风险量 $P(t)$, 这里假设 $P(t)$ 为连续函数. 在时间段 $[a,b]$ 内的总已获风险量可以通过对有效风险量 $P(t)$ 积分得到, 即已获风险量为

$$\int_a^b P(s)\mathrm{d}s.$$

读者可从积分定义理解其合理性. 若已知在端点 a,b 处的有效风险量 $P(a)$ 和 $P(b)$, 则可以用下面的近似公式计算:

$$\int_a^b P(s)\mathrm{d}s \approx \frac{P(b)+P(a)}{2}(b-a).$$

例 5.1.3 某保险人每个季度初车身险的有效保单数据如表 5.6. 计算 1979 年总的已获风险量.

表 5.6　各个季度初的有效保单数目

级别 日期	折扣级别 0% (全额保费级别)	折扣级别 20%	折扣级别 40%
1979 年 1 月 1 日	2560	2142	3967
1979 年 4 月 1 日	2627	2247	4120
1979 年 7 月 1 日	2689	2289	4175
1979 年 10 月 1 日	2835	2446	4384
1980 年 1 月 1 日	2977	2597	4488
1979 年赔案数目	364	299	462

解　先计算全额保费级别的已获风险量. 根据前面介绍的近似计算方法, 1979 年第 1 季度的已获风险量为 $0.5 \times (2560 + 2627) \times 0.25$, 1979 年第 2 季度的已获风险量为 $0.5 \times (2627 + 2689) \times 0.25$, 依此类推, 知全额保费级别在 1979 年的已获风险量为

$$0.5 \times (2560 + 2627) \times 0.25 + 0.5 \times (2627 + 2689) \times 0.25$$
$$+ 0.5 \times (2689 + 2835) \times 0.25 + 0.5 \times (2835 + 2977) \times 0.25$$
$$= 2729.875.$$

类似地可计算折扣级别 20% 和折扣级别 40% 在 1979 年的已获风险量, 分别为 2337.875 和 4226.625.

§5.2 统计估计

第二章和第三章介绍了一些常用的统计分布, 在利用这些分布来拟合实际数据时, 需要对分布中的参数进行估计. 在统计中常用的参数估计方法有矩估计法和最大似然估计法. 由于估计误差的存在, 得到的估计值通常不是真实值, 因此有必要确定一个区间使得以一个很大概率确信真实值落在这个区间内, 这个区间就是**置信区间**.

给定随机变量 X 的样本 $x_i, i=1,2,\cdots,n$, 可利用

$$\frac{1}{n}\sum_{i=1}^{n}x_i^m$$

估计 $E(X^m)$, 称为 $E(X^m)$ 的**矩估计**.

设 X 的概率密度函数 (或概率函数) 为 $f(x,\theta)$, 参数 θ 未知. 已知 θ 在某一范围 G 内. 定义似然函数

$$L(\theta)=\prod_{i=1}^{n}f(x_i,\theta).$$

若函数 $L(\theta)$ 在 $\theta=\hat{\theta}\in G$ 点达到最大值, 则称 $\hat{\theta}$ 为参数 θ 的**最大似然估计**.

如果保单组中各张保单的风险量和保险期限都相同, 并且赔案数目分布和每笔赔付额的分布也都相同, 则称该保单组是**同质的**.

例 5.2.1 表 5.7 给出了 4000 张同质保单的索赔记录. 假设各张保单的赔案数目相互独立, 且服从相同的泊松分布.

表 5.7 4000 张保单的索赔记录

赔案数目	0	1	2	3	总计
保单数目	3288	642	66	4	4000

(1) 分别利用矩估计法与最大似然估计法估计索赔频率;

(2) 计算索赔频率的置信区间, 其中置信水平为 95%.

解 记每张保单赔案数目的泊松参数为 λ, 4000 张保单的实际赔案数目分别为 $x_i, i \leq 4000$. 此题要求给出索赔频率 λ 的估计及置信区间.

(1) 参数 λ 为泊松分布的期望值, 所以 λ 的矩估计为

$$\hat{\lambda} = \frac{1}{4000} \sum_{i=1}^{4000} x_i = \frac{3288 \times 0 + 642 \times 1 + 66 \times 2 + 4 \times 3}{4000} = 0.1965.$$

似然函数为

$$L(\lambda) = \prod_{i=1}^{4000} \frac{e^{-\lambda} \lambda^{x_i}}{x_i!}$$

$$= (e^{-\lambda})^{3288} (e^{-\lambda} \lambda)^{642} \left(e^{-\lambda} \frac{\lambda^2}{2}\right)^{66} \left(e^{-\lambda} \frac{\lambda^3}{3!}\right)^4$$

$$= e^{-4000\lambda} \lambda^{786} / (6^4 \times 2^{66}).$$

两边取对数, 并对 λ 求导, 得到

$$\frac{d}{d\lambda} \ln L(\lambda) = -4000 + \frac{786}{\lambda}.$$

令上式等于 0, 解得最大似然估计

$$\tilde{\lambda} = \frac{786}{4000} = 0.1965.$$

(2) 易知总赔案数目 $N \sim P(4000\lambda)$, 因此 $\dfrac{N - 4000\lambda}{\sqrt{4000\lambda}}$ 的分布可以用标准正态分布逼近. 标准正态分布 97.5% 的分位点为 1.96, 因此有

$$P\left(\left|\frac{N - 4000\lambda}{\sqrt{4000\lambda}}\right| \leq 1.96\right) \approx 0.95.$$

根据题意知总赔案数目为 786, 所以令

$$\frac{786 - 4000\lambda}{\sqrt{4000\lambda}} = \pm 1.96$$

可解得
$$\lambda_1 = 0.183234, \quad \lambda_2 = 0.210726,$$
即泊松参数 λ 的 95% 置信区间为 $[0.183234, 0.210726]$.

例 5.2.2 某险种 35 笔赔案数据在表 5.8 中给出. 已知每笔赔付额服从参数为 (μ, σ^2) 的对数正态分布, 且相互独立. 计算参数 μ 的 95% 置信区间.

表 5.8　35 笔赔付额数据

272.63	21.69	97.00	157.05	552.92
95.74	183.48	192.44	388.36	125.25
8.06	97.1	59.19	787.43	47.88
35.08	15.44	332.32	71.14	138.20
744.12	253.61	2811.75	10.54	79.66
148.12	560.8	214.37	265.03	111.85
200.5	57.54	38.18	327.65	28.37

解 对所给数据取自然对数得到 $\ln x_i$, 其正态分布的均值估计为
$$\hat{\mu} = \frac{1}{35} \sum_{i=1}^{35} \ln x_i = 4.82809,$$
方差估计为
$$\hat{\sigma}^2 = \frac{1}{34} \sum_{i=1}^{35} (\ln x_i - \hat{\mu})^2 = 1.63606.$$
$\dfrac{\hat{\mu} - \mu}{\sqrt{\hat{\sigma}^2/35}}$ 服从参数为 34 的 t 分布, 查 t 分布表知
$$P\left(\left| \frac{\hat{\mu} - \mu}{\sqrt{\hat{\sigma}^2/35}} \right| \leq 2.03 \right) = 0.95.$$
所以根据
$$\frac{\hat{\mu} - \mu}{\sqrt{\hat{\sigma}^2/35}} = \pm 2.03$$

得到参数 μ 的 95% 置信区间为 $[4.389, 5.267]$.

另外，如果利用正态分布来近似 $\dfrac{\hat{\mu}-\mu}{\sqrt{\hat{\sigma}^2/35}}$ 的分布，则根据正态分布 97.5% 的分位点为 1.96，由

$$\dfrac{\hat{\mu}-\mu}{\sqrt{\hat{\sigma}^2/35}} = \pm 1.96$$

可得到

$$\mu_1 = 4.404, \quad \mu_2 = 5.252.$$

此时参数 μ 的 95% 置信区间为 $[4.404, 5.252]$.

下面给出一个估计索赔频率的例子.

例 5.2.3 在前面的例 5.1.3 中，估计单位风险保单的索赔频率.

解 1979 年全额保费级别的已获风险量为 2729.875，所以单位风险保单索赔频率的估计为

$$\dfrac{364}{2729.875} = 0.134.$$

类似地，折扣级别 20% 的索赔频率为 $\dfrac{299}{2337.875} = 0.128$，折扣级别 40% 的索赔频率为 $\dfrac{462}{4226.625} = 0.109.$

§5.3 假 设 检 验

实际中往往需要检验一些假设是否正确，下面通过几个例子来说明.

例 5.3.1 某保险人基于索赔频率 0.01 计算风险保费. 在 1979 年保险人签了 1000 张这类保单，共发生了 15 笔赔案. 试比较 0.01 的索赔频率假设与实际结果是否相符. 又知在 1980 年新签的 1000 张保单中发生 16 笔赔案，则前面的 0.01 的假设是否可接受？（假设保单损失相互独立）.

解 此题的原假设：每张保单的索赔频率为 0.01；对立假设：每张保单的索赔频率不等于 0.01.

1979 年和 1980 年的总赔案数目分别记为 N_1 和 N_2. 假设每张保单的赔案数目服从泊松分布. 在原假设下, N_1 和 N_2 的泊松参数都为 10.

(1) 考虑 1979 年的数据. 在原假设下, 1000 张保单的总赔案数目不少于 15 的概率为

$$P(N_1 \geq 15) = 1 - \sum_{i=0}^{14} e^{-10} \frac{10^i}{i!} = 0.083.$$

由于在原假设下出现不少于 15 次赔案的概率值为 0.083, 因此需要慎重考虑是否应拒绝原假设. 若利用中心极限定理来近似, 有

$$P(N_1 \geq 15) \approx 1 - \Phi\left(\frac{15 - 10}{\sqrt{10}}\right)$$
$$= 1 - \Phi(1.58) = 1 - 0.943 = 0.057.$$

(2) 考虑 1979 年和 1980 年两年的索赔数据. 总的赔案数目为 31, $N_1 + N_2$ 的泊松参数为 20. 故利用正态分布近似, 有

$$P(N_1 + N_2 \geq 31) = P\left(\frac{N_1 + N_2 - 20}{\sqrt{20}} \geq \frac{31 - 20}{\sqrt{20}}\right) \approx 1 - \Phi\left(\frac{31 - 20}{\sqrt{20}}\right)$$
$$= 1 - \Phi(2.46) = 1 - 0.993 = 0.007.$$

由于概率值 0.007 很小, 因此有理由怀疑原假设的合理性.

例 5.3.2 对于某一类型赔案, 保险人基于案均赔款 (各笔赔款的平均赔付额)1200 元计算. 已知在 1980 年发生了 1243 笔该类型赔案, 计算得到的案均赔款为 1283.70 元, 标准差为 1497.31. 试问保险人是否过低估计了案均赔款.

解 原假设: 每笔赔案的期望为 1200 元; 对立假设: 每笔赔案的期望大于 1200 元. 1980 年总赔付额为

$$1283.70 \text{元} \times 1243 = 1595639.1 \text{元}.$$

在原假设下利用正态近似, 总赔付额 S 超过 1595659.1 元的概率为

$$P(S \geq 1595639.1) \approx 1 - \Phi\left(\frac{1595639.1 - 1200 \times 1243}{\sqrt{1243 \times 1497.31}}\right)$$

$$= 1 - \Phi(1.97) = 0.024.$$

由于原假设下出现这种事件的概率值 0.024 很小, 因此可以认为原假设不成立.

§5.4 拟合不同分布

本节通过车险的一个例子来比较不同分布对实际数据的拟合效果. 根据表 5.9 的数据进行具体分析.

表 5.9 某车险的理赔数据

赔案数目	保单数目	赔案数目	保单数目
0	96978	3	43
1	9240	4	9
2	704	>4	0

根据表 5.9 中的数据, 总保单数目为

$$n = 96978 + 9240 + 704 + 43 + 9 = 106974.$$

第 i 张保单的赔案数目记为 x_i, $i = 1, 2, \cdots, 106974$, 则该类保单的索赔频率的无偏估计为

$$\hat{x} = \frac{1}{106974} \sum_{i=1}^{106974} x_i$$

$$= \frac{0 \times 96978 + 1 \times 9240 + 2 \times 704 + 3 \times 43 + 4 \times 9}{106974}$$

$$= 0.101081.$$

实际赔案数目为 i 的保单数目记为 n_i,

$$n_0 = 96978, \quad n_1 = 9240, \quad n_2 = 704,$$

$$n_3 = 43, \quad n_4 = 9, \quad n_i = 0, \quad i \geq 5.$$

下面利用数据拟合泊松分布和负二项分布.

5.4.1 泊松分布

泊松分布的参数 λ 的矩估计和最大似然估计相同,都为 $\hat{\lambda} = \hat{x} = 0.101081$. 利用这一估计值可先计算

$$\hat{p}_k = \frac{\mathrm{e}^{-\hat{\lambda}}\hat{\lambda}^k}{k!}$$

的值,然后计算 $\hat{n}_k = n\hat{p}_k$. 注意 $\hat{n}_k$ 是赔案数目为 k 的预计保单数目. 计算结果见表 5.10 的第 3 列.

5.4.2 负二项分布的矩估计

负二项分布二阶矩的矩估计为

$$\frac{1}{106974} \sum_{i=1}^{106974} x_i^2 = 0.117664,$$

所以方差的矩估计为

$$s^2 = 0.117664 - 0.101081^2 = 0.107447.$$

注意:方差的估计值比期望的估计值大.

负二项分布的概率函数为

$$\binom{k+r-1}{k} \left(\frac{1}{1+\beta}\right)^r \left(\frac{\beta}{1+\beta}\right)^k, \quad k = 0, 1, 2, \cdots.$$

下面先利用矩估计法估计负二项分布的参数 (r, β). 由

$$E(N) = r\beta, \quad \mathrm{var}(N) = r\beta(1+\beta)$$

解得

$$\beta = \frac{\mathrm{var}(N) - E(N)}{E(N)}, \quad r = \frac{(E(N))^2}{\mathrm{var}(N) - E(N)}.$$

所以，r, β 的矩估计 $\hat{r}, \hat{\beta}$ 分别为

$$\hat{r} = \frac{\hat{x}^2}{s^2 - \hat{x}} = 1.60499 \quad \text{及} \quad \hat{\beta} = \frac{s^2 - \hat{x}}{\hat{x}} = 0.062979.$$

然后计算

$$\hat{p}_k = \binom{k + \hat{r} - 1}{k} \left(\frac{1}{1+\hat{\beta}}\right)^{\hat{r}} \left(\frac{\hat{\beta}}{1+\hat{\beta}}\right)^k$$

及 $\hat{n}_k = n\hat{p}_k$。$\hat{n}_k$ 的计算结果见表 5.10 的第四列。

5.4.3 负二项分布的最大似然估计

下面考虑负二项分布的最大似然估计。似然函数为

$$L(\beta, r) = \prod_{i=0}^{4} \left(\binom{i + r - 1}{i} \left(\frac{1}{1+\beta}\right)^r \left(\frac{\beta}{1+\beta}\right)^i \right)^{n_i}.$$

两边取对数，得到

$$\ln(L(\beta, r)) = \sum_{i=0}^{4} n_i \ln \binom{i+r-1}{i} + \sum_{i=0}^{4} n_i r \ln\left(\frac{1}{1+\beta}\right)$$

$$+ \sum_{i=0}^{4} n_i i \ln\left(\frac{\beta}{1+\beta}\right).$$

对 β 求偏导数，并令其等于 0，得到

$$\frac{\partial}{\partial \beta} \ln(L(\beta, r)) = -\sum_{i=0}^{4} n_i r \frac{1}{1+\beta} + \sum_{i=0}^{4} n_i i \left[\frac{1}{\beta} - \frac{1}{1+\beta}\right] = 0,$$

整理得

$$\beta = \sum_{i=0}^{4} n_i i \bigg/ \left(r \sum_{i=0}^{4} n_i\right) = \frac{\hat{x}}{r}. \tag{1}$$

对 $\ln(L(\beta, r))$ 关于 r 求偏导数，并令其等于 0，得到

$$\frac{\partial}{\partial r} \ln(L(\beta, r)) = \sum_{i=1}^{4} n_i \left(\frac{1}{r} + \cdots + \frac{1}{r+i-1}\right) - \sum_{i=0}^{4} n_i \ln(1+\beta) = 0. \tag{2}$$

将数据 $n_i, \hat{x}$ 带入前面的 (1) 和 (2) 两个等式，解得 $\hat{r} = 1.63076$ 及 $\hat{\beta} = 0.061894$. 然后计算

$$\hat{p}_k = \binom{k+\hat{r}-1}{k} \left(\frac{1}{1+\hat{\beta}}\right)^{\hat{r}} \left(\frac{\hat{\beta}}{1+\hat{\beta}}\right)^k$$

及 $\hat{n}_k = n\hat{p}_k$. 估计的保单数目 $\hat{n}_k$ 见表 5.10 的第五列. 从表 5.10 中的计算结果可以看出，负二项分布拟合的效果好一些.

表 5.10 估计的发生赔案的保单数目

赔案数目	实际保单数目	泊松分布的估计值	负二项分布 (矩估计) 的估计值	负二项分布 (似然估计) 的估计值
0	96978	96689.5	96985.4	96980.9
1	9240	9773.5	9222.5	9230.8
2	704	494.0	711.7	708.7
3	43	16.6	50.7	50.1
4	9	0.4	3.5	3.4

习 题

1. 给定参数 $\Lambda = \lambda$ 下，赔案数目服从参数为 λ 的泊松分布. 而参数 Λ 的密度函数为

$$u(\lambda) = \frac{g}{\sqrt{2\pi h}\lambda^{3/2}} e^{-\frac{1}{2h\lambda}(\lambda-g)^2}, \quad g, h > 0.$$

讨论参数 g, h 的矩估计及最大似然估计. (提示：可利用矩母函数讨论.)

2. 在例 5.2.2 中，若用实际数据拟合帕累托分布，试给出参数的估计值.

3. 给定下表的索赔数据，利用实际数据分别拟合泊松分布和负二项分布：

赔案数目	保单数目	赔案数目	保单数目
0	109	3	3
1	65	4	1
2	22	>4	0

4. 现有 500 笔损失发生，其中 5 笔损失额分别为 1100 元、3200 元、3300 元、3500 元及 3900 元，并已知其他 495 笔损失都超过 4000 元。假设每笔损失都服从指数分布，试给出指数分布均值的最大似然估计。

5. 已知有 5 笔赔案发生，赔付额分别为 521 元、658 元、702 元、819 元和 1217 元。假设个体赔付额的分布函数为

$$F(x) = 1 - \left(\frac{500}{x}\right)^\alpha, \quad x > 500,$$

其中 $\alpha > 0$ 为参数。试确定 α 的最大似然估计。

第六章 理赔模型的估计与风险保费的计算

本章讨论如何刻画不同数据类型的理赔规律. 我们将讨论两种数据类型: 一种类型给出了所有理赔保单在各个不同时期的赔付数据, 称为**完全数据类型**; 另外一种类型给出了在各个不同时期的总赔付数据, 称为**总体数据类型**. 从理论上讲是可以得到完全数据, 但在实务中常利用总体数据. 本章先介绍如何根据不同数据类型来估计理赔模型 (即赔案在未来不同时期的赔付规律), 然后通过几个例子讨论风险保费的计算.

本章 §6.1 介绍理赔数据的分类方法, §6.2 介绍完全数据下理赔模型的估计方法, §6.3 介绍总体数据下理赔模型的估计方法, §6.4 介绍一种利用模型刻画赔付额规律的方法 —— 分离方法, §6.5 介绍 IBNR (incurred but not reported) 赔案数目的估计方法, 最后在 §6.6 通过几个例子说明如何计算风险保费对保险公司才是稳健的.

§6.1 理 赔 数 据

在实际处理数据时遇到的困难之一是理赔数据的长尾现象, 有些赔案的理赔需要长达几十年, 而有些赔案的理赔可在几个月内完成. 图 6.1 给出了某笔赔案的理赔过程示意图. 其中, 各个标号的含义为:

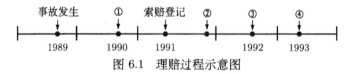

图 6.1 理赔过程示意图

① 保险事故报告给代理人, 代理人未报告给保险人; ② 保险人支付了 500 元, 并承诺总赔付额为 1000 元; ③ 保单持有人拒绝接受保险人的赔付额度, 向法庭起诉; ④ 法庭作出判决, 判定保险人赔付总额为 1500 元. 保险人按法庭判决支付赔款, 该赔案理赔完毕. 该赔

案发生在 1989 年, 但在 1989 年底并未向保险人报案. 在 1990 年报告给代理人, 但保险人在 1991 年才登记该赔案. 在 1991 年底, 保险人支付了部分赔款, 总计 500 元, 并承诺总赔付额为 1000 元. 保单持有人拒绝接受这一赔付额度, 并在 1992 年向法庭提起诉讼. 1993 年法庭最终判决保险人应赔偿总额为 1500 元, 保险人按照法庭的判决总计赔付了 1500 元, 这一赔案理赔完毕. 这一赔案理赔持续了约五年时间.

第一种理赔数据给出了险种的每笔赔案在各个不同时期的详细赔付记录, 我们称这种类型的数据为 **完全数据** (如表 6.1). 表 6.1 给

表 6.1 1971 年 12 月至 1972 年 1 月赔案
在案发后各季度的赔付额 (单位: 元)

赔案号	赔付额 (季度)	赔付额 (季度)	赔付额 (季度)	赔付额 (季度)
1	100(1)			
2	100(1)			
3	100(1)	100(2)		
4	100(1)	200(2)		
5	100(1)	300(3)		
6	100(1)	100(3)		
7	100(1)	100(2)	200(3)	
8	400(3)			
9	500(3)	200(4)		
10	100(1)	600(5)		
11	200(3)	600(5)		
12	200(1)	100(5)	500(6)	
13	300(3)	200(4)	400(6)	
14	100(2)	100(3)	700(7)	
15	100(3)	700(6)	200(8)	
16	800(7)	300(10)		
17	300(6)	800(12)		
18	1500(14)			
19	1400(12)	500(15)		
20	200(3)	500(7)	2000(19)	
21	100(1)	800(7)	300(9)	1000(22)

出了在 1971 年 12 月到 1972 年 1 月两个月时间内发生的所有保险事故在后续各季度的赔付数据. 如, 对于标号为 21 的赔案, 在事故发生后第 1 季度保险人共赔付了 100 元, 第 7 季度共赔付了 800 元, 第 9 季度共赔付了 300 元, 第 22 季度共赔付了 1000 元, 其他季度无赔付, 该赔案在第 22 季度结案. 从表中数据可以看出, 理赔时间较长的赔案其赔付额也较大.

另一种数据类型为**总体数据类型**, 这种类型给出了汇总赔付数据. 在汇总过程中可按下面几种方式: **事故年数据**、**保单年数据**、**报案年数据**和**日历年数据**等进行. 按事故年分类, 是将赔案数据按案发年度划分; 按保单年分类, 是将赔案数据按保单的签单年度划分; 按报案年分类, 是将赔案数据按报案年度划分; 按日历年分类, 是按会计处理年划分, 不考虑保单签单或事故发生的年度, 将在一个日历年内发生的所有赔付数据汇总. 概括而言, 事故年数据是以案发年度来划分, 报案年是以事故报告的年度来划分, 保单年是以签单年度来划分, 日历年是按支付年度来划分.

例 6.1.1 下面列出两张保单的所有理赔数据, 给出 1990 报案年和 1991 事故年的总赔付额.

赔案 1 案发时间: 1990 年 12 月 1 日; 报案时间: 1990 年 12 月 15 日; 历史发展数据:

日　期	各个日期的赔付额 (元)
1990 年 12 日 15 日	0
1990 年 12 日 31 日	500
1991 年 12 日 31 日	500
1992 年 1 日 15 日	2000

赔案 2 案发时间: 1991 年 1 月 15 日; 报案时间: 1991 年 2 月 1 日; 历史发展数据:

日　期	各个日期的赔付额 (元)
1991 年 2 月 1 日	1000
1991 年 12 月 1 日	5000

解 1990 年报案的赔案只有赔案 1. 该赔案在 1990 年的赔付额为 500 元, 在 1991 年的赔付额为 500 元, 在 1992 年的赔付额为 2000 元. 所以 1990 报案年的总赔付额为 $500+500+2000=3000$ 元.

发生在 1991 年的赔案只有赔案 2. 1991 事故年的总赔付额为 $1000+5000=6000$ 元. 解毕.

表 6.2 给出某保险人的累计赔付数据, 这种数据形式称为流量三角型. 该表统计数据截止时间为 1992 年 12 月 31 日, 其中 1985 事故年的赔案到 1992 年 12 月 31 日都已理赔完毕. 表中数据是按照事故年分类, 发展年是指赔付年度与事故发生年度之间间隔的年数. 如对 1988 事故年, 发展年第 0, 1, 2, 3, 4 年分别指 1988 年、1989 年、1990 年、1991 年和 1992 年. 表 6.2 给出了至各个发展年年底的累计赔付数据. 对 1985 事故年的赔案, 在 1985 年共赔付了 5445 元, 到 1986 年底累计赔付了 8602 元 (其中包括 1985 年的赔付额), 到 1992 年底所有赔案理赔完毕, 总赔付额 (又称**终极赔付额**) 为 14032 元. 由于数据统计的截止时间为 1992 年底, 所以 1992 事故年只有当年的理赔数据.

表 6.2 累计赔付额 (单位: 元)

事故年 \ 发展年	第0年	第1年	第2年	第3年	第4年	第5年	第6年	第7年
1985	5445	8602	11052	12464	13064	13416	13847	14032
1986	5847	9333	10699	11547	12592	13646	14015	
1987	5981	10835	12783	15337	17017	17506		
1888	7835	12288	16176	19511	21599			
1989	9763	16280	19843	23827				
1990	10745	16929	21478					
1991	14137	22253						
1992	15162							

§6.2 完全数据下的理赔模型

每个险种的理赔模型是用来描述该险种的理赔规律的, 它在定价过程中起到相当重要的作用. 从统计上讲, 利用完全数据可以对理赔规律进行更准确的刻画. 本节我们针对完全数据讨论如何估计理赔模型, 并介绍理赔模型的应用.

6.2.1 理赔模型的估计

为了更好地描述理赔的变化规律, 引入下面三个比率:

已决赔案的案均赔款与所有赔案的案均赔款之比

$$= \frac{\text{已决赔案的案均赔款}}{\text{所有赔案的案均赔款}},$$

$$\text{已决赔案的数目比率} = \frac{\text{已决赔案数目}}{\text{总的赔案数目}},$$

$$\text{累计赔付额的比率} = \frac{\text{累计赔付额}}{\text{终极赔付额}},$$

其中案均赔款是指每笔赔案的平均赔付额. 上述三个随时间变化的比率可以反映理赔的变化规律.

下面通过一个例子说明如何计算这三种比率. 表 6.1 给出了 1971 年 12 月至 1972 年 1 月发生的赔案在案发后各个季度的理赔数据, 表 6.3 给出了 1972 年至 1980 年的通货膨胀指数. 由表中的数值可以看出, 在 1972 年 1 月 1 日价格为 100 元的商品在 1980 年 1 月 1 日价格为 227 元.

表 6.3 通货膨胀指数

日 期	通货膨胀指数	日 期	通货膨胀指数
1972 年 1 月 1 日	100	1977 年 1 月 1 日	169
1973 年 1 月 1 日	105	1978 年 1 月 1 日	183
1974 年 1 月 1 日	115	1979 年 1 月 1 日	201
1975 年 1 月 1 日	145	1980 年 1 月 1 日	227
1976 年 1 月 1 日	157		

假设表 6.1 中的所有赔案都在 1972 年 1 月 1 日发生. 首先需要根据通货膨胀 (简称通胀) 指数将表 6.1 中的数据折算到 1972 年 1 月 1 日的水平. 假设每季度的给付是在季度中间进行, 1972 年 1 月 1

日记为时间 $t=0$. 第一季度中的通胀调整因子为

$$\left(\frac{105}{100}\right)^{0.125} = 1.006117406,$$

其中 0.125 是第一季度中间的时刻. 又如, 第 5 季度中间时刻为 $t=1.125$, 通胀调整因子为

$$\frac{105}{100} \times \left(\frac{115}{105}\right)^{0.125} = 1.062008192.$$

可类似地计算其他数值, 计算结果由表 6.4 给出.

表 6.4 通胀调整因子

季度	时间间隔	通胀调整因子	季度	时间间隔	通胀调整因子
1	0.125	1.006117406	13	3.125	1.464483418
2	0.375	1.018464715	14	3.375	1.493885703
3	0.625	1.030963552	15	3.625	1.523878296
4	0.875	1.043615779	16	3.875	1.554473047
5	1.125	1.062008192	17	4.125	1.584521126
6	1.375	1.086438137	18	4.375	1.613967544
7	1.625	1.111430057	19	4.625	1.643961188
8	1.875	1.136996879	20	4.875	1.674512227
9	2.125	1.183808927	21	5.125	1.706896755
10	2.375	1.254437855	22	5.375	1.741198759
11	2.625	1.329280676	23	5.625	1.776190101
12	2.875	1.408588804	24	5.875	1.811884633

基于每个季度的赔付发生在该季度中间的假设, 可将表 6.1 中的数据除以对应的通胀调整因子折算到 1972 年 1 月 1 日的水平. 如, 对于 1 号赔案, 第一季度的赔付额 100 元除以第一个季度的通胀调整因子 1.006117406, 得出折算到 1972 年 1 月 1 日水平的赔付额

$$\frac{100}{1.006117406} = 99.39.$$

计算结果由表 6.5 给出. 其中, "总计"一栏是每笔赔案的总赔付额, "累计赔付额"是该赔案号以前(包括该赔案)所有赔案的总赔付额, 即已结案赔案的总赔付额.

表 6.5　折算到 1972 年 1 月 1 日价格水平的赔付额 (单位: 元)

索赔号	赔付额 (季度)	赔付额 (季度)	赔付额 (季度)	赔付额 (季度)	总计	累计赔付额
1	99.39(1)				99.39	99.39
2	99.39(1)				99.39	198.78
3	99.39(1)	98.19(2)			197.58	396.36
4	99.39(1)	196.37(2)			295.76	692.12
5	99.39(1)	290.99(3)			390.38	1082.50
6	99.39(1)	97.00(3)			196.39	1278.89
7	99.39(1)	98.19(2)	193.99(3)		391.57	1670.46
8	387.99(3)				387.99	2058.45
9	484.98(3)	191.64(4)			676.62	2735.07
10	99.39(1)	564.97(5)			664.36	3399.43
11	193.99(3)	564.97(5)			758.96	4158.39
12	198.78(1)	94.16(5)	460.22(6)		753.16	4911.55
13	290.99(3)	191.64(4)	368.18(6)		850.81	5762.36
14	98.19(2)	97.00(3)	629.82(7)		825.01	6587.37
15	97.00(3)	644.31(6)	175.90(8)		917.21	7504.58
16	719.79(7)	239.15(10)			958.94	8463.52
17	276.13(6)	567.94(12)			844.07	9307.59
18	1004.09(14)				1004.09	10311.68
19	993.90(12)	328.11(15)			1322.01	11633.69
20	193.99(3)	449.87(7)	1216.57(19)		1860.43	13494.12
21	99.39(1)	719.79(7)	253.42(9)	574.32(22)	1646.92	15141.04

进一步可以得到各个季度的赔付额, 见表 6.6.

通过对前面的数据分析可以得到表 6.7. 鉴于第 8 季度后的赔付数据较少, 所以表 6.7 将第 8 季度后的数据重新按年分组.

§6.2 完全数据下的理赔模型

表 6.6 每个季度的总赔付额（单位：元）

季度	赔付额	季度	赔付额	季度	赔付额
1	1093.29	6	1748.84	12	1561.84
2	490.94	7	2519.27	14	1004.09
3	2327.92	8	175.90	15	328.11
4	383.28	9	253.42	19	1216.57
5	1224.10	10	239.15	22	574.32

表 6.7 理赔模型

赔案发生至理赔结束的时间间隔（季度）(1)	已决赔案案均赔款与所有赔案案均赔款之比 (%) (2)	已决赔案的数目百分比 (%) (3)	累计赔付额（只考虑已决赔案）占总赔付额的比例 (%) (4) = (2) × (3)
1	14	10	1
2	24	19	5
3	36	38	14
4	42	43	18
5	52	52	27
6	61	62	38
7	65	67	44
8	69	71	49
12	76	81	62
16	85	90	77
20	94	95	89
24	100	100	100

表 6.7 的第 2 列为已决赔案案均赔款占所有赔案案均赔款之比，计算方法如下. 知所有赔案案均赔款为 15141.04/21 元 = 721.00 元. 截止到第 1 季度末 1 号和 2 号赔案结案，这两笔赔案的案均赔款为 198.78/2 元 = 99.39 元，所以第 1 季度末已决赔案案均赔款与所有赔案案均赔款之比为 99.39/721.00 = 0.138 ≈ 14%. 截止到第 12 季

度末 1 号至 17 号赔案结案,由表 6.5 可知这些赔案的总赔付额为 9307.59 元,所以其案均赔款为 9307.60 元 /17 = 547.51 元,对应比率为 547.51/721.00 = 0.7594 ≈ 76%. 可按同样方法计算其他值.

表 6.7 的第 3 列为已决赔案数目占总赔案数目的比例. 由总赔案数目为 21 笔,截止第 1 季度末 1 号和 2 号赔案结案,所以比率为 2/21 = 0.0952 ≈ 10%. 又,截止第 12 季度末 1 号至 17 号赔案结案,该比例为 17/21 = 0.8095 ≈ 81%.

表 6.7 中的第 4 列数据为累计赔付额 (只考虑已决赔案) 占总赔付额的比例,它可由第 2 列乘以第 3 列对应得到. 注意这里没有考虑未结案赔案的赔付额. 如对于第 1 季度,理赔完毕的赔案为 1 号和 2 号赔案,如果不考虑其他未决赔案,比率为 198.78/15141.07 = 0.0131 ≈ 1%; 如果用第 1 季度的总赔付额 1093.29 元计算,则比例为 1093.29/15141.07 ≈ 7%.

6.2.2 理赔模型的应用

利用表 6.6 的数据可以估计案发时间与赔付时间之间的平均时间间隔. 假定每个季度的赔付在该季度中间进行,考虑到不同季度的赔付额不同,使用每个季度赔付额占总赔付额的比作为权重. 第 1 季度的平均赔付时间为 0.5 季度,权重为 1093.29/15141.04; 第 2 季度的平均赔付时间为 1.5 季度,权重为 490.94/15141.04; 依此类推,得到平均间隔为

$$\frac{0.5 \times 1093.29 + 1.5 \times 490.94 + \cdots + 21.5 \times 574.32}{15141.04} 季度 = 7.715 季度,$$

约两年时间.

下面通过图 6.2 说明如何计算风险保费 (或保费). 在实际计算保费时需要根据过去的数据来进行,称这些数据为**经验数据**. 根据经验数据的特点,可以确定经验数据的赔付发生的平均时间,记为 t_1. 计算风险保费 (或保费) 的时刻称为**当前时刻**,记为 t_2. 未来风险保费 (或保费) 实施的时间段称为**保费有效期**,可以假定这个区间段所有签单保单损失发生的平均时间,记为 t_3. 根据理赔模型可以确定实际赔付的平均时间,记为 t_4.

根据经验数据得到在时刻 t_1 的风险保费 (或保费) 记为 P, 则在实际赔付时刻 t_4 风险保费 (或保费) 应为

$$P \times (时刻\ t_1\ 到时刻\ t_4\ 的通胀调整因子).$$

如果忽略赔付支付时刻 t_4 与损失发生时刻 t_3 之间的时间间隔, 则上面公式可改写为

$$P \times (时刻\ t_1\ 到时刻\ t_3\ 的通胀调整因子).$$

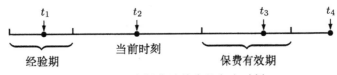

图 6.2 风险保费计算中的各个时刻

例 6.2.1 在表 6.8 中给出各个时刻有效的保单数目. 理赔模型见表 6.7. 在 1979 年发生的赔案, 到 1980 年底已决赔案数目为 98 笔, 这些已决赔案的总赔付额为 48906 元. 通货膨胀指数见表 6.3, 1980 年 1 月 1 日以后每年的通货膨胀率为 15%. 现根据 1979 事故年的数据要确定 1981 年的风险保费 (在 1981 年开始实施, 时间为一年). 分析保费计算中需要考虑的各个时刻.

表 6.8 有效保单数目

日　　期	有效保单数目
1979 年 1 月 1 日	6213
1979 年 4 月 1 日	6435
1979 年 7 月 1 日	6522
1979 年 10 月 1 日	6899
1980 年 1 月 1 日	7138

解 1979 事故年的赔案可以发生在 1979 年的任一时刻, 所以这里我们假定 1979 事故年的赔案平均发生时间为 1979 年 7 月 1 日, 记这个时间为 $t_1 = 0$.

对在未来保费有效期内签单的保单，在 1981 年 1 月 1 日签单保单的赔案可能发生在 1981 年任何时刻，在 1981 年 12 月 31 日签单保单的赔案可能发生在 1982 年的任何时刻. 基于在有效期内签单保单的赔案可能发生在 1981 年 1 月 1 日至 1982 年 12 月 31 日的任一时刻这一事实，从平均意义讲可以假设赔案的平均发生时间为 1981 年 12 月 31 日. 1981 年 12 月 31 日与 1979 年 7 月 1 日相隔两年半时间，所以 $t_3 = 2.5$ 年.

根据本小节前面的分析，赔付支付时间与损失发生时间之间相隔约两年，所以可以认为赔付的平均支付时间为 1983 年 12 月 31 日，即 $t_4 = 4.5$ 年.

根据经验数据得到在时刻 t_1 的风险保费为 P. 根据时刻 t_1 到时刻 t_4 的通胀调整因子为

$$\left(\frac{227}{201}\right)^{0.5}(1.15)^4,$$

所以在实际赔付时刻 t_4 的风险保费应为

$$P \times (\text{时刻 } t_1 \text{ 到时刻 } t_4 \text{ 的通胀调整因子}) = P\left(\frac{227}{201}\right)^{0.5}(1.15)^4.$$

例 6.2.2 根据例 6.2.1 给出的数据,

(1) 估计索赔频率;

(2) 给出 1979 事故年每笔赔案的案均赔款 (以 1979 年 7 月 1 日的价格水平计算);

(3) 计算 1981 年的风险保费 (在 1981 年开始实施，时间为一年);

(4) 已知风险保费为毛保费的 70%, 计算毛保费.

解 (1) 1979 年总的已获风险量为

$$\frac{1}{4} \times \frac{6213 + 6435}{2} + \frac{1}{4} \times \frac{6435 + 6522}{2}$$
$$+ \frac{1}{4} \times \frac{6522 + 6899}{2} + \frac{1}{4} \times \frac{6899 + 7138}{2} = 6633.$$

假设 1979 年发生赔案的平均发生时间为 1979 年年中. 1979 年年中到 1980 年年底相隔 6 个季度,按照表 6.7 知有 62%(数目比)的赔案已理赔完毕,据此总赔案数目的估计为 98/0.62 = 158,进而索赔频率的估计为

$$\frac{158}{6633} = 2.38\%.$$

(2) 已决赔案的案均赔款为

$$\frac{48906}{98}元 = 499元.$$

这一数值是根据截止到 1980 年底的数据得到的,所以可以近似认为 499 元这一赔付发生在 1980 年 7 月 1 日. 由 1979 事故年的赔案平均发生时间在 1979 年 7 月 1 日,1979 年 7 月 1 日到 1980 年 1 月 1 日的通胀调整因子为 $(227/201)^{0.5}$,1980 年 1 月 1 日到 1980 年 7 月 1 日的通胀调整因子为 $1.15^{0.5}$,所以 1979 年 7 月 1 日至 1980 年 7 月 1 日的通胀调整因子为 $(227/201)^{0.5} \times (1.15)^{0.5} = 1.1396$,最后折合到 1979 年 7 月 1 日的数额为 499元/1.1396 = 437.87元. 进一步,437.87 元这一案均赔款值是根据 6 个季度数据 (1979 年 7 月 1 日至 1980 年 12 月 31 日) 得到的,根据表 6.7 第 2 列知这一数额与所有赔案案均赔款的比率为 61%,因此可以得到所有赔案的案均赔款

$$\frac{437.87}{0.61}元 = 717.82元.$$

注意,717.82 元是以 1979 年 7 月 1 日价格水平计算的.

(3) 对在 1981 年签单的保单,假定平均签单时间为 1981 年 6 月 30 日,赔案平均发生时间为 1981 年 12 月 31 日. 根据上题的分析,可以认为索赔的平均支付时间为 1983 年 12 月 31 日. 1979 年 7 月 1 日到 1983 年 12 月 31 日的通胀调整因子为 $(227/201)^{0.5}(1.15)^4$,所以 1981 年的风险保费为

$$2.38\% \times 717.82 \times \left(\frac{227}{201}\right)^{0.5} \times (1.15)^4 元 = 31.75 元.$$

(4) 毛保费为

$$\frac{31.75}{0.70} \text{元} = 45.4 \text{元}.$$

§6.3 总体数据下的理赔模型

有两种统计赔付额数据的方法：第一种方法是统计当年的实际赔付额；第二种是统计当年的实际赔付额与未决赔款准备金的变化量之和，我们称之为**已发生损失** (incurred loss)，定义为

Y 年的已发生损失 $=Y$ 年的赔付额 $+Y$ 年末的未决赔款准备金
$\quad - (Y-1)$ 年末的未决赔款准备金.

考虑某事故年的累计已发生损失，有

至 Y 年末的累计已发生损失 $=$ 至 Y 年末的累计赔付额
$\quad +Y$ 年末的未决赔款准备金.

关于未决赔款准备金，我们将在第十一章做详细介绍.

截止某时刻的总体赔付数据一般是以表 6.2 的形式给出. 注意到其中有些赔案尚未理赔完毕，需要根据所给出数据对未决赔付额进行估计.

6.3.1 发展因子的估计

总体数据下的理赔规律可通过**发展因子**来描述. 发展年第 j 年的发展因子，记为 f_j，定义为

$$f_j = \frac{\text{至发展年第 } j \text{ 年底的累计赔付额}}{\text{至发展年第 } j-1 \text{ 年底的累计赔付额}}.$$

估计发展因子的方法有三种:**平均法**(又称所有年度简单平均法)、**最近 5 年平均法** 以及 **均值法**(又称加权平均法). 下面根据表 6.2 的数据介绍这几种计算方法.

先用平均法计算发展因子. 发展年第 1 年有 7 个数据, 对每个事故年的数据分别计算发展年第 1 年底的累计赔付额与发展年第 0 年底的累计赔付额的比值:

$$8602/5445 = 1.580, \quad 9333/5847 = 1.596,$$
$$10835/5981 = 1.812, \quad 12288/7835 = 1.568,$$
$$16280/9763 = 1.668, \quad 16929/10745 = 1.576,$$
$$22253/14137 = 1.574,$$

然后将这 7 个比值取算术平均,

$$f_1 = \frac{1.580 + 1.596 + 1.812 + 1.568 + 1.668 + 1.576 + 1.574}{7}$$
$$= 1.625.$$

又如, 发展年第 7 年只有一个数据, 所以发展因子 $f_7 = \dfrac{14032}{13847} = 1.013$.

与平均法相比, 最近五年平均法只利用最近 5 年数据, 所以这种方法又称为**近 5 年简单平均法**. 如计算 f_1, 用最近 5 年 (1987 ~ 1991 年) 数据计算得到的比值分别为 $1.812, 1.568, 1.668, 1.576, 1.574$, 将其取算术平均得到 $f_1 = (1.812 + 1.568 + 1.668 + 1.576 + 1.574)/5 = 1.639$. 如果数据不够 5 年, 则应对现有比值取算术平均, 如根据表 6.9,

$$f_6 = (1.032 + 1.027)/2 = 1.030.$$

均值法是先将各事故年的累计赔付额相加, 然后再计算比值. 如

$$f_1 = \frac{8602 + 9333 + 10835 + 12288 + 16280 + 16929 + 22253}{5445 + 5847 + 5981 + 7835 + 9763 + 10745 + 14137}$$
$$= 1.615$$

及

$$f_7 = \frac{14032}{13847} = 1.013.$$

计算结果见表 6.9.

请读者试比较表 6.9 给出的理赔模型与表 6.7 给出的理赔模型的区别和联系.

表 6.9 发展因子 (取小数点后三位)

事故年	f_1	f_2	f_3	f_4	f_5	f_6	f_7
1985	1.580	1.285	1.128	1.048	1.027	1.032	1.013
1986	1.596	1.146	1.079	1.090	1.084	1.027	
1987	1.812	1.180	1.200	1.110	1.029		
1988	1.568	1.316	1.206	1.107			
1989	1.668	1.219	1.201				
1990	1.576	1.269					
1991	1.574						
平均法	1.625	1.236	1.163	1.089	1.047	1.030	1.013
最近 5 年平均法	1.640	1.226	1.163	1.089	1.047	1.030	1.013
均值法	1.615	1.239	1.172	1.092	1.044	1.030	1.013

6.3.2 终极赔付额的估计

根据发展因子所估计的各事故年的总赔付额,又称**终极赔付额**.已知至发展年第 j 年底的累计赔付额,则可根据下面公式来估计该事故年的终极赔付额:

$$\text{终极赔付额} = \text{至发展年第 } j \text{ 年底的累计赔付额} \times \prod_{k>j} f_k.$$

而第 j 年底的未决赔款准备金定义为

$$\text{终极赔付额} - \text{至发展年第 } j \text{ 年底的累计赔付额}.$$

例 6.3.1 某保险人的理赔数据由表 6.10 给出:数据为各事故年累计已发生损失 (累计赔付额 + 未决赔款准备金),已知截止到 1992 年底 1988 事故年的所有赔案都已赔付完毕.试估计各事故年的终极赔付额.

表 6.10 保险人各事故年的累计已发生损失 (单位: 元)

发展年 事故年	第 0 年	第 1 年	第 2 年	第 3 年	第 4 年
1988	8525	10285	11304	11884	11922
1989	10063	12405	13685	14138	
1990	12265	14101	15633		
1991	16943	21586			
1992	20175				

解 下面用平均法计算各发展因子. 对于 f_1,

$$\frac{10285}{8525} = 1.206, \quad \frac{12405}{10063} = 1.233,$$

$$\frac{14101}{12265} = 1.150, \quad \frac{21586}{16943} = 1.274,$$

计算这四个比例的算术平均, 可得到

$$f_1 = \frac{1.206 + 1.233 + 1.150 + 1.274}{4} = 1.216.$$

其他的可类似计算, 计算结果见表 6.11.

表 6.11 发展因子

事故年	f_1	f_2	f_3	f_4
1988	1.206	1.099	1.051	1.003
1989	1.233	1.103	1.033	
1990	1.150	1.109		
1991	1.274			
平均法	1.216	1.104	1.042	1.003

下面利用表 6.11 的发展因子估计各事故年的终极赔付额. 1989 事故年在发展年第 3 年末的累计赔付额为 14138 元, 由 $f_4 = 1.003$, 知 1989 事故年的终极赔付额为

$$14138 \text{元} \times 1.003 = 14180 \text{元}.$$

类似地，1990 事故年的终极赔付额为

$$15633\text{元} \times 1.042 \times 1.003 = 16338\text{元},$$

1991 事故年的终极赔付额为

$$21586\text{元} \times 1.104 \times 1.042 \times 1.003 = 24906\text{元},$$

1992 事故年的终极赔付额为

$$20175\text{元} \times 1.216 \times 1.104 \times 1.042 \times 1.003 = 28306\text{元}.$$

6.3.3 拟合趋势因子

在利用实际数据进行预测时，通常要考虑未来经济因素的变化对预测结果的影响. 一种方法是利用已有的数据拟合该趋势，下面借助一个例子说明.

要考虑的问题是： 1993 年 9 月 1 日开始采用新保费标准，新标准针对保险期限为一年的保单，实施期限为一年. 利用表 6.12 的统计数据，估计新保单的损失成本.

表 6.12 统计数据

事故年	已获风险量	终极赔付额 (元)	赔案数目
1988	1085644	129620410	55810
1989	1096235	146865366	58706
1990	1126283	146290566	59822
1991	1144318	181457324	64636
1992	1205142	227430574	69474

下面通过两个步骤估计新保单的损失成本：

第一步：拟合数据的趋势. 根据表 6.12 的数据计算各事故年的单位风险保单的损失成本. 将表 6.12 的第 4 列除以第 2 列得到表 6.13 的第 2 列，表 6.12 的第 3 列除以第 4 列得到表 6.13 的第 3 列，表 6.12 的第 3 列除以第 2 列得到表 6.13 的第 4 列.

从表 6.13 的数据可以看出，各事故年保单的损失成本有上升趋势，只有 1990 年的数据低于 1989 年. 将表 6.13 中的损失成本取对数得到表 6.14 的第 4 列.

表 6.13 损失成本的估计值

事故年	索赔频率	案均赔款 (元)	单位风险保单的损失成本 (元)
1988	0.05141	2323	119.39
1989	0.05355	2502	133.97
1990	0.05311	2445	129.89
1991	0.05648	2807	158.57
1992	0.05765	3274	188.72

表 6.14 损失成本的对数

事故年 (1)	X (2)=(1)–1988	单位风险保单的损失成本 (3)	Y (4)= 第 3 列的对数
1988	0	119.39	4.782
1989	1	133.97	4.897
1990	2	129.89	4.867
1991	3	158.57	5.066
1992	4	188.72	5.240

下面用上面的数据拟合线性函数 $Y = a + bX$, 求解参数 a, b 使得

$$\sum_{i=0}^{4}(Y_i - a - bX_i)^2$$

最小. 记

$$\overline{X} = \frac{1}{5}\sum_{i=0}^{4} X_i, \quad \overline{Y} = \frac{1}{5}\sum_{i=0}^{4} Y_i.$$

则使得 $\sum_{i=0}^{4}(Y_i - a - bX_i)^2$ 最小的 $\hat{a}, \hat{b}$ 可表示为

$$\hat{b} = \frac{\sum_{i=0}^{4}(Y_i - \overline{Y})(X_i - \overline{X})}{\sum_{i=0}^{4}(X_i - \overline{X})^2}$$

及 $\hat{a} = \overline{Y} - \hat{b}\overline{X}$. 计算得到

$$\overline{X} = 2.4, \quad \overline{Y} = 4.9704,$$

及
$$\hat{b} = \frac{1.085}{10} = 0.1085, \quad \hat{a} = \overline{Y} - \hat{b}\overline{X} = 4.9704 - 0.1085 \times 2 = 4.7534.$$

因此,拟合曲线为
$$Y = 4.7534 + 0.1085X,$$
即
$$e^Y = e^{4.7534} e^{0.1085X}.$$

第二步:新保单损失成本的估计. 已知某年 X_0 的对数损失成本为 Y_0,可根据
$$e^Y = e^{Y_0} e^{0.1085(X-X_0)}$$
估计新保单的损失成本,即

新保单的损失成本的估计值
$$= \text{经验单位风险保单的损失成本} \times \exp(0.1085 \times t),$$

其中 t 为新保单的损失支付时间与经验保单的损失支付时间之间的时间间隔.

根据题意,可以认为新保单赔案的平均发生时间为 1994 年 9 月 1 日. 注意:利用不同年度的经验数据可以得到不同的估计结果. 如利用 1991 事故年的数据,则 $t = 3.1666$,新保单的损失成本的估计值为
$$158.57 \text{元} \times e^{0.1085 \times 3.1666} = 223.58 \text{元}.$$

若利用 1992 事故年的损失数据,则 $t = 2.1666$,新保单的损失成本的估计值为
$$188.72 \text{元} \times e^{0.1085 \times 2.1666} = 238.73 \text{元}.$$

也可以利用前面这两个估计值进行加权平均估计损失成本. 在实务中精算师需要根据经验对计算结果进行相应的调整.

6.3.4 考虑通货膨胀因子

本小节考虑通货膨胀因素对发展因子的影响.

考虑表 6.15 的经验数据. 表中发展年第 4 年后的 1677402 元为在 1980 年 12 月 31 估计的 1976 事故年的终极赔付额. 假设发展年第 4 年后的平均赔付时间为发展年第 7 年年中.

表 6.15 累计赔付额 (单位: 元)

事故年＼发展年	第 0 年	第 1 年	第 2 年	第 3 年	第 4 年	第 4 年后
1976	580222	1079901	1319902	1453503	1508415	1677402
1977	494534	993827	1186054	1345061		
1978	551136	1060211	1298456			
1979	648031	1312219				
1980	746003					

对表 6.15 中的数据, 若不考虑通货膨胀的影响, 利用均值法可计算发展因子

$$f_1 = \frac{1079901 + 993827 + 1060211 + 1312219}{580222 + 494534 + 551136 + 648031} = 1.9553,$$

$$f_2 = \frac{1319902 + 1186054 + 1298456}{1079901 + 993827 + 1060211} = 1.2139,$$

$$f_3 = \frac{1453503 + 1345061}{1319902 + 1186054} = 1.1168,$$

$$f_4 = \frac{1508415}{1453503} = 1.0378, \quad f_{4,\infty} = \frac{1677402}{1508415} = 1.1120,$$

其中 $f_{4,\infty}$ 表示终极赔付额与发展年第 4 年底累计赔付额的比值.

下面具体采用如下的通货膨胀因子:

1976 年 7 月 1 日至 1977 年 7 月 1 日为 11.3%;

1977 年 7 月 1 日至 1978 年 7 月 1 日为 12.4%;

1978 年 7 月 1 日至 1979 年 7 月 1 日为 14.0%;

1979 年 7 月 1 日至 1980 年 7 月 1 日为 17.3%;

1980 年 7 月 1 日至 1980 年 12 月 31 日为 10.0%;

1980 年后每年的通货膨胀因子为 20%.

先根据表 6.15 的数据计算出过去各年度的赔付额, 结果在表 6.16 列出.

表 6.16　过去各年度的赔付额 (单位: 元)

事故年＼发展年	第 0 年	第 1 年	第 2 年	第 3 年	第 4 年	第 4 年后
1976	580222	499679	240001	133601	54912	168987
1977	494534	499293	192227	159007		
1978	551136	509075	238245			
1979	648031	664188				
1980	746003					

需要根据通货膨胀因子将各年赔付额调整到 1980 年 12 月 31 日的水平. 由于 1976 事故年在第 4 年后的预计赔付额 168987 元是在 1980 年 12 月 31 日给出的, 所以可以认为这一数额是按照 1980 年 12 月 31 日的价格水平计算的. 又, 1977 事故年发展年第 1 年的赔付额为

$$499293 \times 1.14 \times 1.173 \times 1.10 = 734431,$$

1980 事故年发展年第 0 年的赔付额为

$$746003 \times 1.10 = 820603.$$

计算结果见表 6.17.

表 6.17　1980 年 12 月 31 日价格水平下的各年度赔付额 (单位: 元)

事故年＼发展年	第 0 年	第 1 年	第 2 年	第 3 年	第 4 年	第 4 年后
1976	1067705	826139	353028	172385	60403	168987
1977	817632	734431	248030	174908		
1978	810689	656859	262070			
1979	836154	730607				
1980	820603					

根据表 6.17 可以得到累计赔付额 (以 1980 年 12 月 31 日的价格水平计算), 计算结果列入表 6.18 中.

表 6.18　1980 年 12 月 31 日价格水平下的累计赔付额（单位：元）

事故年＼发展年	第 0 年	第 1 年	第 2 年	第 3 年	第 4 年	第 4 年后
1976	1067705	1893844	2246872	2419257	2479660	2648647
1977	817632	1552063	1800093	1975001		
1978	810689	1467548	1729618			
1979	836154	1566761				
1980	820603					

利用表 6.18 的数据，根据均值法可以得到各发展年的发展因子分别为

$$f_1 = 1.835, \quad f_2 = 1.176, \quad f_3 = 1.086, \quad f_4 = 1.025, \quad f_{4,\infty} = 1.068.$$

可以看出考虑通货膨胀因素后发展因子要小一些.

根据前面的发展因子计算后续各年累计赔付额如下（以 1980 年 12 月 31 日的价格水平计算）. 如对于 1977 事故年，发展年第 4 年末的累计赔付额为

$$1975001 \times f_4 = 1975001 \times 1.025 = 2024376,$$

进而终极赔付额为

$$2024376 \times f_{4,\infty} = 2024376 \times 1.068 = 2162034.$$

详细结果见表 6.19.

表 6.19　1980 年 12 月 31 日价格水平下的累计赔付额（单位：元）

事故年＼发展年	第 0 年	第 1 年	第 2 年	第 3 年	第 4 年	第 4 年后
1976	1067705	1893844	2246872	2419257	2479660	2648647
1977	817632	1552063	1800093	1975001	2024376	2162034
1978	810689	1467548	1729618	1878365	1925324	2056246
1979	836154	1566761	1842511	2000967	2050991	2190458
1980	820603	1505807	1770829	1923120	1971198	2105239

进一步可得到各事故年未来各年度的赔付额（以 1980 年 12 月 31

日的价格水平计算),计算结果见表 6.20.

表 6.20　1980 年 12 月 31 日价格水平下未来各年度赔付额 (单位：元)

事故年＼发展年	第 1 年	第 2 年	第 3 年	第 4 年	第 4 年后
1976					168987
1977				49375	137658
1978			148747	46959	130922
1979		275750	158456	50024	139467
1980	685204	265022	152291	48078	134041

接下来将未来各年的赔付额根据通胀因子进行调整. 根据发展年第 4 年后的赔付在第 7 年年中的假设, 1976 事故年在发展年第 4 年后的预计赔付额为

$$168987 \times 1.2^{2.5} = 266567.$$

1977 事故年在发展年第 4 年的预计赔付额为

$$49375 \times 1.2^{0.5} = 54088,$$

该事故年的发展年第 7 年年中距 1980 年 12 月 31 日为 3.5 年, 所以在发展年第 4 年后的预计赔付额为

$$137658 \times 1.2^{3.5} = 260577.$$

详细结果见表 6.21.

表 6.21　未来各年度的预计赔付额

事故年＼发展年	第 1 年	第 2 年	第 3 年	第 4 年	第 4 年后
1976					266567
1977				54088	260577
1978			162944	61729	297391
1979		302069	208296	78910	380162
1980	750603	348380	240230	91008	438446

§6.4 分离方法

本节介绍一种分离方法，此方法通过建模综合考虑不同发展年赔付额的变化规律，分析赔付额受外界因素 (如经济因素) 的影响，其中各种因素的影响通过因子反映.

6.4.1 方法介绍

对于所考虑的理赔数据，事故年依次记为 $i = 0, 1, 2, \cdots$，发展年记为 $j = 0, 1, 2, \cdots$. 用 P_{ij} 表示事故年 i 在发展年第 j 年的赔付额，M_i 表示事故年 i 的终极赔付额 (以事故年 0 年初的价格水平计算). 假设存在由发展年第 j 年完全决定的因子 r_j，以及由日历年 k 完全决定的反映外在变量 (如通货膨胀等) 影响的因子 λ_k，使得

$$P_{ij} = M_i r_j \lambda_{i+j}$$

成立，即事故年 i 在发展年第 j 年的赔付额可以表示为三个因子的乘积，第一个因子是只由事故年决定的因子 M_i，第二个因子是由发展年决定的因子 r_j，第三个因子是由日历年决定的因子 λ_{i+j}.

根据分离方法，事故年在各不同发展年的赔付额可以表示如下表：

发展年 事故年	第 0 年	第 1 年	第 2 年	$\cdots$	第 k 年
0	$M_0 r_0 \lambda_0$	$M_0 r_1 \lambda_1$	$M_0 r_2 \lambda_2$	$\cdots$	$M_0 r_k \lambda_k$
1	$M_1 r_0 \lambda_1$	$M_1 r_1 \lambda_2$	$M_1 r_2 \lambda_3$	$\cdots$	$M_1 r_k \lambda_{k+1}$
2	$M_2 r_0 \lambda_2$	$M_2 r_1 \lambda_3$	$M_2 r_2 \lambda_4$	$\cdots$	$M_2 r_k \lambda_{k+2}$
$\vdots$	$\vdots$	$\vdots$	$\vdots$		$\vdots$
k	$M_k r_0 \lambda_k$	$M_k r_1 \lambda_{k+1}$	$M_k r_2 \lambda_{k+2}$	$\cdots$	$M_k r_k \lambda_{2k}$

上表中不妨假设

$$r_0 + r_1 + \cdots + r_{k-1} + r_k = 1.$$

(若不然，令
$$r'_k = \frac{r_k}{r_0 + r_1 + \cdots + r_{k-1} + r_k},$$
$$M'_i = M_i(r_0 + r_1 + \cdots + r_{k-1} + r_k),$$

则有
$$r'_0 + r'_1 + \cdots + r'_{k-1} + r'_k = 1.)$$

注意到 r_j 由发展年决定，类似于前面介绍的发展因子. λ_k 综合考虑了外在因素的影响，如通货膨胀等经济因素.

根据本书第一部分的讨论，可以进一步假设
$$M_i = cn_i,$$
其中 n_i 为事故年 i 的总赔案数目 (包括已发生未报案赔案)，c 为每笔赔案的期望. 将每一事故年各发展年的赔付额都除以总赔案数目，得到每笔赔案在各发展年的赔付额，如下表所示. 再将同一日历年下不

事故年 \ 发展年	第 0 年	第 1 年	第 2 年	第 3 年	$\cdots$	第 k 年
0	$cr_0\lambda_0$	$cr_1\lambda_1$	$cr_2\lambda_2$	$cr_3\lambda_3$	$\cdots$	$cr_k\lambda_k$
1	$cr_0\lambda_1$	$cr_1\lambda_2$	$cr_2\lambda_3$	$cr_3\lambda_4$	$\cdots$	$cr_k\lambda_{k+1}$
2	$cr_0\lambda_2$	$cr_1\lambda_3$	$cr_2\lambda_4$	$cr_5\lambda_3$	$\cdots$	$cr_k\lambda_{k+2}$
$\vdots$	$\vdots$	$\vdots$	$\vdots$	$\vdots$		$\vdots$
k	$cr_0\lambda_k$	$cr_1\lambda_{k+1}$	$cr_2\lambda_{k+2}$	$cr_3\lambda_{k+3}$	$\cdots$	$cr_k\lambda_{2k}$

同事故年的数据相加，如日历年 0 的数据只包括事故年 0 的发展年第 0 年的数据，日历年 1 的数据包括事故年 0 的发展年第 1 年及事故年 1 的发展年第 0 年的数据，日历年 2 的数据包括事故年 0 的发展年第 2 年、事故年 1 的发展年第 1 年的数据及事故年 2 的发展年第 0 年的数据，日历年 m 的数据包含所有的事故年 i 第 j 发展年的数据，i,j 满足 $i \neq j = m$，得到

$$d_0 = cr_0\lambda_0,$$
$$d_1 = cr_0\lambda_1 + cr_1\lambda_1 = c\lambda_1(r_0 + r_1),$$

$$d_2 = cr_0\lambda_2 + cr_1\lambda_2 + cr_2\lambda_2 = c\lambda_2(r_0 + r_1 + r_2),$$
$$\cdots\cdots\cdots\cdots\cdots\cdots\cdots$$
$$d_{k-1} = c\lambda_{k-1}(r_0 + r_1 + \cdots + r_{k-1}),$$
$$d_k = c\lambda_k(r_0 + r_1 + \cdots + r_k).$$

根据 $r_0 + r_1 + \cdots + r_{k-1} + r_k = 1$ 的假设, 知

$$d_k = c\lambda_k, \quad d_{k-1} = c(1 - r_k)\lambda_{k-1}.$$

一般地, 有

$$d_{k-j} = c(1 - r_k - r_{k-1} - \cdots - r_{k-j+1})\lambda_{k-j}, \quad j = 1, 2, \cdots, k-1$$

及

$$\frac{P_{0,i}}{n_0} + \frac{P_{1,i}}{n_1} + \cdots + \frac{P_{k-i,i}}{n_{k-i}} = r_i(c\lambda_i + c\lambda_{i+1} + \cdots + c\lambda_k).$$

6.4.2 参数估计

下面介绍参数 r_i, λ_i 的估计方法. 具体原理是: 先根据所给的数据得到 $P_{ij}, d_0, d_1, \cdots, d_k$ 的估计值 $P_{ij}^*, d_0^*, d_1^*, \cdots, d_k^*$, 然后根据日历年的数据 d_j^* 估计由日历年决定的因子 $c\lambda_j$, 接下来根据各发展年的数据 $P_{0,j}^*, P_{1,j}^*, \cdots$ 估计由发展年决定的因子 r_j.

具体做法如下:

第一步 先根据 $\widehat{c\lambda_k} = d_k^*$ 估计 $c\lambda_k$.

第二步 利用 $n_0 \widehat{c\lambda_k} \hat{r}_k = P_{0,k}^*$, 得到 r_k 的估计

$$\hat{r}_k = \frac{P_{0,k}^*}{\widehat{c\lambda_k} n_0}.$$

第三步 利用前面得到的结果, 逆推可得到

$$\widehat{c\lambda_{k-1}} = d_{k-1}^*/(1 - \hat{r}_k),$$
$$\hat{r}_{k-1} = \left(\frac{P_{0,k-1}^*}{n_0} + \frac{P_{1,k-1}^*}{n_1}\right) \Big/ (\widehat{c\lambda_k} + \widehat{c\lambda_{k-1}}),$$
$$\cdots\cdots\cdots\cdots\cdots\cdots\cdots$$

第四步 根据前面的方法, 以此类推得到估计值 $\widehat{c\lambda_i}, \hat{r}_i$ ($i =$

$1, 2, \cdots, k$).

第五步 利用前面的估计值对未来的赔付额进行估计. 如事故年 k 发展年第 1 年赔付额的估计为

$$P_{k,1}^* = n_k \hat{r}_1(c\hat{\lambda}_{k+1}) = n_k \hat{r}_1(c\hat{\lambda}_k)(1+f),$$

这里 f 可取为未来一年的通货膨胀因子.

例 6.4.1 表 6.15 给出累计的理赔数据, 表 6.22 给出对应的赔案数目. 已知未来各年通货膨胀率为 20%, 试利用分离方法估计 1976 至 1980 事故年各年的终极赔付额.

表 6.22 赔案数目 (包括已发生未报案赔案)

事故年	赔案数目	事故年	赔案数目
1976	48298	1979	41674
1977	43430	1980	39265
1978	41454		

解 根据表 6.22 和表 6.16 可以得到各个发展年的平均赔付额, 如下表所示:

发展年 / 事故年	第 0 年	第 1 年	第 2 年	第 3 年	第 4 年
0(1976)	12.01	10.35	4.97	2.77	1.14
1(1977)	11.39	11.50	4.43	3.66	
2(1978)	13.30	12.28	5.75		
3(1979)	15.55	15.94			
4(1980)	19.00				

所以将对应于同一日历年的数据相加, 得到

$$d_0^* = 12.01, \quad d_1^* = 10.35 + 11.39 = 21.74,$$
$$d_2^* = 4.97 + 11.50 + 13.30 = 29.77,$$
$$d_3^* = 2.77 + 4.43 + 12.28 + 15.55 = 35.03,$$
$$d_4^* = 1.14 + 3.66 + 5.75 + 15.94 + 19.00 = 45.49.$$

因此, 有

$$c\hat{\lambda}_4 = d_4^* = 45.49,$$

$$\hat{r}_4 = \frac{P_{0,4}^*/n_0}{c\hat{\lambda}_4} = \frac{1.14}{45.49} = 0.025;$$

接下来，有

$$c\hat{\lambda}_3 = \frac{d_3^*}{1-\hat{r}_4} = \frac{35.03}{1-0.025} = 35.93,$$

$$\hat{r}_3 = \frac{P_{0,3}^*/n_0 + P_{1,3}^*/n_1}{c\hat{\lambda}_4 + c\hat{\lambda}_3} = \frac{2.77+3.66}{45.49+35.93} = 0.079;$$

类似可得

$$c\hat{\lambda}_2 = \frac{29.77}{1-0.025-0.079} = 33.23,$$

$$\hat{r}_2 = \frac{4.97+4.43+5.75}{45.49+35.93+33.23} = 0.132,$$

$$c\hat{\lambda}_1 = \frac{21.74}{1-0.025-0.079-0.132} = 28.46,$$

$$\hat{r}_1 = \frac{10.35+11.50+12.28+15.94}{45.49+35.93+33.23+28.46} = 0.350$$

以及

$$c\hat{\lambda}_0 = \frac{12.01}{1-0.025-0.079-0.132-0.350} = 29.01,$$

$$\hat{r}_0 = \frac{12.01+11.39+13.29+15.55+19.00}{45.49+35.93+33.21+28.46+29.01} = 0.414.$$

计算结果见下表：

i	$c\hat{\lambda}_i$	r_i	i	$c\hat{\lambda}_i$	r_i
0	29.01	0.414	3	35.93	0.079
1	28.46	0.350	4	45.49	0.025
2	33.23	0.132			

进一步，可以估计每个事故年在未来各发展年的赔付额. 对于 $k \geq 4$，我们采用下面的估计

$$c\hat{\lambda}_k = c\hat{\lambda}_4 \times (1.2)^{k-4}.$$

如

$$\hat{P}_{3,4} = n_3 \hat{r}_4 c \hat{\lambda}_7 = n_3 \hat{r}_4 c \hat{\lambda}_4 (1.2)^3$$
$$= 41674 \times 0.025 \times 45.49 \times 1.2^3 = 81896.$$

事故年 i 在发展年第 4 年以后各年的总赔付额的估计记为 $\hat{P}_{i,4+}$, 则有

$$\hat{P}_{0,4+} = 168987 \times (1.2)^{2.5} = 266567,$$

$$\hat{P}_{1,4+} = 266567 \times \frac{43430}{48298} \times 1.2 = 287639,$$

$$\hat{P}_{2,4+} = 266567 \times \frac{41454}{48298} \times 1.2^2 = 329463,$$

$$\hat{P}_{3,4+} = 266567 \times \frac{41674}{48298} \times 1.2^3 = 397453,$$

$$\hat{P}_{4,4+} = 266567 \times \frac{39265}{48298} \times 1.2^4 = 449374.$$

未来各年度赔付额的计算结果见表 6.23.

表 6.23　未来各年度的赔付额的估计值 (单位: 元)

发展年 事故年	第 1 年	第 2 年	第 3 年	第 4 年	第 4 年后
0(1976)					266567
1(1977)				59269	287639
2(1978)			178770	67888	329463
3(1979)		300286	215660	81896	397453
4(1980)	750196	339518	243835	92596	449374

§6.5　IBNR 赔案数目的估计

IBNR 表示那些已发生但未向保险人报案的赔案. 有些赔案在事故发生一段时间后才告之保险人, 这些赔案有一些自身的特点, 保险人需要单独对这些赔案的数目以及案均赔款进行估计. 下面具体介绍一种估计 IBNR 赔案数目的方法.

令 $u(t,j)$ 表示在第 j 个日历月发生的赔案中,在案发后 t 个月内报案赔案所占的比例. 若忽略赔案发生月份对 $u(t,j)$ 的影响,可将函数 $u(t,j)$ 近似记为 $u(t)$,即 $u(t)$ 表示在赔案发生后的 t 个月内向保险人报案赔案的数目比例. 表 6.24 即为一个刻画 IBNR 规律的延迟表,这一数值表可以用来估计 IBNR 赔案数目. 如对于总共 1000 笔赔案,通过表中数据可知在案发后的前 2 个月内预计的累计报案数目为 $1000 \times u(2) = 840$ 个,截至到第 10 个月底所有赔案都已向保险公司报案. 根据表 6.24 可以近似计算 $u(0.5), u(1.5), \cdots$,如

$$u(0.5) = \frac{u(0)+u(1)}{2}, \quad u(1.5) = \frac{u(1)+u(2)}{2}, \quad \cdots.$$

表 6.24 延迟表

t (月)	$u(t)$	t (月)	$u(t)$
1	0.556	6	0.973
2	0.840	7	0.983
3	0.893	8	0.990
4	0.930	9	0.996
5	0.958	10	1.000

例 6.5.1 根据上面的延迟表 6.24 及在 1980 年 12 月 31 日统计的 1980 年发生赔案的报案数据 (见表 6.25),估计 1980 年总赔案数目.

表 6.25 1980 年发生赔案的经验数据

赔案发生月份	累计已报案赔案数目 (截至 1980 年 12 月 31 日)	赔案发生月份	累计已报案赔案数目 (截至 1980 年 12 月 31 日)
1	974	7	937
2	964	8	989
3	955	9	965
4	1040	10	893
5	1023	11	880
6	969	12	335
总计	10924		

解 假设每个月报案赔案的平均报案时间在该月月中. 延迟表中的数据表明每笔赔案在事故发生后的 10 个月内向保险人报案, 因此在 1980 年 1 月份和 2 月份发生赔案在 12 月底都已经向保险人报案. 在 3 月份发生赔案中有 955 笔在年底向保险人报案, 据延迟表知报案比例应为

$$u(9.5) = \frac{u(9) + u(10)}{2} = \frac{0.996 + 1}{2} = 0.998,$$

因此 3 月份发生赔案数目的估计值为 $955/0.998 = 957$. 类似地, 12 月发生赔案中有 335 笔已向保险人报案, 所占比例应为

$$u(0.5) = \frac{u(1) + u(0)}{2} = \frac{0.556 + 0}{2} = 0.278,$$

因此 12 月份发生赔案数目为 $335/0.278 = 1205$. 详细的计算结果见表 6.26, 总赔案数目的估计为 12545 笔, 其中 IBNR 赔案数目为

$$12545 - 10924 = 1621.$$

表 6.26 估计的赔案数目

发生月份 (1)	累计已报案赔案数目 (2)	t (3)	$u(t)$ (4)	估计的总赔案数目 (5)=(2)/(4)
1	974	11.5	1.0000	974
2	964	10.5	1.0000	964
3	955	9.5	0.9980	957
4	1040	8.5	0.9930	1047
5	1023	7.5	0.9865	1037
6	969	6.5	0.9780	991
7	937	5.5	0.9655	971
8	989	4.5	0.9440	1048
9	965	3.5	0.9115	1059
10	893	2.5	0.8665	1031
11	880	1.5	0.6980	1261
12	335	0.5	0.2780	1205
总计	10924			12545

§6.6 风险保费的计算

在计算风险保费时需要知道案均赔款,下面考虑如何对几种不同数据情形计算案均赔款,在此基础上计算风险保费. 本节通过几个例子分析使用不同类型数据计算案均赔款对保险人财务的影响.

6.6.1 案均赔款的计算

下面通过例子考虑如下因素变化对案均赔款的影响:
(1) 签单数目的变化;
(2) 通货膨胀的影响;
(3) 理赔模式的变化;
(4) 索赔频率的变化.

在这里不考虑费用因素.

例 6.6.1 某保险人从 1975 年 1 月 1 日开始营业. 在每年 1 月 1 日签发 10000 张同类型保单, 从 1979 年 1 月 1 日起签单数目增至 15000 张. 已知各保单年的预计索赔频率为 0.1. 理赔模式为: 在案发当年有 50% 的赔案 (数目) 理赔完毕, 剩余的在下一年理赔完毕, 平均赔付额分别为 100 元和 500 元. 若不考虑通货膨胀的影响, 试根据理赔数据先计算每个结案年度的案均赔款, 然后再计算各个事故年的案均赔款. (假设实际发生的赔案数目及每笔赔案的赔付额与预计的完全相同).

解 在 1975 年 1 月 1 日签单 10000 张, 预计赔案数目为 $10000 \times 0.1 = 1000$. 这些赔案中有 50% 在当年理赔完毕, 余下的 50% 在下一年理赔完毕, 即有 500 笔赔案在案发当年结案, 另外 500 笔赔案在下一年结案. 根据假设, 案发当年结案的赔案每笔赔付额为 100 元, 这些赔案的总赔付额为 $100 \; 元 \times 500 = 50000 \; 元$; 在下一年结案赔案的每笔赔付额为 500 元, 这些赔案的总赔付额为 $500 \; 元 \times 500 = 250000 \; 元$.

在 1979 年 1 月 1 日签单 15000 张, 这些保单预计发生的赔案数目为 $15000 \times 0.1 = 1500$, 其中共有 750 笔在 1979 年结案, 总赔付额

为 $100元 \times 750 = 75000$ 元；在 1980 年 (下一年) 结案赔案的总赔付额为 $500元 \times 750 = 375000$ 元. 详细的计算结果见表 6.27.

可以按不同方法计算每笔赔案的平均赔付额——案均赔款. 若按照事故年数据计算, 1976 事故年总赔案数目为 $500+500 = 1000$, 总赔付额 $250000元+50000元 = 300000$ 元, 案均赔款为 $300000元/1000 = 300$ 元.

若按照结案年数据计算, 1975 年总结案数目为 500, 这些赔案的总赔付额为 50000 元, 案均赔款为 $50000元/500 = 100$ 元；1976 年总结案数目为 $500+500 = 1000$, 这些赔案的总赔付额为 $250000元+50000元 = 300000$ 元, 案均赔款为 $300000元/1000 = 300$ 元. 其他年度可类似地计算, 计算结果见表 6.27 (表中案均赔款单位为元).

需要注意的是, 利用 1979 年结案数据计算得到的案均赔款为 260 元, 这一数值与其他年度的计算结果不同, 其原因是 1979 年签单数目发生了变化. 按照事故年计算得到的各事故年的案均赔款都为 300 元.

下面考虑索赔频率变化以及通货膨胀等因素对案均赔款计算的影响.

例 6.6.2 某保险人在 1975 年 1 月 1 日签发了 10000 张同类型保单, 在后续年度的 1 月 1 日的签单数目每年增长 30%. 1975 保单年的索赔频率为 0.1, 并且索赔频率每年增长 10%. 理赔模式为, 在事故发生当年有 50% 的赔案 (数目) 理赔完毕, 余下的在下一年理赔完毕. 已知在 1975 年签发的保单当年结案赔案的总赔付额为 50000 元, 下一年结案赔案的总赔付额为 275000 元. 如果不存在通货膨胀的影响, 各保单年的案发当年结案的赔案及续年结案的赔案的案均赔款都与 1975 年发生的赔案相同. 实际的年通货膨胀率为 10%, 试分别按照结案年和事故年计算案均赔款. (假设实际发生的赔案数目及每笔赔案的赔付额与预计的完全相同).

解 题中已经给出 1975 年的理赔数据. 对于 1976 事故年, 保单数目为 $10000 \times (1 + 30\%) = 13000$, 所以总赔案数目为

$$13000 \times 0.1 \times (1 + 10\%) = 1430.$$

§6.6 风险保费的计算

表 6.27 赔案数目及案均赔款

结案年 事故年	1975 数目	1975 额度	1976 数目	1976 额度	1977 数目	1977 额度	1978 数目	1978 额度	1979 数目	1979 额度	1980 数目	1980 额度	总计 数目	总计 额度	案均赔额
1975	500	50000	500	250000									1000	300000	300
1976			500	50000	500	250000							1000	300000	300
1977					500	50000	500	250000					1000	300000	300
1978							500	50000	500	250000			1000	300000	300
1979									750	75000	750	375000	1500	450000	300
总计	500	50000	1000	300000	1000	300000	1000	300000	1250	325000	750	375000	5500	1650000	
案均赔款		100		300		300		300		260					

表 6.28 赔案数目及案均赔款

结案年 事故年	1975 数目	1975 额度	1976 数目	1976 额度	1977 数目	1977 额度	1978 数目	1978 额度	1979 数目	1979 额度	1980 数目	1980 额度	总计 数目	总计 额度	案均赔额
1975	500	50000	500	275000									1000	325000	325
1976			715	78650	715	432575							1430	511225	357.5
1977					1022	123662	1022	680141					2044	803803	393.3
1978							1462	194592	1462	1070257			2924	1264849	432.6
1979									2091	306143	2091	1683788	4182	1989931	475.8
总计	500	50000	1215	353650	1737	556327	2484	874733	3553	1376400	2091	1683788			
案均赔款		100		291.1		320.9		352.1		387.4					

这些赔案中在 1976 年当年结案的数目为 1430/2 = 715, 每笔赔案的案均赔款为

$$\frac{50000 元}{500} \times 1.10 = 110 元,$$

其中 1.10 为通胀调整因子, 因此总赔付额为

$$110 元 \times 715 = 78650 元.$$

类似地, 下一年结案赔案的总赔付额为

$$\frac{275000 元}{500} \times 1.10 \times 715 = 432575 元.$$

以此类推可得到其他年的理赔额. 接下来可以计算案均赔款. 最后的计算结果见表 6.28 (表中案均赔款单位为元).

从计算结果看出各年的案均赔款逐年增长, 按照结案年计算的案均赔款小于按照事故年的计算结果.

可以根据结案年数据计算案均赔款, 也可以根据事故年数据计算. 下面讨论不同计算方法对保险人财务的影响.

6.6.2 结案年数据的使用

本小节分析利用结案年数据计算风险保费对公司未来现金流的影响.

例 6.6.3 在前面例 6.6.1 中, 假设 1975 年和 1976 年的风险保费都为 30 元, 后续各年的风险保费是基于上一年案均赔款 (根据结案年数据计算) 及索赔频率 0.1 计算的. 已知在 1980 年 1 月 1 日又签单 20000 张, 保险人在 1980 年 12 月 31 日终止签单. 分析该保险人的现金流.

解 首先计算风险保费. 根据 1976 年、1977 年和 1978 年结案数据计算得到的案均赔款都为 300 元. 所以 1977 至 1979 年的风险保费都为 300 元 × 0.1 = 30 元. 据此风险保费水平计算得到的保险人风险保费收入见表 6.29 第 4 列, 各年度赔付支出见表第 5 列. 从表中的数据可以看出, 总保费收入 2170000 元低于总赔付支出 2250000 元, 这样的结果对保险人不利.

§6.6 风险保费的计算   127

表 6.29 保费收入与索赔支出

日历年 (1)	风险保费 (2)	保单数目 (3)	风险保费收入 $(4)=(2)\times(3)$	索赔支出 (5)(表 6.27)
1975	30	10000	300000	50000
1976	30	10000	300000	300000
1977	30	10000	300000	300000
1978	30	10000	300000	300000
1979	30	15000	450000	325000
1980	26	20000	520000	475000
1981				500000
总额		75000	2170000	2250000

例 6.6.4 在例 6.6.2 中, 该保险人 1975 年和 1976 年的风险保费分别为 33 元和 39 元. 后续年风险保费是根据上一结案年案均赔款 (通货膨胀率为 10%) 以及上一年估计的索赔频率上调 10% 计算. 该保险人在 1979 年停止签单. 不考虑保险人的其他费用支出, 计算保险人各年的风险保费收入与赔付支出.

解 1977 年的风险保费水平是基于在 1976 年结案赔案的案均赔款 291.1 元及 1976 年平均索赔频率再上调 10% 得到的. 假设 1976 年结案赔案的平均赔付时间都在该年年中. 1976 年的索赔频率为

$$0.1 \times 1.1 = 0.11,$$

故 1977 年的索赔频率为

$$0.11 \times 1.1 = 0.121.$$

在 1977 年所有保单的签单时间都在 1 月 1 日, 所以可以近似认为这些保单的平均赔付时间为 1978 年 6 月 30 日, 即在签单后的一年半 (此假设是基于事故年当年结案赔案的赔付额小于续年结案赔案的赔付额这一事实给出的). 因此若将 1976 年结案赔案的案均赔款 291.1 元折算到 1978 年 6 月 30 日, 应该乘以两年的通胀调整因子 $(1.1)^2$, 故 1977 年的风险保费应为

$$291.1元 \times 0.121 \times (1.1)^2 = 42.6元.$$

其他年份可类似处理,计算结果见表 6.30,其中表中第 3 列的数据见表 6.28,风险保费见表中的第 6 列. 保险人的现金流计算结果见表 6.31,表中的第 2 列数据见表 6.30.

表 6.30 按结案年数据计算的保费水平 (单位: 元)

日历年 (1)	基于年度 (2)	案均赔款 (3)	索赔频率 (4)	通胀调整因子 (5)	风险保费 (3)×(4)×(5)
1975					33.00
1976					39.00
1977	1976	291.1	0.121	$1.1^2 = 1.21$	42.62
1978	1977	320.9	0.1331	$1.1^2 = 1.21$	51.68
1979	1978	352.1	0.14641	$1.1^2 = 1.21$	62.38
1980	1979	387.4	0.161051	$1.1^2 = 1.21$	75.49

表 6.31 保险人的现金流 (单位: 元)

日历年 (1)	风险保费 (2)	保单数目 (3)	风险保费收入 (4)=(2)×(3)	索赔支出 (5)(表 6.28)
1975	33.00	10000	330000	50000
1976	39.00	13000	507000	353650
1977	42.62	16900	720278	556327
1978	51.68	21970	1135407	874733
1979	62.38	28561	1781635	1376400
1980				1683788
总额			4474320	4894898

思考题 1975 年风险保费与 1976 年的风险保费为什么分别取 33 元和 39 元?

6.6.3 事故年数据的使用

下面讨论用事故年数据计算风险保费对保险人收入与支出的影响.

例 6.6.5 在例 6.6.1 中，假设所有赔案到签单年度的下一年末全部理赔结束. 根据事故年数据来计算风险保费中使用的案均赔款，如，1980 年的风险保费根据 1978 事故年案均赔款计算. 分析保险人的风险保费收入与索赔支出. 设 1975 年和 1976 年的风险保费都为 30 元.

解 1975 至 1978 年各事故年的案均赔款都为 300 元，所以每年的风险保费都为 300 元 ×0.1 = 30 元. 风险保费收入与索赔支出的现金流见表 6.32. 从中可以看出风险保费总收入与索赔总支出相同.

表 6.32 事故年现金流 (单位：元)

日历年 (1)	风险保费 (2)	保单数目 (3)	风险保费收入 (4) = (2) × (3)	索赔支出 (5)(见表 6.27)
1975	30	10000	300000	50000
1976	30	10000	300000	300000
1977	30	10000	300000	300000
1978	30	10000	300000	300000
1979	30	15000	450000	325000
1980	30	20000	600000	475000
1981				500000
总额		75000	2250000	2250000

例 6.6.6 在前面例 6.6.2 中，假设所有已发生赔案在签单的下一年末都已结案. 采取下面方法计算风险保费： 1977 年风险保费用 1975 年签单保单的赔付数据计算，1978 年风险保费用 1976 年签单保单的赔付数据计算，其他年度与此类似. 已知保险人 1975 年和 1976 年的风险保费分别为 33 和 39 元，试分析保险人的现金流.

解 首先需要计算 1977 至 1980 年的风险保费水平.

1977 年的风险保费基于 1975 年案均赔款 325 元及 1975 年平均索赔频率 0.1 计算. 在 1977 年签发保单都在 1 月 1 日签单，所以可以近似地认为这些保单平均赔付发生在 1978 年 6 月 30 日，即在签单后的 1.5 年. 假设 1975 年所有赔案的赔付时间都在 1976 年年中，即假设 1975 事故年的案均赔款 325 元是在 1976 年 6 月 30 日支出的，若将这一额度折算到 1978 年 6 月 30 日的水平，应该乘以两年的通胀调整因子 $(1.1)^2$，所以 1977 年风险保费应为

$$325.00 \text{元} \times 0.11 \times 1.1 \times 1.21 = 47.58 \text{元}.$$

可类似处理其他年份的风险保费. 风险保费计算结果见表 6.33, 风险保费收入与现金流支出见表 6.34.

表 6.33 根据事故年计算的风险保费水平 (单位：元)

日历年 (1)	基于年度 (2)	案均赔款 (3)(表 6.28)	索赔频率 (4)	通胀因子 (5)	风险保费 (3)×(4)×(5)
1975					33.00
1976					39.00
1977	1975	325.0	0.121	1.21	47.58
1978	1976	357.5	0.1331	1.21	57.58
1979	1977	393.4	0.14641	1.21	69.69
1980	1978	432.6	0.161051	1.21	84.30

表 6.34 事故年的现金流分析 (单位：元)

日历年 (1)	风险保费水平 (2)(表 6.33)	保单数目 (3)	风险保费收入 (4)=(3)×(2)	索赔支出 (5)(表 6.28)
1975	33.00	10000	330000	50000
1976	39.00	13000	507000	353650
1977	47.58	16900	804102	556327
1978	57.58	21970	1265033	874733
1979	69.68	28561	1990130	1376400
1980	84.30			1683788
总额			4896551	4894898

通过上面例子可以看出计算风险保费中用事故年数据较稳健.

习 题

1. 在 6.2.1 小节，假设赔付在每个季度末进行．试给出理赔模型，并与原来理赔模型相比较；重新计算例 6.2.1.

2. 考虑表 6.35 中的数据．对于发展年第 3 年以后的数据，1973 至 1976 年的为以 1980 年底价格计算的发展年第 3 年后的实际赔付额与 1980 年底的未决赔款准备金之和，而 1977 年数据为以 1980 年底价格计算的未决赔款准备金．已知 1979 年 7 月 1 日至 1980 年 1 月 1 日的通货膨胀率为 5%，1980 年后为每年 15%，其他年度的通货膨胀率见表 6.36，准备金的年利率为 12%．试使用发展因子与分离法分别估计终极

表 6.35　1973 至 1980 年的各年度赔付数据

事故年	赔案数目	发展年 0	发展年 1	发展年 2	发展年 3	发展年 3+
1973	1032	413	353	208	175	106
1974	1328	606	536	338	251	148
1975	1419	763	722	404	291	171
1976	1480	1003	843	455	331	188
1977	1610	1222	990	540	389	204
1978	1759	1442	1179	637		
1979	1988	1777	1440			
1980	2177	2102				

表 6.36　1973 年 7 月至 1980 年 1 月的通货膨胀率

1973 年 7 月至 1974 年 7 月	14%
1974 年 7 月至 1975 年 7 月	18%
1975 年 7 月至 1976 年 7 月	26%
1976 年 7 月至 1977 年 7 月	12%
1977 年 7 月至 1978 年 7 月	8%
1978 年 7 月至 1979 年 7 月	9%
1979 年 7 月至 1980 年 7 月	8%
1979 年 7 月至 1980 年 1 月	5%

赔付额,并对估计结果进行比较.(假设发展年第 3 年后的赔付在发展年第 7 年年中.)

3. 在 6.3.4 小节的例子中,若考虑通货膨胀因素,试比较按照平均法和均值法得到的终极赔付额.

第三部分 经验费率

经验费率 (experience rating) 方法是非寿险中用于消除风险的非同质性而发展起来的一种定量化方法,该方法允许保险人根据过去的经验数据来调整未来保费.如果一张保单过去的理赔数据比保费表中所假设的要好,该保单持有人有理由要求保险人降低保费.从保险人角度,需要考虑该保单自身数据的可信度以及相对于一个险种来说对该保单自身数据变化所表明的风险的好坏进行评估.

投保人缴纳的保费称为毛保费.单位风险保单所缴纳的毛保费简称**费率**.与前面介绍的单位风险的风险保费相比,费率考虑了费用、利润等因素.

经验费率的一个应用是设计分类系统的费率.如工伤保险有许多职业类别,为了准确反映每个类别的预计成本,可以将有限的经验数据与其他信息,如过去费率、相关职业数据等结合起来考虑.

本部分介绍几种经验费率方法:完全信度、部分信度及最精确信度理论.同时,介绍在机动车辆保险中经常使用的 NCD 系统.

第七章 完全信度和部分信度

§7.1 问题的提出

考虑下面问题:

(1) 某单位风险保单在过去 n 年的赔付额分别为 $X_1, X_2, \cdots, X_n$. 如何根据这些数据确定该保单下一年应缴纳的风险保费?

(2) 在过去一年,某保单组的第 j 张单位风险保单的赔付额为 X_j. 如何根据 $X_1, X_2, \cdots, X_n$ 确定此保单组每张保单下一年应缴纳的风险保费?

上面的两个问题,都可归结为如何根据过去赔付数据 $X_1, X_2, \cdots, X_n$ 计算下一年的保费. 假设赔付额 $X_1, X_2, \cdots, X_n$ 相互独立, 且服从相同的损失分布, 期望值记为 μ. 如果 μ 的估计值已知, 则该值可作为下一年应缴纳的风险保费. 保险人的目的是确定具体的 μ.

平均赔付额为
$$\bar{X} = \frac{X_1 + \cdots + X_n}{n}.$$

可以根据下面式子计算 μ,
$$\hat{\mu} = (1-Z)M + Z\bar{X},$$

其中 Z $(0 \le Z \le 1)$ 称为**信度因子**, M 为费率表中的费率或根据其他类似保单得到的赔付额的估计值. 信度因子 Z 刻画了未来风险保费对自身经验数据的依赖程度. 当信度因子 $Z = 1$ 时, 未来风险保费完全依赖于自身经验数据 $\bar{X}$, 此时称为**完全信度**. 当 $0 < Z < 1$ 时, 未来风险保费同时依赖于自身数据 $\bar{X}$ 以及 M, $\bar{X}$ 的权重小于 1, 此时称为**部分信度**.

本章介绍在什么条件下可以对 $\bar{X}$ 赋予完全信度以及完全信度条件不满足时如何确定信度因子.

§7.2 完全信度

本书针对一张保单赔付额的随机模型进行讨论. 该保单在过去 n 年的赔付额分别记为 $X_1, X_2, \cdots, X_n$. 假设各年的赔付额 X_i 相互独立且服从相同分布. X_i 的期望记为 μ, 方差记为 σ^2. 注意: 下面讨论的方法以及结论仍然适用于前面介绍的保单组模型.

要考虑的问题是: 在经验数据 $X_1, X_2, \cdots, X_n$ 满足什么条件时, 可以完全依靠 $\bar{X}$ 估计 μ (即 $Z = 1$)?

首先给出完全信度的概念.

完全信度 对于参数 (r, p), $r > 0$, $0 < p < 1$, 若
$$(1-r)\mu \le \bar{X} \le (1+r)\mu$$

的概率不小于 p, 即

$$P((1-r)\mu \leq \bar{X} \leq (1+r)\mu) \geq p,$$

则称 μ 的估计值 $\bar{X}$ 满足水平为 (r,p) 的完全信度, 即 $Z=1$ 成立.

完全信度定义中涉及参数 r 和 p. 参数 r 是一个比例, 用来刻画 $\bar{X}$ 与 μ 的偏差. 参数 p 是一个概率值, 用来描述平均赔付额 $\bar{X}$ 落在区间 $[(1-r)\mu, (1+r)\mu]$ 的概率. 是否满足完全信度与参数 r 和 p 的选取有关. 另外, 完全信度的条件并不是要求 $\bar{X} = \mu$, 而是要求 $\bar{X}$ 落在区间 $[(1-r)\mu, (1+r)\mu]$ 的概率不小于 p.

记

$$y_p = \inf_y \left\{ y : P\left(\left|\frac{\bar{X}-\mu}{\sigma/\sqrt{n}}\right| \leq y\right) \geq p \right\},$$

y_p 实际上是随机变量 $\left|\frac{\bar{X}-\mu}{\sigma/\sqrt{n}}\right|$ 的 p 分位点.

根据前面的定义, $\bar{X}$ 满足水平为 (r,p) 的完全信度当且仅当

$$p \leq P(|\bar{X}-\mu| \leq r\mu) = P\left(\left|\frac{\bar{X}-\mu}{\sigma/\sqrt{n}}\right| \leq \frac{r\mu\sqrt{n}}{\sigma}\right).$$

上式等价于

$$\frac{r\mu\sqrt{n}}{\sigma} \geq y_p.$$

验证完全信度只需验证上式即可. 为方便, 记 $\lambda_0 = \left(\frac{y_p}{r}\right)^2$.

在实际计算中, 常用标准正态分布逼近 $\frac{\bar{X}-\mu}{\sigma/\sqrt{n}}$ 的分布. 此时有 $\Phi(y_p) = \frac{1+p}{2}$, $\lambda_0 = \left(\frac{\Phi^{(-1)}\left(\frac{1+p}{2}\right)}{r}\right)^2$, 表 7.1 给出了不同水平 p 对应的 y_p, 表 7.2 给出不同水平 (r,p) 对应的 λ_0. 从表 7.2 可以看出, 不同水平 (r,p) 对应的 λ_0 值差异很大.

可以从下面三个角度理解 $\frac{r\mu\sqrt{n}}{\sigma} \geq y_p$:

(1) 从变异系数的角度来理解：根据前面的不等式知变异系数满足

$$\frac{\sigma}{\mu} \leq \frac{r\sqrt{n}}{y_p} = \sqrt{\frac{n}{\lambda_0}}.$$

这说明赔付额的变异系数应不大于 $\sqrt{n/\lambda_0}$.

表 7.1 不同水平 p 对应的 y_p 值

p	$(1+p)/2$	y_p
0.9	0.95	1.645
0.95	0.975	1.96
0.99	0.995	2.576
0.999	0.9995	3.29

表 7.2 不同水平 (r,p) 对应的 λ_0 的数值

r \ p	$r=0.2$	$r=0.1$	$r=0.09$	$r=0.08$	$r=0.07$
$p=0.9$	67.7	270.6	334.1	422.8	552.3
$p=0.95$	96.0	384.2	474.3	600.3	784.0
$p=0.99$	165.9	663.6	819.2	1036.8	1354.2
$p=0.999$	270.6	1082.4	1336.3	1691.3	2209.0

r \ p	$r=0.06$	$r=0.05$	$r=0.04$	$r=0.03$	$r=0.02$
$p=0.9$	751.7	1082.4	1691.3	3006.7	6765.1
$p=0.95$	1067.1	1536.6	2401.0	4268.4	9604.0
$p=0.99$	1843.3	2654.3	4147.4	7373.1	16589.4
$p=0.999$	3006.7	4329.6	6765.1	12026.8	27060.3

(2) 从方差的角度来理解：样本均值 $\bar{X}$ 的方差 $\mathrm{var}(\bar{X})$ 满足

$$\mathrm{var}(\bar{X}) = \frac{\sigma^2}{n} \leq \frac{\mu^2}{\lambda_0}.$$

这给出了样本方差的上界.

(3) 从保单数目的角度来理解: n 应满足

$$n \geq \lambda_0 \left(\frac{\sigma}{\mu}\right)^2.$$

如果保单数目 n 不小于 $\lambda_0 \left(\frac{\sigma}{\mu}\right)^2$, 则数据 $\overline{X}$ 具有水平为 (r,p) 的完全信度.

在这里, 记

$$n_F = \lambda_0 \left(\frac{\sigma}{\mu}\right)^2,$$

则 n_F 表示满足完全信度的最低保单数目. 当 $n \geq n_F$ 时 $\overline{X}$ 满足水平为 (r,p) 的完全信度.

例 7.2.1 已知 $X_1, X_2, \cdots, X_n$ 为某保单过去 n 年的赔付额, 各年度赔付额相互独立且服从相同的分布. 每张保单在各年内发生的赔案数目服从泊松分布, 泊松参数为 $\lambda > 0$, 每笔赔付额的期望为 μ_0, 方差为 σ_0^2. 要估计该保单下一年的风险保费 $\mu = E(X_1)$. 已知 $\overline{X}$ 满足水平为 (r,p) 的完全信度, 试给出 n, μ_0 及 σ_0^2 应满足的条件.

解 注意

$$y_p = \inf_{y} \left\{ y : P\left(\left|\frac{\overline{X} - \mu}{\sqrt{\sigma^2/n}}\right| \leq y \right) \geq p \right\} \quad \text{及} \quad \lambda_0 = \left(\frac{y_p}{r}\right)^2.$$

由题意知 X_i 服从复合泊松分布, 它的期望和方差分别为

$$\mu = E(X_1) = \lambda \mu_0, \quad \sigma^2 = \text{var}(X_1) = \lambda(\mu_0^2 + \sigma_0^2).$$

根据完全信度的条件, 知 n 应该满足

$$n \geq \lambda_0 \left(\frac{\sigma}{\mu}\right)^2 = \lambda_0 \frac{\lambda(\mu_0^2 + \sigma_0^2)}{(\lambda \mu_0)^2} = \frac{\lambda_0}{\lambda} \left[1 + \left(\frac{\sigma_0}{\mu_0}\right)^2\right].$$

注意例 7.2.1 中 μ_0, σ_0 与 μ, σ 的区别. μ 和 σ 是针对每一年赔付额而言; 而 μ_0 和 σ_0 是针对每一笔赔付额.

例 7.2.2 已知某险种每张保单的索赔频率为 0.015, 每张保单的赔付额服从复合泊松分布. 该险种 100 笔赔案的赔付数据由表 7.3 给

出. 在 $r = 0.05, p = 0.9$ 条件下，计算满足完全信度所需要的最低保单数目. (利用正态分布近似.)

表 7.3 某险种 100 笔赔案的赔付数据

赔付额 (元)	0~400	400~800	800~1200	1200~1600	1600~2000
赔案数目	2	24	32	21	10
赔付额 (元)	2000~2400	2400~2800	2800~3200	3200~3600	> 3600
赔案数目	6	3	1	1	0

解 假设在每个区间的赔付额都在该区间中点取值. 可以得到每笔赔案的期望和方差的估计分别为

$$\hat{\mu}_0 = \frac{1}{100}(2 \times 200 + 24 \times 600 + \cdots + 1 \times 3400) = 1216$$

及

$$\hat{\sigma}_0^2 = \frac{1}{100}(2 \times (200 - 1216)^2 + \cdots + 1 \times (3400 - 1216)^2) = 362944.$$

所以，变异系数

$$\frac{\hat{\sigma}_0}{\hat{\mu}_0} = \frac{\sqrt{362944}}{1216} = 0.4954.$$

利用例 7.2.1 的结果，所需要的最低保单数目为

$$\frac{1.645^2}{0.05^2} \times \frac{1}{0.015}(1 + 0.4954^2) = 89870.$$

例 7.2.3 设 $X_1, X_2, \cdots, X_m, \cdots$ 为某保单的独立同分布的各笔赔付额序列，与该保单的索赔次数 N 独立. 已知 N 服从参数为 λ 的泊松分布. 记

$$S = \sum_{i=1}^{N} X_i,$$

又 X_i 的期望与方差分别为 μ_0, σ_0^2. 令

$$y_p = \inf_y \left\{ y : P\left(\left|\frac{S - E(S)}{\sqrt{\text{var}(S)}}\right| \leq y\right) \geq p \right\}.$$

证明：当

$$\lambda \geq \left(\frac{y_p}{r}\right)^2 \left[1 + \left(\frac{\sigma_0}{\mu_0}\right)^2\right]$$

时，$E(S)$ 的估计值 $S = \sum_{i=1}^{N} X_i$ 满足参数为 (r,p) 的完全信度.

证明 下面给出两种证明方法：

(1) 利用完全信度的定义，S 应该满足下式：

$$P((1-r)E(S) \leq S \leq (1+r)E(S))$$

$$= P\left(\frac{-rE(S)}{\sqrt{\text{var}(S)}} \leq \frac{S-E(S)}{\sqrt{\text{var}(S)}} \leq \frac{rE(S)}{\sqrt{\text{var}(S)}}\right)$$

$$= P\left(\left|\frac{S-E(S)}{\sqrt{\text{var}(S)}}\right| \leq \frac{rE(S)}{\sqrt{\text{var}(S)}}\right)$$

$$= P\left(\left|\frac{S-E(S)}{\sqrt{\text{var}(S)}}\right| \leq \frac{\lambda r \mu_0}{\sqrt{\lambda(\sigma_0^2 + \mu_0^2)}}\right) \geq p,$$

即

$$\frac{\lambda r \mu_0}{\sqrt{\lambda(\sigma_0^2 + \mu_0^2)}} \geq y_p,$$

整理得

$$\lambda \geq (\frac{y_p}{r})^2 \left[1 + \left(\frac{\sigma_0}{\mu_0}\right)^2\right].$$

(2) 在例 7.2.1 中，令 $n = 1$，本题结论成立

§7.3 部分信度

当 $n < n_F$ 时，完全信度条件不满足，此时不能完全根据 $\bar{X}$ 估计 μ，可以考虑利用 $\hat{u} = Z\bar{X} + (1-Z)M$ 对 μ 进行估计，其中 M 为费率表中的费率或根据其他相关信息确定的数值. 下面给出确定因子 Z 的方法.

对于水平 (r,p), $r>0, 0<p<1$, 若对 $0<Z<1$, 有

$$P(Z\mu - r\mu \leq Z\bar{X} \leq Z\mu + r\mu) = p$$

成立, 则称 Z 为 $\bar{X}$ 对应于水平 (r,p) 的**信度因子**.

我们需要根据部分信度的定义来确定信度因子. 当 $n \geq n_F$ 时 $\bar{X}$ 满足完全信度, 所以下面只需考虑 $n < n_F$ 的情况. 需要说明的是, 许多情况下都利用正态分布来近似 $\bar{X}$ 的分布, 此时存在 Z 使得上面等式成立.

假设 $n < n_F$. 对于

$$P(Z\mu - r\mu \leq Z\bar{X} \leq Z\mu + r\mu)$$

$$= P\left(\frac{-r\mu}{Z\sqrt{\text{var}(\bar{X})}} \leq \frac{\bar{X}-\mu}{\sqrt{\text{var}(\bar{X})}} \leq \frac{r\mu}{Z\sqrt{\text{var}(\bar{X})}}\right)$$

$$= P\left(\left|\frac{\bar{X}-\mu}{\sqrt{\text{var}(\bar{X})}}\right| \leq \frac{r\mu}{Z\sqrt{\text{var}(\bar{X})}}\right) = p,$$

利用标准正态分布来近似 $\frac{\bar{X}-\mu}{\sqrt{\text{var}(\bar{X})}}$ 的分布, 对 $y_p = \Phi^{-1}\left(\frac{1+p}{2}\right)$ 有

$$y_p = \frac{r\mu}{Z\sqrt{\text{var}(\bar{X})}} = \frac{r\mu\sqrt{n}}{Z\sigma},$$

即

$$Z = \frac{r\sqrt{n}\mu}{y_p \sigma} = \sqrt{\frac{n}{n_F}}.$$

注意到 $n \geq n_F$ 时 $Z = 1$, 综合上面的结果, 知信度因子为

$$Z = \min\left\{\sqrt{\frac{n}{n_F}}, 1\right\},$$

其中 n_F 是满足完全信度时应具有的最低保单数目.

例 7.3.1 在例 7.2.2 中, 已知某保单组共有 19305 张保单, 总风险保费为 366833 元, 在当年总赔付额为 340575 元. 利用信度因子计算下一年每张保单的风险保费.

解 利用例 7.2.2 的计算结果，信度因子为

$$Z = \sqrt{\frac{n}{n_F}} = \sqrt{\frac{19305}{89870}} = 0.4635.$$

按照这样的信度水平，下一年总的风险保费为

$$340575 \text{元} \times Z + 366833 \text{元} \times (1-Z) = 354662 \text{元}.$$

平均每张保单的风险保费为

$$\frac{354662 \text{元}}{19305} = 18.37 \text{元}.$$

例 7.3.2 某险种每张保单赔付额可由复合泊松分布来刻画. 对这个险种的信度进行分析，信度水平 $(r,p) = (0.05, 90\%)$. 当保单数目 $n = 60$ 时，每张保单平均赔付额 $\overline{X}_{60} = 180.0$ 元，根据部分信度计算的保费为 189.47 元；增加 20 张保单数据，平均赔付额变为 $\overline{X}_{80} = 185.0$ 元，根据部分信度计算的保费为 190.88 元；进而再增加 20 张保单的数据，平均赔付额变为 $\overline{X}_{100} = 187.5$ 元. 假设险种的费率保持不变，且上述三种情况都没有达到完全信度的标准. 计算 100 张保单数据下的保费值 (单位：元).

解 60 张、80 张、100 张保单数据下的部分信度因子分别记为 Z_{60}, Z_{80}, Z_{100}. 满足水平为 $(0.05, 90\%)$ 的完全信度的最低保单数目记为 n_F. 则有

$$Z_{60} = \sqrt{\frac{60}{n_F}}, \quad Z_{80} = \sqrt{\frac{80}{n_F}}, \quad Z_{100} = \sqrt{\frac{100}{n_F}}.$$

记费率表中的费率为 M. 根据题意，

$$189.47 = Z_{60} \times 180.0 + (1 - Z_{60})M;$$
$$190.88 = Z_{80} \times 185.0 + (1 - Z_{80})M,$$

所以有

$$\frac{189.47 - Z_{60} \times 180.0}{190.88 - Z_{80} \times 185.0} = \frac{1 - Z_{60}}{1 - Z_{80}}.$$

将 $Z_{80} = \sqrt{\frac{4}{3}} Z_{60}$ 代入上式，解方程得 $Z_{60} = 0.528$ 或 $Z_{60} = 0.467$. 下

面分情况考虑:

(1) 当 $Z_{60} = 0.528$ 时，可计算得到 $M = 200$. 因此

$$Z_{100} = \sqrt{\frac{10}{6}} Z_{60} = 0.682,$$

保费为

$$0.682 \times 187.5 + (1 - 0.682) \times 200 = 191.5.$$

(2) 当 $Z_{60} = 0.467$ 时，可计算得到 $M = 197.6$. 因此

$$Z_{100} = \sqrt{\frac{10}{6}} Z_{60} = 0.603,$$

保费为

$$0.603 \times 187.5 + (1 - 0.603) \times 197.6 = 191.5.$$

习 题

1. 对 μ 进行估计. 要求 $\bar{X}$ 满足完全信度的水平从 $(0.05, 0.9)$ 变为 $(r, 0.95)$，求 r 的值使得满足完全信度的条件不变.（利用正态分布来近似 $\bar{X}$ 的分布.）

2. 对于索赔频率，可以利用平均索赔次数来估计. 保单数目 $n = 100$ 时，信度因子为 $Z = 0.40$. 如果信度因子增加到 0.90，则至少应该再增加多少张保单？

3. 已知保单在某时间区间的总赔付额服从复合泊松分布. 该区间总赔付额的完全信度标准是索赔频率至少为 1500. 计算后发现在计算过程中使用的个体赔付额变异系数 0.6211 是错误的，正确的变异系数应该为 0.5200. 计算满足完全信度时索赔频率的最小值.

4. 已知总赔付额服从复合泊松分布，每笔赔付额的概率密度函数为

$$f(y) = 5y^{-6}, \quad y > 1.$$

对于该总赔付额期望的估计，完全信度的水平为 $(5\%, 0.9)$ 时可以计算得到索赔频率的最小值. 将该条件用于考虑利用索赔次数来估计索

赔频率的完全信度时，完全信度的水平变为 $(r, 95\%)$. 采用正态分布近似总赔付额及索赔次数分布，计算 r.

5. 假设某保单的赔付额服从复合泊松分布. 当个体赔付额为常数时，满足完全信度的条件为索赔频率不低于 2670. 已知个体赔付额服从对数正态分布，期望为 1000, 方差为 1500000. 计算满足完全信度时索赔频率的最小值.

6. 在参数 $\Theta = \theta$ 的条件下，被保险人在一年内的索赔次数 N 服从参数为 θ 的泊松分布. 又 Θ 的密度函数为 $\pi(\theta) = e^{-\theta}, \theta > 0$. 在给定 $N = 0$ 的条件下，计算 Θ 的条件期望和条件方差.

7. 对于部分信度因子 Z, 证明
$$\frac{\mu^2}{\lambda_0} = \mathrm{var}\,(Z\overline{X}).$$

8. 对于一团体牙医保险，历史数据显示每一个体的赔付额的期望为 175, 标准差为 140. 某保险人已承保该团体两年时间，第 1 年承保个体总数为 100 人，第 2 年承保个体总数为 110 人. 经计算得到这两年时间该团体的每个个体的平均赔付额为 150 元. 确定该数据是否满足水平为 $(0.05, 90\%)$ 的完全信度；如果不满足，计算部分信度因子. 计算下一年承保的 125 个个体的保费. (使用正态分布近似总赔付额分布.)

9. 某团体过去 n 年的各年损失为独立同分布的复合泊松变量，复合泊松变量的个体赔付额服从指数分布. 在某水平 (r, p) 下，考虑利用过去各年的泊松变量估计索赔频率，信度因子为 $Z = 0.8$. 计算该水平下基于过去各年的平均赔付额估计各年损失额得到的信度因子.

10. 某保险公司决定建立一个完全信度的标准，标准为观测的赔付额在期望值 μ 的 $[0.95\mu, 1.05\mu]$ 区间的概率为 0.95. 假设该赔付额服从复合泊松分布，个体赔付额的概率密度函数为
$$f(x) = \frac{100 - x}{5000}, \quad 0 \leq x \leq 100.$$
计算满足完全信度时泊松参数应满足的条件. (使用正态分布逼近总赔付额的分布.)

11. 某一被保险人过去 n 年的赔付额分别为 $X_1, X_2, \cdots, X_n$, 这里假设 $X_1, X_2, \cdots, X_n$ 为独立同分布的复合泊松随机变量列, 个体赔付额的分布密度为

$$f_Y(y) = \frac{\beta^\alpha y^{\alpha-1} e^{-y\beta}}{\Gamma(\alpha)}, \quad y > 0.$$

已知:

(1) 考虑索赔频率的估计, 基于各年的赔案数目得到的信度因子为 0.9;

(2) 个体赔付额的期望为 $\alpha/\beta = 100$;

(3) 基于各年的总赔付额计算得到的信度因子为 0.8.

试确定 α 和 β 的值.

12. 某被保险人费率表中的保费为 600 元, 该保单过去各年的赔付数据在下表中给出:

年度	1	2	3
赔付额	475	550	400

给定 $r = 0.05, p = 0.9$. 计算信度因子, 并确定下一年的信度保费.

13. 一保险公司重新确定费率. 假设总赔付额服从复合泊松分布, 个体赔付额的密度函数为

$$f(x) = \frac{1}{200000}, \quad 0 < x < 200000.$$

泊松参数的选择使得总赔付额满足标准为 $r = 0.05, p = 90\%$ 的完全信度. 最近观测到有 1082 笔赔案, 据此确定信度因子.

14. 给定:

P: 对于一个特殊险种的风险保费的先验估计;

O: 根据过去的经验数据计算得到的风险保费的估计;

R: 根据观测数据利用信度因子得到的风险保费的估计;

F: 满足完全信度的最低的保单数目.

利用上面的四个量来表示实际的保单数目.

第八章 最精确信度

最精确信度是比较现代的精算理论,本章将介绍这方面结果.由于条件概率在信度理论讨论中是比较重要的工具,首先介绍条件概率的应用,然后介绍**贝叶斯 (Bayes) 保费**.贝叶斯保费在计算上比较困难,因此介绍一种近似的方法,利用**信度保费** (credibility premium) 来逼近贝叶斯保费.最后,介绍信度保费中的参数估计方法.

§8.1 条件概率的应用

条件概率在非寿险中有重要的应用.利用条件概率,可以根据实际数据判断或修正已往信息.本节介绍这方面的一些例子.

8.1.1 一个引例

引例 考虑某机动车辆保险的理赔案件.在城市被保险人的赔案中,有 90% 赔案发生在城市,剩余的 10% 发生在农村.在农村被保险人的赔案中,有 15% 发生在城市,剩余的 85% 发生在农村.已知城市被保险人赔案数目占总赔案数目 80%.对于一笔发生在农村的赔案,计算该赔案为城市被保险人赔案的概率.

用 u 表示城市,r 表示农村.用 D 表示赔案的被保险人类别,$D = u$ 或 r.赔案发生的地点使用 L 表示,$L = u$ 或 r.

根据前面的假设,有

$$P(L=u|D=u) = 0.9, \quad P(L=r|D=u) = 0.1,$$

$$P(L=u|D=r) = 0.15, \quad P(L=r|D=r) = 0.85,$$

$$P(D=u) = 0.8, \quad P(D=r) = 1 - P(D=u) = 0.2.$$

利用条件概率公式,有

$$P(D=u|L=r) = \frac{P(D=u, L=r)}{P(L=r)}$$

$$= \frac{P(D=u)P(L=r|D=u)}{P(D=u)P(L=r|D=u) + P(D=r)P(L=r|D=r)}$$

$$= \frac{0.8 \times 0.1}{0.80 \times 0.1 + 0.2 \times 0.85} = 0.32.$$

8.1.2 索赔频率的修正

某险种每张保单的索赔次数可通过结构变量 Θ 来刻画. 假设在 $\Theta = \theta$ 条件下,每张保单索赔次数服从参数为 θ 的泊松分布. 而 Θ 服从参数为 (α, β) 的 Γ 分布,密度函数为

$$f_\Theta(\theta) = \frac{\beta^\alpha e^{-\beta\theta}\theta^{\alpha-1}}{\Gamma(\alpha)}, \quad \theta > 0.$$

在上面的假设下,第三章定理 3.3.2 证明了每张保单的索赔次数服从参数为 $(\alpha, 1/\beta)$ 的负二项分布.

现有 n 张保单,它们在一年内的总索赔次数记为 N. 假设在参数 $\Theta = \theta$ 的条件下,各保单的索赔次数相互独立,都服从参数为 θ 的泊松分布,而参数 Θ 服从前面给定的 Γ 分布,则在给定 $\Theta = \theta$ 的条件下,总索赔次数 N 服从参数为 $n\theta$ 的泊松分布,

$$P(N=k|\Theta=\theta) = \frac{e^{-n\theta}(n\theta)^k}{k!}, \quad k=0,1,\cdots.$$

下面具体讨论在已知索赔次数 $N = k$ 条件下参数 Θ 的条件分布.

定理 8.1.1 在条件 $N = k$ 下,Θ 服从参数为 $(\alpha+k, \beta+n)$ 的 Γ 分布,条件密度函数为

$$f_{\Theta|N}(\theta|k) = \frac{(\beta+n)^{\alpha+k} e^{-(\beta+n)\theta} \theta^{\alpha+k-1}}{\Gamma(\alpha+k)}, \quad \theta > 0.$$

证明 条件密度

$$f_{\Theta|N}(\theta|k) = \frac{P(N=k|\Theta=\theta)f_\Theta(\theta)}{P(N=k)}$$

$$= \frac{\mathrm{e}^{-n\theta}(n\theta)^k}{k!} \frac{\beta^\alpha \mathrm{e}^{-\beta\theta}\theta^{\alpha-1}}{P(N=k)\Gamma(\alpha)}$$

$$= \frac{\mathrm{e}^{-\theta(\beta+n)}\theta^{k+\alpha-1}}{C},$$

其中 C 是与 θ 无关的量. 由于 $f_{\Theta|N}(\theta|k), \theta>0$ 为密度函数, 因此可知

$$C = \frac{\Gamma(\alpha+k)}{(\beta+n)^{\alpha+k}}.$$

故在条件 $N=k$ 下, Θ 服从参数为 $(\alpha+k, \beta+n)$ 的 Γ 分布. 定理证毕.

注意到 $E(\Theta) = \dfrac{\alpha}{\beta}$. 考虑 Θ 的条件期望, 有

$$E[\Theta|N=k] = \frac{\alpha+k}{\beta+n} = (1-Z)\frac{\alpha}{\beta} + Z\frac{k}{n},$$

其中

$$Z = \frac{n}{n+\beta}$$

为信度因子. $\dfrac{k}{n}$ 为观测到的索赔频率, $\dfrac{\alpha}{\beta}$ 为先验的索赔频率, 参数 Θ 的后验期望是二者的线性组合, 其中 $\dfrac{k}{n}$ 的权重为信度因子 Z.

下面给出定理 8.1.1 的一个应用例子.

例 8.1.1 某险种的结构参数为 Θ, 每张保单的索赔次数满足定理 8.1.1 的假定. 保险人根据每张保单的索赔频率 0.148 计算保费, 并有 $\sqrt{\mathrm{var}(\Theta)} = 0.0185$. 已知接下来的第 1 年共有 2427 张单位风险保单, 总计发生 320 笔赔案.

(1) 给出 Θ 的估计.

(2) 接下来第 2 年保单数目为 6982 张, 总计有 951 笔赔案发生. 假设在结构参数 $\Theta = \theta$ 下第 1 年保单和第 2 年保单的损失相互独立. 重新估计索赔频率.

解 (1) 索赔次数的先验分布为参数 (α, β) 的 Γ 分布. 据此可知先验分布的参数满足

$$E(N) = E(\Theta) = \frac{\alpha}{\beta} = 0.148, \quad \mathrm{var}(\Theta) = \frac{\alpha}{\beta^2} = (0.0185)^2.$$

解得
$$\beta = 432.4, \quad \alpha = 64.0.$$

在给定的数据下,可得到 Θ 服从参数为 (A, B) 的 Γ 分布,其中
$$A = 64.0 + 320 = 384.0; \quad B = 432.4 + 2427 = 2859.4.$$

因此,索赔频率的估计为
$$E[\Theta|N = 320] = \frac{A}{B} = 0.134.$$

(2) 得到第 2 年的数据后,可知 Θ 服从参数为 (A', B') 的 Γ 分布,其中
$$A' = 384.0 + 951 = 1335.0; \quad B' = 2859.4 + 6982 = 9841.4.$$

因此,索赔频率的估计为
$$\frac{A'}{B'} = 0.136.$$

§8.2 贝叶斯保费

对于一单位风险保单,前 n 年的赔付额分别记为 $X_1, X_2, \cdots, X_n$. 要考虑的问题是: 已知该保单过去 n 年赔付数据 $X_1, X_2, \cdots, X_n$, 如何来估计该保单下一年的赔付额 X_{n+1}?

在费率系统中,每一保单持有者的风险级别可根据结构参数 Θ 来确定. 假设该保单在不同年度得到的赔付额 $X_1, X_2, \cdots, X_n$ 关于结构参数 Θ 条件独立. 结构参数 Θ 是一随机变量,分布函数记为
$$\Pi(\theta) = P(\Theta \leq \theta).$$

给定 $\Theta = \theta$ 的条件下,假设每一年的赔付额 X_j 的密度函数存在,记为 $f_{X_j|\Theta}(x|\theta)$. 在本节,我们假设概率分布函数 $\Pi(\theta)$ 和 $f_{X_j|\Theta}(x_j|\theta)$ 都已知. 除特别说明,本节假设所有随机变量的密度函数都存在. 对于 Θ 或 X 为离散型随机变量的情形也可按本节方法讨论.

记
$$X = (X_1, X_2, \cdots, X_n)'$$

及

$$x = (x_1, x_2, \cdots, x_n)'.$$

给定前 n 年赔付额的条件下,需要对下一年赔付额 X_{n+1} 进行预测. 贝叶斯保费定义为在已知前 n 年赔付额 $X = x$ 的条件下,下一年赔付额 X_{n+1} 的条件期望,即贝叶斯保费为 $E[X_{n+1}|X = x]$. 条件期望 $E[X_{n+1}|X = x]$ 为前 n 年赔付数据已知的条件下,下一年赔付额 X_{n+1} 的预计值. 注意,上面定义是针对单位风险的.

根据条件期望定义,有

$$E[X_{n+1}|X = x] = \int_0^\infty x_{n+1} f_{X_{n+1}|X}(x_{n+1}|x) \mathrm{d}x_{n+1}.$$

这里,条件概率 $f_{X_{n+1}|X}$ 表示在前 n 年赔付数据已知的条件下第 $n+1$ 年赔付额的密度函数. 直接利用定义来计算贝叶斯保费比较复杂,下面给出另一种计算方法.

先引入几个定义. 记

$$\mu_{n+1}(\theta) = E[X_{n+1}|\Theta = \theta]$$

及

$$\mu_{n+1} = E(X_{n+1}).$$

注意 $\mu_{n+1}(\theta)$ 和 μ_{n+1} 的区别和联系. $\mu_{n+1}(\theta)$ 表示在已知参数 $\Theta = \theta$ 的条件下 X_{n+1} 的预计值, 而

$$\mu_{n+1} = E(X_{n+1}) = E(E[X_{n+1}|\Theta]) = E[\mu_{n+1}(\Theta)].$$

另外,注意到联合密度函数 $f_{X,\Theta}(x,\theta)$ 满足

$$f_{X,\Theta}(x,\theta) = \left\{ \prod_{j=1}^n f_{X_j|\Theta}(x_j|\theta) \right\} \pi(\theta),$$

因此在前 n 年数据 $\boldsymbol{X}=\boldsymbol{x}$ 的条件下,结构参数 Θ 的密度函数

$$\pi_{\Theta|\boldsymbol{X}}(\theta|\boldsymbol{x}) = \frac{f_{\boldsymbol{X},\Theta}(\boldsymbol{x},\theta)}{f_{\boldsymbol{X}}(\boldsymbol{x})}$$

$$= \frac{1}{f_{\boldsymbol{X}}(\boldsymbol{x})}\bigg\{\prod_{j=1}^{n} f_{X_j|\Theta}(x_j|\theta)\bigg\}\pi(\theta).$$

定理 8.2.1 贝叶斯保费计算公式为

$$E[X_{n+1}|\boldsymbol{X}=\boldsymbol{x}] = \int_{-\infty}^{\infty}\mu_{n+1}(\theta)\pi_{\Theta|\boldsymbol{X}}(\theta|\boldsymbol{x})\mathrm{d}\theta.$$

证明 下面给出两种证明方法.

(1) 利用条件期望的性质来证明. 根据条件期望的性质,有

$$E[X_{n+1}|\boldsymbol{X}=\boldsymbol{x}] = E\{E[X_{n+1}|(\boldsymbol{X}=\boldsymbol{x},\Theta)]|\boldsymbol{X}=\boldsymbol{x}\}.$$

在 Θ 条件下,X_{n+1} 与 $\boldsymbol{X}=\boldsymbol{x}$ 条件独立,所以有

$$E[X_{n+1}|\boldsymbol{X}=\boldsymbol{x}] = E\{E[X_{n+1}|\Theta]|\boldsymbol{X}=\boldsymbol{x}\} = E[\mu_{n+1}(\Theta)|\boldsymbol{X}=\boldsymbol{x}]$$

$$= \int_{-\infty}^{\infty}\mu_{n+1}(\theta)\pi_{\Theta|\boldsymbol{X}}(\theta|\boldsymbol{x})\mathrm{d}\theta.$$

定理证毕.

(2) 下面用另外一种方法来证明. 注意到 $(\boldsymbol{X},\Theta)$ 的联合密度函数 $f_{\boldsymbol{X},\Theta}(\boldsymbol{x},\theta)$ 满足

$$f_{\boldsymbol{X},\Theta}(\boldsymbol{x},\theta) = \bigg\{\prod_{j=1}^{n} f_{X_j|\Theta}(x_j|\theta)\bigg\}\pi(\theta),$$

因此 $\boldsymbol{X}$ 的密度函数 $f_{\boldsymbol{X}}(\boldsymbol{x})$ 为

$$f_{\boldsymbol{X}}(\boldsymbol{x}) = \int_{-\infty}^{\infty}\bigg\{\prod_{j=1}^{n} f_{X_j|\Theta}(x_j|\theta)\bigg\}\pi(\theta)\mathrm{d}\theta.$$

又,根据 X_i 关于 Θ 条件独立,得到第 $n+1$ 年赔付额 X_{n+1} 的条件密度

$$f_{X_{n+1}|\boldsymbol{X}}(x_{n+1}|\boldsymbol{x}) = \frac{f_{X_{n+1},\boldsymbol{X}}(x_{n+1},\boldsymbol{x})}{f_{\boldsymbol{X}}(\boldsymbol{x})}$$

$$= \frac{\int_{-\infty}^{\infty} \left\{ \prod_{j=1}^{n+1} f_{X_j|\Theta}(x_j|\theta) \right\} \pi(\theta) \mathrm{d}\theta}{f_{\boldsymbol{X}}(\boldsymbol{x})}$$

$$= \int_{-\infty}^{\infty} f_{X_{n+1}|\Theta}(x_{n+1}|\theta) \pi_{\Theta|\boldsymbol{X}}(\theta|\boldsymbol{x}) \mathrm{d}\theta.$$

根据这一结果, 贝叶斯保费为

$$E[X_{n+1}|\boldsymbol{X}=\boldsymbol{x}]$$

$$= \int_{-\infty}^{\infty} x_{n+1} f_{X_{n+1}|\boldsymbol{X}}(x_{n+1}|\boldsymbol{x}) \mathrm{d}x_{n+1}$$

$$= \int_{-\infty}^{\infty} \int_{-\infty}^{\infty} x_{n+1} f_{X_{n+1}|\Theta}(x_{n+1}|\theta) \pi_{\Theta|\boldsymbol{X}}(\theta|\boldsymbol{x}) \mathrm{d}x_{n+1} \mathrm{d}\theta$$

$$= \int_{-\infty}^{\infty} \pi_{\Theta|\boldsymbol{X}}(\theta|\boldsymbol{x}) \left\{ \int_{-\infty}^{\infty} x_{n+1} f_{X_{n+1}|\Theta}(x_{n+1}|\theta) \mathrm{d}x_{n+1} \right\} \mathrm{d}\theta$$

$$= \int_{-\infty}^{\infty} \mu_{n+1}(\theta) \pi_{\Theta|\boldsymbol{X}}(\theta|\boldsymbol{x}) \mathrm{d}\theta,$$

定理证毕.

注意, 对于 $\Theta \geq 0$ 的情况, 有

$$E[X_{n+1}|\boldsymbol{X}=\boldsymbol{x}] = \int_0^{\infty} \mu_{n+1}(\theta) \pi_{\Theta|\boldsymbol{X}}(\theta|\boldsymbol{x}) \mathrm{d}\theta.$$

下面的例子对本节前面介绍的模型加以推广, 模型中考虑了通货膨胀因素.

例 8.2.1 某险种第 j 年共有 m_j 张单位风险保单, 该年度的总索赔次数为 $N_j, j=1,2,\cdots,n+1$. 该险种结构参数为 Θ, Θ 服从参数为 (α,β) 的 Γ 分布, 密度函数为

$$\frac{\beta^{\alpha} \mathrm{e}^{-\theta\beta} \theta^{\alpha-1}}{\Gamma(\alpha)}, \quad \theta > 0.$$

在给定 $\Theta = \theta$ 条件下, 总索赔次数 N_j 服从参数为 $m_j\theta$ 的泊松分布, 且 N_j ($j=1,2,\cdots,n+1$) 条件独立. 以初始时刻的价格计算, 未来每

笔赔案赔付额为 c, 支付都在案发年末进行. 已知每年通货膨胀率为 r, 确定第 $n+1$ 年的贝叶斯保费.

解 第 j 年单位风险的实际赔付额为 $X_j = c(1+r)^j N_j/m_j, j = 1, 2, \cdots, n+1$. 现在的问题是: 如何根据 $X_1, X_2, \cdots, X_n$ 的观测值 $\boldsymbol{x} = (x_1, x_2, \cdots, x_n)'$ 确定贝叶斯保费 $E[X_{n+1}|\boldsymbol{X} = \boldsymbol{x}]$.

先确定密度函数 $\pi_{\Theta|\boldsymbol{X}}(\theta|\boldsymbol{x})$. 利用

$$\pi_{\Theta|\boldsymbol{X}}(\theta|\boldsymbol{x}) = \frac{1}{f_{\boldsymbol{X}}(\boldsymbol{x})} \left\{ \prod_{j=1}^{n} f_{X_j|\Theta}(x_j|\theta) \right\} \pi(\theta)$$

$$= \frac{1}{f_{\boldsymbol{X}}(\boldsymbol{x})} \frac{\beta^\alpha e^{-\theta\beta} \theta^{\alpha-1}}{\Gamma(\alpha)} \times \prod_{j=1}^{n} \frac{e^{-m_j\theta}(m_j\theta)^{\frac{m_j x_j}{c(1+r)^j}}}{\left(\frac{m_j x_j}{c(1+r)^j}\right)!}$$

$$= \frac{\theta^{\alpha + \sum_{j=1}^{n} \frac{m_j x_j}{c(1+r)^j} - 1} e^{-\theta\left(\beta + \sum_{j=1}^{n} m_j\right)}}{B},$$

其中 B 为一与 θ 无关的项. 由上面的表达式可知, 在给定 $\boldsymbol{x}$ 的条件下, Θ 服从参数为 (α_*, β_*) 的 Γ 分布, 其中

$$\alpha_* = \alpha + \sum_{j=1}^{n} \frac{m_j x_j}{c(1+r)^j}, \quad \beta_* = \beta + \sum_{j=1}^{n} m_j.$$

又

$$\mu_{n+1}(\theta) = E[X_{n+1}|\Theta = \theta] = E\left[\frac{c(1+r)^{n+1} N_{n+1}}{m_{n+1}} \bigg| \Theta = \theta\right]$$

$$= \frac{c(1+r)^{n+1}}{m_{n+1}} E[N_{n+1}|\Theta = \theta] = c(1+r)^{n+1}\theta.$$

再利用定理 8.2.1, 贝叶斯保费为

$$E[X_{n+1}|\boldsymbol{X} = \boldsymbol{x}] = \int_0^\infty \mu_{n+1}(\theta) \pi_{\Theta|\boldsymbol{X}}(\theta|\boldsymbol{x}) \mathrm{d}\theta$$

$$= \int_0^\infty c(1+r)^{n+1} \theta \pi_{\Theta|\boldsymbol{X}}(\theta|\boldsymbol{x}) \mathrm{d}\theta$$

$$= c(1+r)^{n+1} E[\Theta | \boldsymbol{X} = \boldsymbol{x}]$$

$$= c(1+r)^{n+1} \alpha_* / \beta_*,$$

所以贝叶斯保费为 $c(1+r)^{n+1}\alpha_*/\beta_*$.

例 8.2.1 中的贝叶斯保费可以用另一种形式表示. 根据 α_*, β_* 的表达式, 以及

$$\mu_{n+1} = E(X_{n+1}) = \frac{c(1+r)^{n+1} E(N_{n+1})}{m_{n+1}}$$

$$= \frac{c(1+r)^{n+1} E(E[N_{n+1}|\Theta])}{m_{n+1}}$$

$$= c(1+r)^{n+1} E(\Theta) = c(1+r)^{n+1} \frac{\alpha}{\beta},$$

有

$$E[X_{n+1}|\boldsymbol{X}=\boldsymbol{x}] = \frac{c(1+r)^{n+1}\alpha_*}{\beta_*} = \frac{\left(\alpha + \sum_{j=1}^{n} \frac{m_j x_j}{c(1+r)^j}\right) c(1+r)^{n+1}}{\beta + \sum_{j=1}^{n} m_j}$$

$$= \frac{\alpha c(1+r)^{n+1} + \sum_{j=1}^{n} m_j x_j (1+r)^{n+1-j}}{\beta + \sum_{j=1}^{n} m_j}$$

$$= Z\bar{x} + (1-Z)\mu_{n+1},$$

其中

$$m = \sum_{j=1}^{n} m_j, \quad \bar{x} = \frac{1}{m} \sum_{j=1}^{n} (1+r)^{n+1-j} m_j x_j, \quad Z = \frac{m}{m+\beta}.$$

这里 m 表示前 n 年总风险量, $\bar{x}$ 表示考虑通货膨胀因素后的前 n 年单位风险的平均赔付额, 以第 $n+1$ 年底价格水平来计算. 这一贝叶斯保费表达式说明: 第 $n+1$ 年的预计赔付额为前 n 年平均赔付额 $\bar{x}$ 与期望 μ_{n+1} 的线性组合, $\bar{x}$ 的权重为信度因子 Z.

§8.3 信度保费

8.3.1 一般结论

一般情况下贝叶斯保费比较难于计算,本节介绍一种近似方法:使用前 n 年赔付额的线性组合 $\alpha_0 + \sum_{j=1}^{n} \alpha_j X_j$ 来逼近条件期望 $\mu_{n+1}(\Theta)$. 从下面论述可以看出,这种方法也是逼近贝叶斯保费的一种方法.

逼近准则 确定参数 $\alpha_0, \alpha_i\ (i=1,2,\cdots,n)$, 使得

$$Q = E\left(\mu_{n+1}(\Theta) - \alpha_0 - \sum_{j=1}^{n} \alpha_j X_j\right)^2$$

最小.

根据上述逼近准则得到的最优参数分别记为 $\hat{\alpha}_0, \hat{\alpha}_i (i=1,2,\cdots,n)$. 我们称 $\hat{\alpha}_0 + \sum_{j=1}^{n} \hat{\alpha}_j X_j$ 为**信度保费**. 信度保费是利用前几年赔付额的线性函数来逼近第 $n+1$ 年赔付额.

定理 8.3.1 假设 $X_1, X_2, \cdots, X_{n+1}$ 关于结构参数 Θ 条件独立, 则信度保费中的参数 $\hat{\alpha}_0, \hat{\alpha}_i\ (i=1,2,\cdots,n)$ 可由下面的等式解出:

$$E(X_{n+1}) = \hat{\alpha}_0 + \sum_{j=1}^{n} \hat{\alpha}_j E(X_j),$$

$$\operatorname{cov}(X_i, X_{n+1}) = \sum_{j=1}^{n} \hat{\alpha}_j \operatorname{cov}(X_i, X_j), \quad i=1,2,\cdots,n.$$

证明 由偏导数

$$\frac{\partial Q}{\partial \alpha_0} = -2E\left(\mu_{n+1}(\Theta) - \alpha_0 - \sum_{j=1}^{n} \alpha_j X_j\right) = 0$$

解得

$$E(\mu_{n+1}(\Theta)) = \hat{\alpha}_0 + \sum_{j=1}^{n} \hat{\alpha}_j E(X_j).$$

所以有
$$E(X_{n+1}) = E(E[X_{n+1}|\Theta]) = E(\mu_{n+1}(\Theta)) = \hat{\alpha}_0 + \sum_{j=1}^{n} \hat{\alpha}_j E(X_j)$$

成立. 再由
$$\frac{\partial Q}{\partial \alpha_i} = -2E\left\{\left(\mu_{n+1}(\Theta) - \alpha_0 - \sum_{j=1}^{n} \alpha_j X_j\right) X_i\right\} = 0, \quad i = 1, 2, \cdots, n$$

得到
$$E[\mu_{n+1}(\Theta) X_i] = \hat{\alpha}_0 E(X_i) + \sum_{j=1}^{n} \hat{\alpha}_j E(X_i X_j),$$

进而有
$$\begin{aligned}
E(X_i X_{n+1}) &= E(E[X_{n+1} X_i | \Theta]) \\
&= E(E[X_i|\Theta] E[X_{n+1}|\Theta]) \\
&= E(\mu_{n+1}(\Theta) E[X_i \mid \Theta]) \\
&= E(E[\mu_{n+1}(\Theta) X_i|\Theta]) \\
&= E[X_i \mu_{n+1}(\Theta)] \\
&= \hat{\alpha}_0 E(X_i) + \sum_{j=1}^{n} \hat{\alpha}_j E(X_i X_j).
\end{aligned}$$

又
$$E(X_i) E(X_{n+1}) = \hat{\alpha}_0 E(X_i) + \sum_{j=1}^{n} \hat{\alpha}_j E(X_j) E(X_i).$$

上面两式相减, 得到
$$\operatorname{cov}(X_i, X_{n+1}) = \sum_{j=1}^{n} \hat{\alpha}_j \operatorname{cov}(X_i, X_j).$$

定理证毕.

请读者认真理解定理中的两个等式的含义. 第一个等式说明信度保费的期望与 X_{n+1} 的期望相同; 第二个等式是关于相关性要求, 给出最优参数应该满足的相关性条件.

推论 8.3.2 参数 $\hat{\alpha}_0, \hat{\alpha}_i$ $(i=1,2,\cdots,n)$ 也为下面问题的极小化解:

$$Q_1 = E\left(E[X_{n+1}|\boldsymbol{X}] - \alpha_0 - \sum_{j=1}^n \alpha_j X_j\right)^2$$

或

$$Q_2 = E\left(X_{n+1} - \alpha_0 - \sum_{j=1}^n \alpha_j X_j\right)^2.$$

这一推论的证明留做习题. 通过这一推论可知信度保费是对贝叶斯保费的一个最优线性估计. 较贝叶斯保费而言,信度保费更易于计算.

下面针对一些具体模型应用定理 8.3.1 计算信度保费.

定理 8.3.3 某险种各年度风险量分别记为 $m_1, m_2, \cdots$,各年度单位风险的平均赔付额分别记为 X_j $(j \geq 1)$. 假设对任意 j,有

$$E[X_j|\Theta] = \mu(\Theta)$$

及

$$\mathrm{var}\,[X_j|\Theta] = w(\Theta) + \frac{v(\Theta)}{m_j}$$

成立;并假设在给定 Θ 条件下,赔付额 $X_1, X_2, \cdots$ 条件独立. 则第 $n+1$ 年的信度保费为

$$Z\bar{X} + (1-Z)\mu,$$

其中

$$\mu = E[\mu(\Theta)], \quad a = \mathrm{var}\,(\mu(\Theta)), \quad v = E(v(\Theta)), \quad w = E(w(\Theta))$$

及

$$m^* = \sum_{j=1}^n \frac{1}{w + v/m_j}, \quad \bar{X} = \frac{1}{m^*}\sum_{j=1}^n \frac{1}{w + v/m_j} X_j,$$

信度因子

$$Z = \frac{am^*}{1+am^*}.$$

证明 根据假设,有

$$\text{var}(X_j) = E(\text{var}[X_j|\Theta]) + \text{var}(E[X_j|\Theta])$$

$$= E\left[w(\Theta) + \frac{v(\Theta)}{m_j}\right] + \text{var}(\mu(\Theta)) = w + \frac{v}{m_j} + a.$$

对 $i \neq j$,根据 X_i, X_j 关于 Θ 条件独立,知

$$\text{cov}(X_i, X_j) = E(X_i X_j) - E(X_i) E(X_j)$$

$$= E(E[X_i X_j|\Theta]) - E(X_i) E(X_j)$$

$$= E(E[X_i|\Theta] E[X_j|\Theta]) - E(E[X_i|\Theta]) E(E[X_j|\Theta])$$

$$= E(\mu(\Theta)^2) - [E(\mu(\Theta))]^2$$

$$= \text{var}(\mu(\Theta)) = a.$$

再利用定理 8.3.1,信度因子的系数满足下面的等式:

$$\mu = \hat{\alpha}_0 + \sum_{j=1}^{n} \hat{\alpha}_j \mu, \tag{1}$$

$$a = \sum_{j=1}^{n} \hat{\alpha}_j a + \hat{\alpha}_i (w + \frac{v}{m_i}), \quad i = 1, 2, \cdots, n. \tag{2}$$

根据 (2) 式推得

$$\hat{\alpha}_i = \frac{a - \sum_{j=1}^{n} \hat{\alpha}_j a}{w + v/m_i},$$

利用 (1) 式,可得

$$\hat{\alpha}_i = \frac{a - a(\mu - \hat{\alpha}_0)/\mu}{w + v/m_i} = \frac{a\hat{\alpha}_0}{\mu(w + v/m_i)},$$

再将上式代入 (1) 式,有

$$\hat{\alpha}_0 = \mu - \mu \sum_{j=1}^{n} \frac{a\hat{\alpha}_0}{\mu(w + v/m_j)} = \mu - \hat{\alpha}_0 a m^*,$$

解得
$$\hat{\alpha}_0 = \frac{\mu}{1+am^*} \quad \text{及} \quad \hat{\alpha}_i = \frac{a}{w+v/m_i}\frac{1}{1+am^*}.$$

因此，信度保费为

$$\frac{\mu}{1+am^*} + \sum_{i=1}^{n} \frac{a}{w+v/m_i}\frac{1}{1+am^*}X_i$$

$$= \frac{\mu}{1+am^*} + \frac{am^*}{1+am^*}\frac{1}{m^*}\sum_{i=1}^{n}\frac{1}{w+v/m_i}X_i$$

$$= (1-Z)\mu + Z\bar{X}.$$

定理证毕.

注意定理 8.3.3 中符号的含义. $\mu(\theta)$ 为单位风险在结构参数 $\Theta = \theta$ 条件下的期望赔付，μ 为单位风险的赔付额的期望，二者之间满足 $\mu = E(\mu(\Theta))$. 参数 v, a, w 及 $v(\theta), w(\theta)$ 是用来刻画方差的. 注意到 X_j 的方差为

$$\text{var}(X_j) = w + \frac{v}{m_j} + a,$$

其中 $a = \text{var}(\mu(\Theta))$ 是刻画参数的变化因素，而 w 和 v 满足

$$E(\text{var}[X_j|\Theta]) = w + \frac{v}{m_j}.$$

8.3.2　Bühlmann 模型

考虑每年风险量都是单位风险的情况，即 $m_j = 1$. 在结构参数 Θ 给定的情况下，各年赔付额序列 $\{X_i, i = 1, 2, \cdots\}$ 条件独立，且有相同的条件期望和条件方差，即

$$E[X_j|\Theta] = E[X_1|\Theta] \quad \text{及} \quad \text{var}[X_j|\Theta] = \text{var}[X_1|\Theta].$$

满足上述条件的模型称为 Bühlmann 模型.

对于 Bühlmann 模型，定理 8.3.3 的条件对于

$$w(\Theta) = 0, \quad v(\Theta) = \text{var}[X_1|\Theta], \quad \mu(\Theta) = E[X_1|\Theta]$$

成立. 所以有下面的定理:

定理 8.3.4 在 Bühlmann 模型下，信度保费为

$$Z\bar{X} + (1-Z)\mu,$$

其中 $\bar{X} = \dfrac{X_1 + X_2 + \cdots + X_n}{n}$, 信度因子

$$Z = \dfrac{n}{n+k},$$

这里 $k = v/a$, 其中 a 和 v 如下来确定:

$$v = E(\mathrm{var}\,[X_j|\Theta]), \quad a = \mathrm{var}\,(E[X_j|\Theta]).$$

例 8.3.1 已知在参数 Θ 给定的条件下，某单位风险保单在过去 n 年的赔付额 $\{X_i, i = 1, 2, \cdots, n\}$ 为独立同分布随机变量列，服从参数为 Θ 的泊松分布. 又 Θ 服从参数为 (α, β) 的 Γ 分布. 计算信度保费.

解 根据已知条件知 Bühlmann 模型的条件成立,

$$\mu(\Theta) = E[X_i|\Theta] = \Theta, \quad v(\Theta) = \mathrm{var}\,[X_i|\Theta] = \Theta.$$

因此对于

$$\mu = E(\mu(\Theta)) = E(\Theta) = \dfrac{\alpha}{\beta}$$

及

$$v = E(v(\Theta)) = \dfrac{\alpha}{\beta},$$

$$a = \mathrm{var}\,(\mu(\Theta)) = \mathrm{var}\,(\Theta) = \dfrac{\alpha}{\beta^2},$$

应用定理 8.3.4, 有

$$k = \dfrac{v}{a} = \beta,$$

信度因子

$$Z = \dfrac{n}{n+k} = \dfrac{n}{n+\beta},$$

因此信度保费为

$$ZX̄ + (1-Z)\mu = \frac{n}{n+\beta}\bar{X} + \frac{\beta}{n+\beta}\cdot\frac{\alpha}{\beta}.$$

8.3.3 Bühlmann-Straub 模型

已知在参数 Θ 给定的条件下，某保单过去 n 年的赔付额 $\{X_i, i = 1, 2, \cdots, n\}$ 为独立随机变量列，且满足

$$\mu(\theta) = E[X_j|\Theta = \theta], \quad \text{var}[X_j|\Theta = \theta] = \frac{v(\theta)}{m_j}.$$

上述模型称为 **Bühlmann-Straub 模型**.

记

$$m = m_1 + m_2 + \cdots + m_n,$$

应用定理 8.3.3 可以得到下面的定理:

定理 8.3.5 对于 Bühlmann-Straub 模型，信度保费为

$$Z\bar{X} + (1-Z)\mu,$$

其中

$$\bar{X} = \sum_{j=1}^{n}\frac{m_j}{m}X_j, \quad Z = \frac{m}{m+k},$$

这里

$$\mu = E[\mu(\Theta)], \quad v = E[v(\Theta)], \quad a = \text{var}(\mu(\Theta)) \quad 及 \quad k = \frac{v}{a}.$$

Bühlmann-Straub 模型是 Bühlmann 模型的推广，这一模型是有实际背景的. 考虑第 i 年有 m_i 张单位风险保单的保单组，每张保单赔付额分别记为 Y_{ij} $(j = 1, 2, \cdots, m_i)$. 假设给定 Θ 条件下，Y_{ij} $(j = 1, 2, \cdots, m_i, i = 1, 2, \cdots, n+1)$ 独立且服从相同的分布. 则 $E[Y_{ij}|\Theta]$ 及 var$[Y_{ij}|\Theta]$ 与 i, j 无关. 记

$$\mu(\Theta) = E[Y_{ij}|\Theta] \quad 及 \quad v(\Theta) = \text{var}[Y_{ij}|\Theta],$$

则对于第 i 年单位风险的平均赔付额 $X_i = \dfrac{\sum_{j=1}^{m_i} Y_{ij}}{m_i}$,有

$$\text{var}[X_i|\Theta] = \frac{\sum_{j=1}^{m_i} \text{var}[Y_{ij}|\Theta]}{m_i^2} = \frac{v(\Theta)}{m_i}.$$

序列 X_i ($i = 1, 2, \cdots, n+1$) 满足 Bühlmann-Straub 模型的条件. 当贝叶斯保费与信度保费相等时, 称其为**精确信度**.

§8.4 参数估计方法

前面介绍了信度保费中的信度因子的计算方法. 下面在 Bühlmann-Straub 模型下, 介绍各种因子的统计估计方法.

8.4.1 模型的基本假设及表示法

设共有 r 张保单. 第 i 张保单的结构参数记为 Θ_i, 过去 n_i 年的单位风险赔付额记为

$$\boldsymbol{X}_i = (X_{i1}, X_{i2}, \cdots, X_{in_i})',$$

不同年度的风险量表示为向量

$$\boldsymbol{m}_i = (m_{i1}, m_{i2}, \cdots, m_{in_i})',$$

则第 i 张保单过去 n_i 年的总风险量为

$$m_i = \sum_{j=1}^{n_i} m_{ij},$$

单位风险的平均赔付额为

$$\bar{X}_i = \frac{1}{m_i} \sum_{j=1}^{n_i} m_{ij} X_{ij}.$$

整个保单组的单位风险平均赔付额可表示为

$$\bar{X} = \frac{1}{m}\sum_{i=1}^{r} m_i \bar{X}_i = \frac{1}{m}\sum_{i=1}^{r}\sum_{j=1}^{n_i} m_{ij} X_{ij},$$

其中，总风险量 $m = \sum\limits_{j=1}^{r} m_j$.

本节我们引入如下假设：

(1) 假设各张保单相互独立，即随机向量 $\boldsymbol{X}_i$ $(i = 1, 2, \cdots, r)$ 独立；

(2) 假设各张保单对应的结构参数

$$\Theta_i, \quad i = 1, 2, \cdots, r$$

为独立同分布随机变量列，密度函数记为 $\pi(\theta_i)$ $(i = 1, 2, \cdots, r)$；

(3) 对固定的 i，在给定结构参数 Θ_i 的条件下，X_{ij} $(j = 1, 2, \cdots, n_i)$ 为独立随机变量列；

(4) 存在函数 $v(\theta)$ 和 $\mu(\theta)$，使得每张保单满足 Bühlmann-Straub 模型的假设，即有

$$E[X_{ij}|\Theta_i = \theta_i] = \mu(\theta_i) \quad \text{及} \quad \text{var}\,[X_{ij}|\Theta_i = \theta_i] = v(\theta_i)/m_{ij}$$

成立.

在前面的假设下，如上一节，记

$$\mu = E(\mu(\Theta)), \quad v = E(v(\Theta)), \quad a = \text{var}\,(\mu(\Theta)).$$

通过参数 μ, v, a，可确定第 i 张保单下一年的信度保费为

$$Z_i \bar{X}_i + (1 - Z_i)\mu,$$

其中，信度因子 $Z_i = \dfrac{m_i}{m_i + k}$，$k$ 由等式

$$k = v/a$$

来确定. 我们需要根据实际的数据对 v, a 及 μ 进行估计.

由于各保单相互独立，所以可根据各保单自身经验数据来估计 v, a 及 μ. 在 Bühlmann-Straub 模型下，各保单的经验数据中都含有

v, a 及 μ 的信息，因此将各保单的经验数据综合起来得到的 v, a 及 μ 的估计值更可靠．我们分三类方法来介绍根据总的数据来估计 v, a 及 μ 的统计方法：非参数估计方法、半参数估计方法以及参数估计方法．

8.4.2 非参数估计

在 Bühlmann-Straub 模型下，在不知道其他信息的情况下，需要给出参数 v, a 及 μ 的无偏估计．下面先介绍一个引理．

引理 (1) 第 i 张保单单位风险的平均赔付额 $\bar{X}_i$ 满足

$$\operatorname{var}(\bar{X}_i|\Theta_i) = \frac{v(\Theta_i)}{m_i}, \quad \operatorname{var}(\bar{X}_i) = a + \frac{v}{m_i}.$$

(2) 下面的分解式成立：

$$\sum_{i=1}^{r} m_i(\bar{X}_i - \bar{X})^2 = \sum_{i=1}^{r} m_i(\bar{X}_i - \mu)^2 - m(\bar{X} - \mu)^2,$$

$$\sum_{j=1}^{n_i} m_{ij}(X_{ij} - \bar{X}_i)^2 = \sum_{j=1}^{n_i} m_{ij}(X_{ij} - \mu(\Theta_i))^2 - m_i(\bar{X}_i - \mu(\Theta_i))^2.$$

证明 (1) 根据 X_{ij} ($j = 1, 2, \cdots, n_i$) 关于 Θ_i 条件独立的假设，知

$$\operatorname{var}[\bar{X}_i|\Theta_i] = \sum_{j=1}^{n_i} \left(\frac{m_{ij}}{m_i}\right)^2 \operatorname{var}[X_{ij}|\Theta_i]$$

$$= \sum_{j=1}^{n_i} \left(\frac{m_{ij}}{m_i}\right)^2 \frac{v(\Theta_i)}{m_{ij}} = \frac{v(\Theta_i)}{m_i},$$

所以有

$$\operatorname{var}(\bar{X}_i) = \operatorname{var}(E[\bar{X}_i|\Theta_i]) + E(\operatorname{var}[\bar{X}_i|\Theta_i])$$

$$= \operatorname{var}(\mu(\Theta_i)) + \frac{E(v(\Theta_i))}{m_i} = a + \frac{v}{m_i}.$$

(2) 经过分解可以验证，这里略去证明．

定理 8.4.1 在 μ, v, a 未知的情况下，有

(1) 统计量

$$\hat{\mu} = \bar{X} = \frac{1}{m} \sum_{i=1}^{r} \sum_{j=1}^{n_i} m_{ij} X_{ij}$$

为 μ 的无偏估计；

(2) 当 $\sum_{i=1}^{r}(n_i - 1) > 0$ 时，

$$\hat{v} = \frac{\sum_{i=1}^{r} \sum_{j=1}^{n_i} m_{ij}(X_{ij} - \bar{X}_i)^2}{\sum_{i=1}^{r}(n_i - 1)}$$

为 v 的无偏估计；

(3) 当 $r > 1$ 时，

$$\hat{a} = \frac{\sum_{i=1}^{r} m_i(\bar{X}_i - \bar{X})^2 - \hat{v}(r - 1)}{m - \sum_{i=1}^{r} m_i^2/m}$$

为 a 的无偏估计.

证明 (1) 先证明 $\hat{\mu}$ 是 μ 的无偏估计. 根据假设，有

$$E[\bar{X}_i | \Theta_i] = \sum_{j=1}^{n_i} \frac{m_{ij}}{m_i} E[X_{ij} | \Theta_i] = \sum_{j=1}^{n_i} \frac{m_{ij}}{m_i} \mu(\Theta_i) = \mu(\Theta_i),$$

两边取期望，得到

$$E(\bar{X}_i) = E(\mu(\Theta_i)) = \mu.$$

因此有

$$E(\hat{\mu}) = \sum_{j=1}^{r} \frac{m_i}{m} E(\bar{X}_i) = \mu,$$

即 $\hat{\mu}$ 是 μ 的无偏估计

(2) 根据模型假设及本节引理，有

$$E[(X_{ij} - \mu(\Theta_i))^2 | \Theta_i] = \text{var}\,[X_{ij} | \Theta_i] = \frac{v(\Theta_i)}{m_{ij}}$$

及
$$E[(\bar{X}_i - \mu(\Theta_i))^2|\Theta_i] = \text{var}[\bar{X}_i|\Theta_i] = \frac{v(\Theta_i)}{m_i}.$$

对于
$$\hat{v}_i = \frac{\sum\limits_{j=1}^{n_i} m_{ij}(X_{ij} - \bar{X}_i)^2}{n_i - 1},$$

有
$$E[\hat{v}_i|\Theta_i] = E\left[\frac{\sum\limits_{j=1}^{n_i} m_{ij}(X_{ij} - \bar{X}_i)^2}{n_i - 1}\bigg|\Theta_i\right]$$
$$= E\left[\frac{\sum\limits_{j=1}^{n_i} m_{ij}(X_{ij} - \mu(\Theta_i))^2 - m_i(\bar{X}_i - \mu(\Theta_i))^2}{n_i - 1}\bigg|\Theta_i\right]$$
$$= \frac{n_i v(\Theta_i) - v(\Theta_i)}{n_i - 1} = v(\Theta_i).$$

两边取数学期望，得到
$$E(\hat{v}_i) = E(v(\Theta_i)) = v.$$

再根据 $\hat{v}$ 的表达式，可推得
$$E(\hat{v}) = E\left(\frac{\sum\limits_{i=1}^{r}\sum\limits_{j=1}^{n_i} m_{ij}(X_{ij} - \bar{X}_i)^2}{\sum\limits_{i=1}^{r}(n_i - 1)}\right)$$
$$= \frac{\sum\limits_{i=1}^{r}(n_i - 1)E(\hat{v}_i)}{\sum\limits_{i=1}^{r}(n_i - 1)} = v.$$

(3) 根据本节引理，有
$$E\left[\sum_{i=1}^{r} m_i(\bar{X}_i - \bar{X})^2\right] = \sum_{i=1}^{r} m_i E(\bar{X}_i - \mu)^2 - mE(\bar{X} - \mu)^2$$

$$= \sum_{i=1}^{r} m_i \text{var}(\bar{X}_i) - m \text{var}(\bar{X})$$

$$= \sum_{i=1}^{r} m_i \left(a + \frac{v}{m_i} \right) - m \text{var}\left(\frac{\sum_{i=1}^{r} m_i \bar{X}_i}{m} \right).$$

再根据 $\bar{X}_i$ 的独立性,知

$$E\left[\sum_{i=1}^{r} m_i (\bar{X}_i - \bar{X})^2 \right] = \sum_{i=1}^{r} m_i \left(a + \frac{v}{m_i} \right) - m \frac{\sum_{i=1}^{r} m_i^2 (a + v/m_i)}{m^2}$$

$$= a \left(m - \frac{\sum_{i=1}^{r} m_i^2}{m} \right) + v(r-1).$$

由 $\hat{v}$ 为 v 的无偏估计,得到

$$E\left[\sum_{i=1}^{r} m_i (\bar{X}_i - \bar{X})^2 - \hat{v}(r-1) \right] = a \left(m - \frac{\sum_{i=1}^{r} m_i^2}{m} \right).$$

所以,$\hat{a}$ 为 a 的无偏估计. 定理证毕.

特别地,当 $n_i = n$, $m_{ij} = 1$ 时,有

$$\hat{\mu} = \frac{\sum_{i=1}^{r} \sum_{j=1}^{n} X_{ij}}{rn}, \quad \hat{v} = \frac{\sum_{i=1}^{r} \sum_{j=1}^{n} (X_{ij} - \bar{X}_i)^2}{r(n-1)}$$

及

$$\hat{a} = \frac{\sum_{i=1}^{r} n(\bar{X}_i - \bar{X})^2}{n(r-1)} - \frac{(r-1)\sum_{i=1}^{r} \sum_{j=1}^{n} (X_{ij} - \bar{X}_i)^2}{r(r-1)n(n-1)}$$

$$= \frac{\sum_{i=1}^{r} (\bar{X}_i - \bar{X})^2}{r-1} - \frac{\hat{v}}{n}.$$

当只有一张保单,即 $r = 1$ 的情况下,无法定义估计量 $\hat{a}$,所以前面介绍估计参数 a 的方法只适用于多于一张保单的情形.

例 8.4.1 某保险人有两张独立的单位风险保单,前 4 年的索赔记录在表 8.1 中给出. 在 Bühlmann 模型假设下,计算这两张保单下一年度的信度保费 (单位: 元).

表 8.1 保单在各年度的赔付额 (单位: 元)

保单	保单年度 1	保单年度 2	保单年度 3	保单年度 4
1	4	10	8	6
2	12	14	13	13

解 根据题意,知

$$r = 2, \quad n = n_1 = n_2 = 4, \quad m_{ij} = 1,$$

且有

$$\bar{X}_1 = \frac{4+10+8+6}{4} = 7, \quad \bar{X}_2 = \frac{12+14+13+13}{4} = 13,$$

$$\bar{X} = \frac{4+10+8+6+12+14+13+13}{8} = 10.$$

所以根据定理 8.4.1, μ 的无偏估计为

$$\hat{\mu} = \bar{X} = 10.$$

v 的无偏估计为

$$\hat{v} = \frac{\sum\limits_{i=1}^{2}\sum\limits_{j=1}^{4} m_{ij}(X_{ij}-\bar{X}_i)^2}{\sum\limits_{i=1}^{2}(n_i-1)}$$

$$= \frac{(4-7)^2+(10-7)^2+(8-7)^2+(6-7)^2+(12-13)^2}{2\times 3}$$

$$\quad + \frac{(14-13)^2+(13-13)^2+(13-13)^2}{2\times 3}$$

$$= \frac{11}{3}.$$

根据 $\hat{v}$ 的结果, a 的无偏估计为

$$\hat{a} = \frac{\sum_{i=1}^{2}(\bar{X}_i - \bar{X})^2}{2-1} - \frac{\hat{v}}{n}$$
$$= (7-10)^2 + (13-10)^2 - \frac{11}{12} = \frac{205}{12},$$

所以
$$\hat{k} = \frac{\hat{v}}{\hat{a}} = \frac{44}{205}.$$

根据 $\hat{k}$ 的计算结果,每张保单的信度因子为
$$\hat{Z}_1 = \hat{Z}_2 = \frac{n_i}{n_i + \hat{k}} = \frac{4}{4 + 44/205} = \frac{205}{216}.$$

故第 1 张保单下一年度的信度保费为
$$\frac{205}{216} \times 7 + \frac{11}{216} \times 10 = \frac{515}{72};$$

第 2 张保单下一年度的信度保费为
$$\frac{205}{216} \times 13 + \frac{11}{216} \times 10 = \frac{925}{72}.$$

下面给出利用 Bühlmann-Straub 模型来计算的例子.

例 8.4.2 某保险公司有两组保单. 已知:

(1) 在每组内,给定结构参数 Θ 的条件下各张保单的赔付额是条件独立且分布相同. 若两组结构参数取相同值,则各张保单赔付额的条件分布相同;

(2) 两组结构参数的分布相同;

(3) 两组保单是相互独立的.

前三年索赔记录及第 4 年的保单数目如下表:

	年份 1	年份 2	年份 3	年份 4
第 1 组总赔付额 (元)	8000	11000	15000	
第 1 组保单数目	40	50	70	75
第 2 组总赔付额 (元)	20000	24000	19000	
第 2 组保单数目	100	120	115	95

计算第 4 年的信度保费.

解 根据题中假设,知 $r = 2$. 令 x_{ij} 表示第 i 保单组在第 j 个年度的单位风险的平均赔付额,则有 $n_1 = n_2 = 3$. 下面分四步考虑:

(1) 第 1 组保单:各年度单位风险的平均赔付额分别为

$$x_{11} = \frac{8000}{40} \text{元} = 200 \text{元},$$

$$x_{12} = \frac{11000}{50} \text{元} = 220 \text{元},$$

$$x_{13} = \frac{15000}{70} \text{元} = 214.29 \text{元}.$$

各年度的风险量分别为

$$m_{11} = 40, \quad m_{12} = 50, \quad m_{13} = 70.$$

因此第 1 组前三年的总风险量 $m_1 = 40 + 50 + 70 = 160$,单位风险的平均赔付额为

$$\bar{x}_1 = \frac{8000 + 11000 + 15000}{160} \text{元} = 212.50 \text{元}.$$

(2) 第 2 组保单:各年度单位风险的平均赔付额分别为

$$x_{21} = \frac{20000}{100} \text{元} = 200 \text{元},$$

$$x_{22} = \frac{24000}{120} \text{元} = 200 \text{元},$$

$$x_{23} = \frac{19000}{115} \text{元} = 165.22 \text{元}.$$

各年度的风险量分别为

$$m_{21} = 100, \quad m_{22} = 120, \quad m_{23} = 115.$$

因此第 2 组前三年的总风险量 $m_2 = 100 + 120 + 115 = 335$,单位风险的平均赔付额为

$$\bar{x}_2 = \frac{20000 + 24000 + 19000}{335} \text{元} = 188.06 \text{元}.$$

(3) 参数估计: μ 的无偏估计为

$$\widehat{\mu} = \overline{x} = \frac{8000 + 11000 + 15000 + 20000 + 24000 + 19000}{160 + 335} = 195.96;$$

v 的无偏估计为

$$\widehat{v} = \frac{1}{3-1+3-1}[40 \times (200 - 212.50)^2 + 50 \times (220 - 212.50)^2$$
$$+ 70 \times (214.29 - 212.50)^2 + 100 \times (200 - 188.06)^2$$
$$+ 120 \times (200 - 188.06)^2 + 115 \times (165.22 - 188.06)^2]$$
$$= 25161.$$

进一步, a 的无偏估计为

$$\widehat{a} = \frac{1}{495 - (160^2 + 335^2)/495}$$
$$\times [160 \times (212.50 - 195.96)^2 + 335 \times (188.06 - 195.96)^2$$
$$- (2-1) \times 25161] = 182.48.$$

(4) 信度保费的计算: 第 1 组保单的信度因子为

$$Z_1 = \frac{160}{160 + 25161/182.48} = 0.537,$$

所以信度保费为

$$75 \times [(1 - 0.537) \times 195.96 + 0.537 \times 212.50] \text{元} = 15363 \text{元};$$

第 2 组保单的信度因子为

$$Z_2 = \frac{335}{335 + 25161/182.48} = 0.708,$$

所以信度保费为

$$95 \times [(1 - 0.708) \times 195.96 + 0.708 \times 188.06] \text{元} = 18085 \text{元}.$$

解毕.

在有些情况下期望 μ 已知, 这时可以构造新的关于 a 的无偏估计量, 并且这种方法对 $r = 1$ 的情况也适用.

定理 8.4.2 在 μ 已知的情况下,
$$\tilde{a} = \sum_{i=1}^{r} \frac{m_i}{m}(\bar{X}_i - \mu)^2 - \frac{r}{m}\hat{v}$$
为 a 的无偏估计.

证明 根据定理 8.4.1, 由于 $\hat{v}$ 为 v 的无偏估计, 所以
$$E(\tilde{a}) = \sum_{i=1}^{r} \frac{m_i}{m} E(\bar{X}_i - \mu)^2 - \frac{r}{m}v$$
$$= \sum_{i=1}^{r} \frac{m_i}{m} \operatorname{var}(\bar{X}_i) - \frac{r}{m}v$$
$$= \sum_{i=1}^{r} \frac{m_i}{m}\left(a + \frac{v}{m_i}\right) - \frac{r}{m}v$$
$$= a.$$

定理证毕.

例 8.4.3 对于一团体保单, 数据由表 8.2 给出. 已知在费率表中团体内每张保单的保费为 500 元. 假设各张保单的结构参数相同, 计算第 3 年总的信度保费 (单位: 元).

表 8.2 在各年度的赔付额

	第 1 年	第 2 年	第 3 年
总赔付额 (元)	60000	70000	
团体的总风险量	125	150	200

解 根据题中给出的条件, $r = 1$, $n_1 = 2$. 则有
$$m_{11} = 125, \quad X_{11} = 60000/125 = 480,$$
$$m_{12} = 150, \quad X_{12} = 70000/150 = 466.67,$$
及
$$\bar{X}_1 = \frac{60000 + 70000}{125 + 150} = 472.73, \quad m_1 = 125 + 150 = 275.$$

可以得到

$$\hat{v}_1 = \frac{\sum_{j=1}^{n_1} m_{1j}(X_{1j} - \bar{X}_1)^2}{n_1 - 1}$$

$$= \frac{125(480 - 472.73)^2 + 150(466.67 - 472.73)^2}{2 - 1} = 12115.15,$$

由于 $\mu = 500$ 已知,所以根据定理 8.4.2 可以得到 a 的估计

$$\tilde{a}_1 = (472.73 - 500)^2 - \frac{12115.15}{275} = 699.60.$$

所以

$$k = \frac{\hat{v}_1}{\tilde{a}_1} = \frac{12115.15}{699.60} = 17.32,$$

信度因子

$$Z = \frac{275}{275 + 17.32} = 0.94.$$

因此,每张保单的信度保费为

$$(0.94 \times 472.73 + 0.06 \times 500) \text{元} = 474.37 \text{元}.$$

第 3 年总信度保费为

$$200 \times 474.37 \text{元} = 94874 \text{元}.$$

根据过去经验数据,过去总赔付额为

$$\text{TL} = \sum_{i=1}^{r} m_i \bar{X}_i.$$

记 μ 的估计值为 μ^*. 如果过去的保费也按照前面确定的信度保费收取,则应收取的总保费为

$$\text{TP} = \sum_{i=1}^{r} m_i [\hat{Z}_i \bar{X}_i + (1 - \hat{Z}_i)\mu^*].$$

整理得到

$$\mathrm{TP} = \sum_{i=1}^{r} m_i \bar{X}_i + \sum_{i=1}^{r} m_i[(1-\hat{Z}_i)(\mu^* - \bar{X}_i)]$$

$$= \sum_{i=1}^{r} m_i \bar{X}_i + \sum_{i=1}^{r} m_i \frac{\hat{k}}{m_i+\hat{k}}(\mu^* - \bar{X}_i)$$

$$= \mathrm{TL} + \sum_{i=1}^{r} m_i \frac{\hat{k}}{m_i+\hat{k}}(\mu^* - \bar{X}_i).$$

如果要求过去的总信度保费等于过去的总赔付额, 即

$$\mathrm{TL} = \mathrm{TP},$$

则应有

$$\sum_{i=1}^{r} \frac{m_i}{m_i+\hat{k}}(\mu^* - \bar{X}_i) = 0,$$

从中可计算得到 μ 的估计

$$\mu^* = \frac{\sum\limits_{i=1}^{r} \hat{Z}_i \bar{X}_i}{\sum\limits_{i=1}^{r} \hat{Z}_i}.$$

这里 $\hat{Z}_i = \frac{m_i}{m_i + \hat{v}/\hat{a}}$. 注意到 μ^* 是根据 $\bar{X}_i$ 的加权平均得到的, 权重为信度因子 $\hat{Z}_i$, 因此这种估计 μ 的方法称为**信度加权平均法**.

8.4.3 半参数估计

前面介绍了各种无偏估计的方法. 如果知道其他信息, 则可以更简单地得到各估计量. 下面通过例子来说明.

在这里, 假设赔付额 X_{ij} 的条件密度函数 $f_{X_{ij}|\Theta_i}(x_{ij}|\theta_i)$ 已知, 但结构变量 Θ_i 的密度函数 $\pi(\theta_i)$ 未知. 这种模型, 我们称之为半参数模型; 若 $\pi(\theta_i)$ 已知, 则称之为参数模型.

例 8.4.4 一车险过去一年的索赔记录在表 8.3 中列出. 各张保单的结构参数的分布相同. 每张保单在给定该保单结构参数 Θ_i 的条

件下, 赔案数目服从参数为 Θ_i 的泊松分布. 利用信度理论来计算下一年的索赔频率. (假设各张保单相互独立.)

表 8.3 实际索赔数据

赔案数目	0	1	2	3	4	总计
保单数目	1563	271	32	7	2	1875

解 根据给出的数据, 可计算平均赔案数目

$$\bar{X} = 0.194.$$

第 i 个保单持有者的赔案数目 X_{i1} 的方差为

$$\begin{aligned}\mathrm{var}(X_{i1}) &= E(\mathrm{var}[X_{i1}|\Theta_i]) + \mathrm{var}(E[X_{i1}|\Theta_i]) \\ &= E(\Theta_i) + \mathrm{var}(\Theta_i) = \mu + a,\end{aligned}$$

再利用 $\mathrm{var}(X_{i1}) = v + a$, 知 $v = \mu$. 由 $\mu + a$ 的无偏估计为

$$\frac{\sum_{i=1}^{1875}(X_{i1} - \bar{X})^2}{1874} = 0.226,$$

μ 的无偏估计为 $\bar{X} = 0.194$, 所以可得到 a 的无偏估计

$$\hat{a} = 0.226 - 0.194 = 0.032$$

及 $\hat{v} = \hat{\mu} = 0.194$. 因此有

$$\hat{k} = \frac{\hat{v}}{\hat{a}} = \frac{0.194}{0.032} = 6.06.$$

所以, 第 i 张保单的信度因子为

$$\hat{Z}_i = \frac{1}{1 + 6.06} = 0.14,$$

下一年的索赔频率为

$$\hat{Z}_i X_{i1} + (1 - \hat{Z}_i)\hat{\mu} = 0.14 X_{i1} + 0.86 \times 0.194 = 0.14 X_{i1} + 0.16684.$$

8.4.4 参数估计

下面假设 $f_{X_{ij}|\Theta_i}(x_{ij}|\theta_i)$ 及 $\pi(\theta_i)$ 已知, 可利用最大似然估计来估计 μ, v, a.

例 8.4.5 给定
$$n_i = n, \quad m_{ij} = 1$$
及
$$X_{ij}|\Theta_i \sim N(\Theta_i, b), \quad \Theta_i \sim N(d, c),$$
其中 b, c, d 为未知常数. 求出参数 μ, v, a 的最大似然估计.

解 根据已知的条件, 有
$$\mu(\theta_i) = E[X_{ij}|\Theta_i = \theta_i] = \theta_i,$$
$$v(\theta_i) = \text{var}[X_{ij}|\Theta_i = \theta_i] = b.$$
所以
$$\mu = E[\mu(\Theta_i)] = E(\Theta_i) = d,$$
$$v = E[v(\Theta_i)] = b,$$
$$a = \text{var}[\mu(\Theta_i)] = c.$$
可以利用统计方法得到 μ, v, a 的最大似然估计, 结果为
$$\hat{\mu} = \frac{\sum\limits_{i=1}^{r}\sum\limits_{j=1}^{n} X_{ij}}{rn},$$
$$\hat{v} = \frac{\sum\limits_{i=1}^{r}\sum\limits_{j=1}^{n} (X_{ij} - \bar{X}_i)^2}{r(n-1)}$$
及
$$\hat{a} = \frac{\sum\limits_{i=1}^{r} (\bar{X}_i - \bar{X})^2}{r} - \frac{\sum\limits_{i=1}^{r}\sum\limits_{j=1}^{n} (X_{ij} - \bar{X}_i)^2}{rn(n-1)}.$$
详细验算过程留做习题.

习 题

1. 在给定参数 $\Theta = \theta$ 的条件下，前 n 年的赔付额序列 $\{X_i, i = 1, 2, \cdots, n\}$ 相互独立，密度函数为 $f(x|\theta) = \theta^2 x e^{-\theta x}$ $(x > 0)$. Θ 的密度函数为 $\pi(\theta) = \theta e^{-\theta}$ $(\theta > 0)$. 计算贝叶斯保费 $E[X_{n+1}|\boldsymbol{X} = (x_1, x_2, \cdots, x_n)]$ 及净保费 $E(X_{n+1})$.

2. 给出三个阶段的赔付额 X_1, X_2, X_3. 已知

$E(X_1) = 1$, $\text{var}(X_1) = 1$, $E(X_2) = 2$, $\text{var}(X_2) = 2$, $E(X_3) = 4$,
$\text{cov}(X_1, X_2) = 1$, $\text{cov}(X_1, X_3) = 2$, $\text{cov}(X_2, X_3) = 3$.

确定第三个阶段的信度保费.

3. 在参数 $\Theta = \theta$ 下，各年的总赔付额相互独立且服从相同的分布，密度函数为 $f(x|\theta) = \theta^2 x e^{-\theta x}$ $(x > 0)$. 参数 Θ 的密度函数为

$$\pi(\theta) = \frac{1}{2}\theta^2 e^{-\theta}, \quad \theta > 0.$$

(1) 在已知前 6 年索赔数据的情况下，计算信度保费中的 $\hat{\alpha}_0$;
(2) 在前 n 年信息已知的情况下，计算信度因子 Z.

4. 在给定 Θ 的条件下，$\{X_j, j \geq 1\}$ 为独立同分布序列，密度函数为

$$f_{X_j|\Theta}(x_j|\theta) = \frac{e^{-\theta x_j} p(x_j)}{q(\theta)}, \quad \theta > 0.$$

已知 Θ 有密度函数

$$\pi(\theta) = \frac{q(\theta)^{-k} e^{-bk\theta}}{c(b, k)}, \quad \theta_0 < \theta < \theta_1,$$

其中参数 $-\infty < \theta_0 < \theta_1 < \infty$, k 为给定的参数，且

$$\pi(\theta_0) = \pi(\theta_1).$$

证明：此种情况满足精确信度.

5. 证明例 8.4.5 中给出的统计量 $\hat{v}, \hat{a}, \hat{\mu}$ 为 v, a, μ 的最大似然估计.

6. 假设有两种类型的保单持有者：类型 A 和类型 B，类型 A 的保单数目占 2/3, 类型 B 的保单数目占 1/3. 每一类型的信息如下表：

类型	赔案数目的期望	赔案数目的方差	个体赔付额的期望	个体赔付额的方差
A	0.2	0.2	200 元	4000
B	0.7	0.3	100 元	1500

某保单持有者过去四年的总赔付额为 500 元. 确定其下一年的信度保费.

7. 对某一个险种, Θ_1 代表理赔次数的结构参数, Θ_2 代表个体赔付额的结构参数. 假设 Θ_1 和 Θ_2 相互独立. 在给定 Θ_1 条件下赔案数目 N 服从泊松分布, 给定 Θ_2 条件下个体赔付额 Y 服从指数分布, 并且 Y 和 N 独立. 已知

$$E(N) = 0.1, \quad E\{\mathrm{var}(N|\Theta_1)\} = 0.1,$$
$$\mathrm{var}\,(E[N|\Theta_1]) = 0.05, \quad E(Y) = 100,$$
$$E\{\mathrm{var}\,(Y|\Theta_2)\} = 25000.$$

某被保险人本年度的总赔付额为 200 元, 确定该被保险人下一年的信度保费.

8. 在给定 Θ 的条件下, $X_1, X_2, \cdots, X_n$ 为相互独立的赔付额序列, 且

$$E(X_j|\Theta) = \beta_j \mu(\Theta), \quad \mathrm{var}\,(X_j|\Theta) = \tau_j(\Theta) + \psi_j v(\Theta), \quad j = 1, 2, \cdots, n.$$

令

$$\mu = E[\mu(\Theta)], \quad v = E[v(\Theta)], \quad \tau_j = E[\tau_j(\Theta)], \quad a = \mathrm{var}\,(\mu(\Theta)).$$

(1) 证明:

$$E(X_j) = \beta_j \mu, \quad \mathrm{var}\,(X_j) = \tau_j + \psi_j v + \beta_j^2 a$$

及

$$\mathrm{cov}(X_i, X_j) = \beta_i \beta_j a, \quad i \neq j;$$

(2) 给出信度因子的表示式.

9. 在 $\Theta = \theta$ 给定的条件下, $X_1, X_2, \cdots, X_n$ 为相互独立的赔付额序列, 服从期望为 θ 的泊松分布.

(1) 定义 $S = X_1 + X_2 + \cdots + X_n$, 证明 S 的概率函数为

$$f_S(x) = \int_0^\infty \frac{(n\theta)^x e^{-n\theta}}{x!} \pi(\theta) d\theta, \quad x = 0, 1, 2, \cdots,$$

其中 $\pi(\theta)$ 为 Θ 的概率密度函数;

(2) 证明贝叶斯保费为

$$E(X_{n+1}|X_1 = x_1, \cdots, X_n = x_n) = \frac{s+1}{n} \frac{f_S(s+1)}{f_S(s)},$$

其中

$$s = \sum_{j=1}^n x_j;$$

(3) 当 $\pi(\theta)$ 为 Γ 分布的密度函数时, 计算 S 的分布函数.

10. 给定 Θ 条件下, 赔付额序列 $X_j \sim N(\Theta, d)$ $(j = 1, 2, \cdots, n+1)$. 并且 $\Theta \sim N(b, c)$. 给定前 n 年赔付额 $X_j (j = 1, 2, \cdots, n)$ 的条件下, 计算下一年的贝叶斯保费和 Bühlmann 信度保费.

11. 在参数 $\Lambda = \lambda$ 下, 赔案数目服从参数为 λ 的泊松分布. 而参数 Λ 服从 (1,3) 上的均匀分布. 假设被保险人在第 1 年有一笔索赔发生, 分别使用信度保费及贝叶斯保费方法估计第 2 年的赔案数目.

12. 用 X_1 和 X_2 表示相继的赔付额, 根据下表给出的对于条件期望 $E(X_2|X_1 = T)$ 的信度保费逼近及贝叶斯保费计算结果计算

$$E(X_2|X_1 = 12).$$

赔付额 T	$P(X_1 = T)$	信度保费逼近	贝叶斯保费
1	1/3	2.72	3.6
8	1/3	7.71	7.8
12	1/3	10.57	

13. 已知:

(1) 给定 M 的条件下，被保险人的赔案数目 N 服从期望为 M 的泊松分布；

(2) 给定 Λ 的条件下，每笔赔付额 X 的密度函数为
$$f_{X|\Lambda}(x|\lambda) = \frac{1}{\lambda}e^{-x\lambda}, \quad x, \lambda > 0;$$

(3) M 和 Λ 彼此独立，N 和 X 独立；

(4) 给定
$$E(M) = 0.10, \quad \text{var}(M) = 0.0025$$
及
$$E(\Lambda) = 1000, \quad \text{var}(\Lambda) = 640000.$$

计算 $E(\text{var}(X|\Lambda))$ 及 $\text{var}(E[X|\Lambda])$。

14. 用 $\boldsymbol{X}$ 表示过去赔付额序列向量，X_{n+1} 表示下一个观测值。

(1) 证明：对于函数 g，
$$E\{[X_{n+1} - g(\boldsymbol{X})]^2\} = E\{[X_{n+1} - E(X_{n+1}|\boldsymbol{X})]^2\}$$
$$+ E\{[E(X_{n+1}|\boldsymbol{X}) - g(\boldsymbol{X})]^2\};$$

(2) 考虑选择 g，使得 $E\{[X_{n+1} - g(\boldsymbol{X})]^2\}$ 最小。求 $g(X)$；

(3) 考虑所有的线性函数 g，使得 $E\{[X_{n+1} - g(\boldsymbol{X})]^2\}$ 最小。求使其达到最小值的 $g(\boldsymbol{X})$。

15. 在给定 Θ 的条件下，$X_1, \cdots, X_n$ 相互独立，概率密度函数为
$$f_{X_j|\Theta}(x_j|\theta) = \frac{1}{1+\theta}\left(\frac{\theta}{1+\theta}\right)^{x_j}, \quad x_j = 0, 1, 2, \cdots$$

证明在 Bühlmann 模型中，
$$\mu(\theta) = \theta, \quad v(\theta) = \theta(1+\theta)$$
及
$$a = v - \mu - \mu^2.$$

16. 某机动车辆险保单组本年度的赔案数目及保单数目在下表中给出：

赔案数目	0	1	2	3	4	总计
保单数目	2500	250	30	5	2	2787

假设在保单组的结构参数 $\Theta = \theta$ 给定的条件下，每个保单的赔案数目服从参数为 θ 的泊松分布，每次索赔赔偿一个单位. 计算每张保单下一年的信度保费.

17. 假设

$$P(m_{ij}X_{ij} = t_{ij}|\Theta_i = \theta_i) = \frac{(m_{ij}\theta_i)^{t_{ij}}e^{-m_{ij}\theta_i}}{t_{ij}!}$$

及

$$\pi(\theta_i) = \frac{1}{d}e^{-\theta_i/d}, \quad \theta_i > 0.$$

对于 Bühlmann-Straub 数据，给出 d 的最大似然估计 $\hat{d}$.

第九章 NCD 系统

§9.1 NCD 系统简介

汽车保险中的第三者责任险是承保被保险人或其允许的合格驾驶员在使用投保车辆过程中发生意外事故，致使第三者遭受人身伤亡或财产的直接损毁，依法应当由被保险人承担经济赔偿责任. 在汽车保险中，为了对第三者责任险的被保险人加以区别，许多国家的费率系统采用一些分类方法，如根据年龄、性别、居住地区或汽车种类等特征来划分. 引入这些变量的目的是将同类风险被保险人分列在同一组，并收取相同保费.

即使在同一组保单中，不同被保险人的驾驶行为和个人能力也有所区别. 因此，在保险实务中往往根据每个被保险人索赔记录对其未来的保费进行调整，对有赔案的保单增收保险费，而对无赔案的保单降低保费，从而鼓励驾驶员安全驾驶，同时可以更合理评价被保险人的风险.

NCD 系统又称为无赔款优待系统，按照如下方式定义：

(1) 被保险人被分为若干级别，每个级别用 C_i 表示 $(i = 1, 2 \cdots, S)$，其中 S 表示级别总数；

(2) 每年收取的保费只依赖于被保险人所处的风险级别；

(3) 下一保险期被保险人所处级别由其现在所处级别和本期赔案数目唯一确定.

具体地说，NCD 系统由如下三个因素所确定：

(1) 各个级别的保费水平 b_i $(i = 1, 2, \cdots, S)$；

(2) 初始级别 C_i；

(3) 转移规则，即由当年发生的赔案数目来确定下年所处级别的规则.

转移规则由保单的赔案数目确定,与每笔赔案的赔付额无关.表 9.1 给出意大利 1991 年的 NCD 系统,表中保费的单位为元.该 NCD 系统开始投保时的初始级别为级别 14.当年发生的第 1 笔赔案会导致下一年保费提升 2 个级别,发生的第 2 笔赔案及以后的赔案每笔会导致保费提升 3 个级别.如果当年无赔案发生,下一年奖励一个保费级别.如,本年度处于级别 10 的一张保单,如果本年度总共发生 1 笔赔案,则下一年保费调高到级别 12 级,保费为 94 元;如果本年度总计发生 2 笔赔案,则下一年保费调高到级别 15;如果本年度的赔案数目超过 2 笔,则下一年调高到最高级别,缴纳保费 200 元;如果本年度无赔案发生,则下一个年度保费调低至级别 9 (保费 78 元).

表 9.1 意大利 1991 年 NCD 系统:下一年所处的保费级别

级别	保费	赔案数目 0	赔案数目 1	赔案数目 2	赔案数目 3	赔案数目 4
18	200	17	18	18	18	18
17	175	16	18	18	18	18
16	150	15	18	18	18	18
15	130	14	17	18	18	18
14	115	13	16	18	18	18
13	100	12	15	18	18	18
12	94	11	14	17	18	18
11	88	10	13	16	18	18
10	82	9	12	15	18	18
9	78	8	11	14	17	18
8	74	7	10	13	16	18
7	70	6	9	12	15	18
6	66	5	8	11	14	17
5	62	4	7	10	13	16
4	59	3	6	9	12	15
3	56	2	5	8	11	14
2	53	1	4	7	10	13
1	50	1	3	6	9	12

§9.2 索赔临界值

当保险事故发生后, 被保险人需要根据具体的损失额以及提出索赔对后续年保费的影响综合考虑是否提出索赔. 若被保险人提出索赔, 其后果是保险人要调高被保险人未来所缴纳的保费; 若被保险人不提出索赔, 在未来缴纳保费时则可以享受较高的保费折扣, 但被保险人需要自己承担损失. 对被保险人, 损失额超过多少时才应提出索赔? 下面通过几个例子来说明索赔临界值的确定方法.

例 9.2.1 一个 NCD 系统有三个折扣级别: 0%, 30%, 50%, 即有三个保费水平: 全额保费, 折扣级别 30% (即缴纳全额保费的 70%), 折扣级别 50% (即缴纳全额保费的 50%). 若在本年度无索赔发生, 则下一年度保费调高一个折扣级别 (若本年度已在最高折扣级别, 则停留在最高折扣级别), 即享受一个折扣级别的优惠. 若发生一笔索赔, 则下一年按全额保费来缴纳. 假设全额保费为 100 元. 对于本年度发生的 1 笔损失, 对被保险人来说损失额多大时才值得索赔? (假设被保险人本年度只发生一笔损失, 并假设在未来考虑的时间段内无损失发生. 被保险人考虑这一索赔行动对未来影响的时间段分别为 1 年、2 年和 3 年.)

解 考虑现在处于不打折级别的保单, 全额保费为 100 元. 依据提出索赔对未来考虑时间段应缴纳保费的影响, 被保险人确定是否提出索赔. 若被保险人提出索赔, 下一年保费仍为 100 元; 根据假设下一年无损失发生, 所以接下来第 2 年保费调到折扣级别 30%, 保费水平为 70 元; 第 2 年无损失发生, 所以接下来第 3 年保费调到折扣级别 50%, 保费为 50 元. 反之, 如果本年度不提出索赔, 下一年保费为 70 元, 第 2 年保费为 50 元, 第 3 年保费维持在最低的折扣级别 50%, 保费为 50 元. 根据上面的分析, 索赔和不索赔导致未来第 1 年保费差额 $(100-70)$ 元 $= 30$ 元, 第 2 年保费差额 $(70-50)$ 元 $= 20$ 元, 第 3 年保费差额 $(50-50)$ 元 $= 0$ 元. 因此未来考虑 1 年、2 年和 3 年时间, 索赔和不索赔所导致的累计保费差额分别为 30 元、30 元 +

20 元 = 50 元、(30 + 20 + 0) 元 = 50 元.

下表 9.2 给出各种情况下的保费. 表 9.2 说明: 若考虑未来时间段为 3 年的时间, 则对于处于全额保费级别的保单, 索赔临界值为 50 元, 即当一笔损失额超过 50 元时才值得去索赔, 如果损失额低于 50 元则不值得去索赔.

表 9.2 未来的保费及差额 (单位: 元)

未来年度	是否索赔的保费	折扣级别 0%	折扣级别 30%	折扣级别 50%
第1年	本年度索赔	100	100	100
	本年度不索赔	70	50	50
	索赔与不索赔的保费差	100-70=30	100-50=50	100-50=50
第2年	本年度索赔	70	70	70
	本年度不索赔	50	50	50
	索赔与不索赔的保费差	20	20	20
	累计保费差	30+20=50	50+20=70	50+20=70
第3年	本年度索赔	50	50	50
	本年度不索赔	50	50	50
	索赔与不索赔的保费差	0	0	0
	累计保费差	30+20+0=50	50+20+0=70	50+20+0=70

下面一个例子的折扣级别与前一例子相同, 但对索赔惩罚不如前一个例子严厉.

例 9.2.2 一个 NCD 系统有三个折扣级别: 0%, 30%, 50%. 若本年度无索赔发生, 则下一年度保费调高一个折扣级别或停在最高折扣级别. 本年度每发生一笔索赔时, 下一年保费便调低一个折扣级别. 假设全额保费为 100 元. 已知本年度总计发生了一笔损失, 对被保险人来说损失额度多大时才值得索赔? (假设被保险人考虑这一索赔行动对未来影响的时间段分别为 1 年、2 年和 3 年时间, 并假设在未来考虑的时间段内无损失发生.)

解 详细结果见表 9.3.

表 9.3 未来的保费及差额 (元)

未来年度	是否索赔的保费	折扣级别 0%	折扣级别 30%	折扣级别 50%
第1年	本年度索赔	100	100	70
	本年度不索赔	70	50	50
	累计保费差	100−70=30	100−50=50	70−50=20
第2年	本年度索赔	70	70	50
	本年度不索赔	50	50	50
	索赔与不索赔的保费差	20	20	0
	累计保费差	30+20=50	50+20=70	20+0=20
第3年	本年度索赔	50	50	50
	本年度不索赔	50	50	50
	索赔与不索赔的保费差	0	0	0
	累计保费差	50+0=50	70+0=70	20+0=20

§9.3 NCD 系统的转移概率

NCD 系统的转移规则可以通过转移概率来刻画. 对于有 S 个级别的系统, 级别 $i = 1, 2, \cdots, S$. 定义

$$p_{ij} = P(\text{下一年级别为 } j \mid \text{当前级别为 } i),$$

则矩阵 $\mathbf{P} = (p_{ij})_{S \times S}$ 称为 NCD 系统的**转移矩阵**.

注意到对于任意 $i \leq S$,

$$\sum_{j=1}^{S} p_{ij} = \sum_{j=1}^{S} P(\text{下一年级别为 } j \mid \text{当前级别为 } i) = 1.$$

考虑例 9.2.2 所述的 NCD 系统. 该系统有三个级别, 级别 $i = 0, 1, 2$ 分别对应折扣级别 0%, 30%, 50%. 假设赔案数目 N 服从参数为 λ 的泊松分布. 可以根据各种情况分别考虑转移概率:

(1) 对于当前状态为级别 0 的保单,有

$$p_{00} = P(N > 0) = 1 - e^{-\lambda}$$

及

$$p_{01} = P(N = 0) = e^{-\lambda}, \quad p_{02} = 0.$$

(2) 对于当前状态为级别 1 的保单,有

$$p_{10} = P(N > 0) = 1 - e^{-\lambda}$$

及

$$p_{11} = 0, \quad p_{12} = P(N = 0) = e^{-\lambda}.$$

(3) 对于当前状态为级别 2 的保单,有

$$p_{20} = P(N \geq 2) = 1 - e^{-\lambda} - \lambda e^{-\lambda}$$

及

$$p_{21} = P(N = 1) = \lambda e^{-\lambda}, \quad p_{22} = P(N = 0) = e^{-\lambda}.$$

§9.4 NCD 系统的稳定性

一个新的 NCD 系统在实施若干年后,不同折扣级别的保单比例逐渐趋于稳定. 所谓稳定系统,是指不同年度该系统各个保费级别的保单比例相同. 这方面的理论推导涉及一些随机过程理论,我们在此不做详细介绍,下面就一个例子进行讨论.

考虑例 9.2.2 的 NCD 系统. 假设有 10000 张保单,在稳定状态下处于折扣级别 $0\%, 30\%, 50\%$ 的保单数目分别记为 x_0, x_1, x_2,则

$$x_0 + x_1 + x_2 = 10000. \tag{1}$$

每张保单每年发生 n 次赔案的概率记为 $p_n, n = 0, 1, 2, \cdots$.

考虑本年度各个级别的保单数目. 全额保费级别的保单数目为 x_0,这些保单可以根据上一年所处保费级别划分为三种折扣级别: $0\%, 30\%, 50\%$. 下面就这三种情况分别讨论:

(1) 根据稳定状态假设，上一年处于折扣级别 50% 的保单数目为 x_2. 这些保单中发生至少两次赔案的保单才会在本年度处于不打折级别. 每张保单发生至少两次赔案的概率为 $1 - p_0 - p_1$, 因此这类保单对 x_0 的贡献为 $x_2(1 - p_0 - p_1)$.

(2) 在上一年处于折扣级别 30% 的保单数目为 x_1. 处于该级别的保单至少发生一次赔案才会在本年度处于全额保费水平. 发生至少一次赔案的概率为 $1 - p_0$, 所以这类保单对全额保费级别的贡献为 $x_1(1 - p_0)$.

(3) 在上一年处于全额保费级别的保单数目为 x_0. 该级别的保单至少发生一次赔案才会在本年度处于全额保费级别. 发生至少一次赔案的概率为 $1 - p_0$, 所以这类保单对全额保费级别的贡献为 $x_0(1 - p_0)$.

综合上述三种情况，有

$$x_0 = (x_0 + x_1)(1 - p_0) + x_2(1 - p_0 - p_1). \tag{2}$$

类似地考虑其他两种稳定状态，可以得到

$$x_1 = x_0 p_0 + x_2 p_1, \tag{3}$$

$$x_2 = (x_1 + x_2) p_0. \tag{4}$$

下面求解 x_0, x_1, x_2. 根据 (2) 式，可得

$$x_0 = (10000 - x_2)(1 - p_0) + x_2(1 - p_0 - p_1),$$

将 $x_2 = (x_1 + x_2)p_0 = (10000 - x_0)p_0$ 代入上式，得到

$$x_0 = 10000(1 - p_0) - (10000 - x_0)p_0 p_1,$$

从中可以解得

$$x_0 = \frac{10000(1 - p_0 - p_0 p_1)}{1 - p_0 p_1}.$$

所以有

$$x_2 = (10000 - x_0)p_0 = 1000\left(1 - \frac{1 - p_0 - p_0 p_1}{1 - p_0 p_1}\right)p_0$$

$$= \frac{10000p_0^2}{1 - p_0 p_1}.$$

将 x_0, x_2 的结果带入 (1) 式中, 得到

$$x_1 = \frac{10000p_0(1 - p_0)}{1 - p_0 p_1}.$$

例 9.4.1 在例 9.2.2 所述的 NCD 系统中, 假设每张保单赔案数目服从泊松分布. 其中的 10000 张保单其泊松参数为 $\lambda = 0.1$, 另外的 10000 张保单其泊松参数为 $\lambda = 0.2$. 计算在稳定状态下各个级别的保单数目.

解 利用前面公式计算, 得到当索赔频率为 $\lambda = 0.1$ 时, $p_0 = \mathrm{e}^{-0.1}, p_1 = \mathrm{e}^{-0.1} 0.1$. 因此,

$$x_0 = \frac{10000(1 - p_0 - p_0 p_1)}{1 - p_0 p_1} = 145,$$

$$x_2 = \frac{10000 p_0^2}{1 - p_0 p_1} = 8917,$$

所以有

$$x_1 = 10000 - 8917 - 145 = 938.$$

当索赔频率为 $\lambda = 0.2$ 时, 类似地可得

$$x_0 = 545, \quad x_1 = 1714, \quad x_2 = 7741.$$

根据前面计算结果, 在稳定状态下索赔频率为 $\lambda = 0.1$ 的保单所缴纳的保费总额为

$(145 \times 100 + 938 \times 100 \times 0.70 + 8917 \times 100 \times 0.50)$元 $= 526010$ 元,

索赔频率为 $\lambda = 0.2$ 的保单所缴纳的保费总额为

$(545 \times 100 + 1714 \times 100 \times 0.70 + 7741 \times 100 \times 0.50)$元 $= 561530$ 元.

比例为

$$526010/561530 = 0.9367.$$

一个问题是: 假设索赔频率对每笔赔付额没有影响, 则根据风险

保费的计算公式 $E(N)E(X)$, 索赔频率为 $\lambda = 0.2$ 的保单所缴纳总保费应为 $\lambda = 0.1$ 的保单所缴纳总保费的两倍. 但当 NCD 系统处于稳定状态时结果并非如此, 这说明了 NCD 系统并不能完全体现公平性.

例 9.4.2 一 NCD 系统有三个折扣级别: $0\%, 30\%, 50\%$. 若在本年度无赔案发生, 则下一年度保费调高一个折扣级别或停在最高折扣级别. 若发生赔案, 不论赔案数目如何, 下一年保费都调低一个折扣级别. 又:

(1) 全额保费为每年 300 元. 假设本年度只有一笔损失发生, 计算采取索赔行动的损失额临界值. 假设考虑未来时间段为两年时间, 且在未来两年内无损失发生.

(2) 每笔损失额服从参数为 $\mu = 6.012, \sigma^2 = 1.792$ 的对数正态分布. 给定一笔损失发生, 计算值得索赔的概率. 假设考虑未来的时间段为两年时间, 且在未来两年内无损失发生.

(3) 给定损失频率 $\lambda = 0.1$, 考虑索赔对未来影响的时间段为两年时间. 计算稳定状态下各个级别的保单比例.

解 (1) 先考虑处于全额保费级别的保单. 若本年度提出索赔, 则后续两年保费分别为 300 元和 210 元; 若不提出索赔, 则后续两年保费分别为 210 元和 150 元. 总保费差为 $(300 - 210 + 210 - 150)$ 元 $= 150$ 元. 即只有当损失额超过 150 元才值得索赔.

考虑处于折扣级别 30% 的保单. 若向保险人索赔, 则后续两年的保费分别为 300 元和 210 元; 若不索赔, 则后续两年的保费分别为 150 元和 150 元. 总保费差为 $(300 - 150 + 210 - 150)$ 元 $= 210$ 元.

考虑处于折扣级别 50% 的保单. 若向保险人索赔, 则接下来两年的保费分别为 210 元和 150 元; 若不索赔, 则接下来两年的保费分别为 150 元和 150 元. 两年总的保费差为

$$(210 - 150 + 150 - 150) 元 = 60 元.$$

(2) 根据前面的分析, 对处于全额保费级别的保单, 若损失额超过 150 元则值得索赔. 损失额超过 150 元的概率为

$$1 - \Phi\left(\frac{\ln(150) - 6.012}{\sqrt{1.792}}\right) = 0.773;$$

对处于折扣级别 30% 的保单，一笔损失值得索赔的概率为

$$1 - \Phi\left(\frac{\ln(210) - 6.012}{\sqrt{1.792}}\right) = 0.691;$$

对处于折扣级别 50% 的保单，一笔损失值得索赔的概率为

$$1 - \Phi\left(\frac{\ln(60) - 6.012}{\sqrt{1.792}}\right) = 0.923.$$

(3) 对于全额保费级别的保单，损失发生的频率为 0.1. 根据前面分析，一笔损失值得索赔的概率为 0.773，所以可以近似认为保单的索赔频率为 $0.1 \times 0.773 = 0.0773$. 假设每张保单赔案数目服从泊松分布. 没有索赔发生的概率为

$$e^{-0.0773} = 0.9256,$$

发生索赔的概率为

$$1 - 0.9256 = 0.0744.$$

对处于折扣级别 30% 的保单，损失发生的频率仍为 0.1，一笔损失值得索赔的概率为 0.691，所以保单索赔频率为 $0.1 \times 0.691 = 0.0691$. 没有索赔发生的概率为

$$e^{-0.0691} = 0.9332,$$

发生索赔的概率为

$$1 - 0.9332 = 0.0688.$$

对处于折扣级别 50% 的保单，损失发生的频率为 0.1，一笔损失值得索赔的概率为 0.923，所以保单索赔频率为 $0.1 \times 0.923 = 0.0923$. 没有索赔发生的概率为

$$e^{-0.0923} = 0.9118,$$

发生索赔的概率为

$$1 - 0.9118 = 0.0882.$$

令三个级别的保单比例分别为 x_0, x_1, x_2. 根据稳定状态的性质可得到

$$x_0 + x_1 + x_2 = 1,$$
$$x_0 = 0.0744x_0 + 0.0668x_1,$$
$$x_1 = 0.9256x_0 + 0.0882x_2,$$
$$x_2 = 0.9332x_1 + 0.9118x_2,$$

解得

$$x_0 = 0.0062, \quad x_1 = 0.0858, \quad x_2 = 0.9080.$$

§9.5 NCD 系统的稳定速度

对于一个刚开始实施的 NCD 系统, 该系统稳定速度如何? 下面通过一个数值例子来讨论, 通过考虑未来年度各折扣级别的期望保单数目, 分析 NCD 系统稳定的速度, 并与稳定状态相比较.

例 9.5.1 考虑例 9.2.2 所述的 NCD 系统. 对于 20000 张保单, 每张保单都处于全额保费级别. 假设每张保单的赔案数目服从泊松分布. 计算后续 5 年各级别保单的期望比例. 已知其中 10000 张保单的泊松参数 $\lambda = 0.1$, 另外 10000 张保单的泊松参数 $\lambda = 0.2$.

解 设在第 n 年各级别的预计保单数目分别为 $x_{n,0}, x_{n,1}, x_{n,2}$, 则有

$$x_{n,0} + x_{n,1} + x_{n,2} = 10000,$$
$$x_{n,0} = (x_{n-1,0} + x_{n-1,1})(1 - p_0) + x_{n-1,2}(1 - p_0 - p_1),$$
$$x_{n,1} = x_{n-1,0}p_0 + x_{n-1,2}p_1,$$
$$x_{n,2} = (x_{n-1,1} + x_{n-1,2})p_0,$$

初始条件为

$$x_{0,0} = 10000, \quad x_{0,1} = 0, \quad x_{0,2} = 0,$$

其中
$$p_0 = e^{-\lambda}, \quad p_1 = \lambda e^{-\lambda}.$$

计算结果见表 9.4 和表 9.5, 其中 $1, 2, \cdots, 10$ 是指未来的第 1 年末、第 2 年末、$\cdots$、第 10 年末. 从计算结果可以看出, 大约在 5 年左右系统趋于稳定.

表 9.4 $\lambda = 0.1$ 的情况

本年度的折扣级别	0	1	2	3	4	5
0%	10000	951.6	951.6	210.8	210.8	150.2
30%	0	9048.4	861.1	1601.9	931.6	992.2
50%	0	0	8187.3	8187.3	8857.6	8857.6
本年度的折扣级别	6	7	8	9	10	
0%	150.2	145.2	145.2	144.8	144.8	
30%	937.3	942.3	937.8	938.2	937.8	
50%	8912.5	8912.5	8917.0	8917.0	8917.4	

表 9.5 $\lambda = 0.2$ 的情况

本年度的折扣级别	0	1	2	3	4	5
0%	10000	1812.7	1812.7	715.1	715.1	567.9
30%	0	8187.3	1484.1	2581.7	1683.0	1830.2
50%	0	0	6703.2	6703.2	7601.9	7601.9
本年度的折扣级别	6	7	8	9	10	
0%	567.9	548.2	548.2	545.5	545.5	
30%	1709.7	1729.5	1713.3	1716.0	1713.8	
50%	7722.3	7722.3	7738.5	7738.5	7740.7	

例 9.5.1 给出了稳定状态下各个级别的保单数目. 当索赔频率为 $\lambda = 0.1$ 时, 稳定状态下各个级别的保单数目为 $x_0 = 145, x_1 = 938, x_2 = 8917$. 当索赔频率为 $\lambda = 0.2$ 时, $x_0 = 545, x_1 = 1714, x_2 = 7741$. 将理论结果与数值结果相比较, 可以发现 NCD 系统趋向稳定的速度很快.

习 题

1. 一个 NCD 系统有三个折扣级别: $0\%, 30\%, 50\%$. 如果本年度无赔案发生, 则下一年度保费调高一个折扣级别. 若发生赔案, 则下一年保费调到全额保费级别. 已知全额保费为 100 元. 假设每张保单的赔案数目服从泊松分布.

(1) 假设有 10000 张保单, 中途没有退出. 给出稳定状态下各个级别的保单数目; 并分别在索赔频率 $\lambda = 0.1$ 及 $\lambda = 0.2$ 下, 计算稳定状态下各个级别的保费;

(2) 假设在 $t = 0$ 时刻有 10000 张保单, 保单的索赔频率 $\lambda = 0.1$. 估计在 $t = 1, 2, 3$ 时刻各个级别的保单数目.

(3) 重新计算例 9.4.2 和例 9.5.1.

2. 某 NCD 系统包括 $0\%, 30\%, 40\%, 50\%, 60\%$ 五个折扣级别. 转移规则如下:

(1) 若上一年度无赔案发生, 则本年度保费调高一个折扣级别或停留在最高折扣级别;

(2) 若上一年度只有 1 笔赔案发生, 则本年度保费降低两个折扣级别或停留在全额保费级别;

(3) 若上一年度至少发生 2 笔赔案, 则本年度保费降低至全额保费级别.

试求转移概率. 假设赔案数目服从参数 $\lambda = 0.5$ 的泊松分布.

3. 在习题 2 中, 考虑进行索赔的临界值. 考虑的时间段分别为未来 n 年时间, $n = 0, 1, 2, \cdots$. 分析不同时间段临界值的变化趋势.

4. 某 NCD 系统, 折扣级别分别为 $0\%, 35\%$ 和 50%, 转移规则如下:

(1) 若上一年度无赔案发生, 则本年度保费上升一个折扣级别或停留在最高折扣级别;

(2) 若上一年度只有 1 笔赔案发生, 则本年度保费降低一个级别或停留在最低级别;

(3) 若上一年度至少发生 2 笔赔案，则本年度保费降低至最低级别.

设每张保单的赔案数目 N 服从参数为 q 的几何分布，

$$P(N=k) = (1-q)q^k, \quad k = 0, 1, 2, \cdots.$$

计算转移概率，并求稳定状态下每个折扣级别的保单的比例.

5. 某地区 NCD 系统有 6 个折扣级别：0%, 20%, 30%, 40%, 50% 和 60%，其转移规则如表 9.6 所示. 本年度没有发生索赔的概率为 p_0，发生一次索赔的概率为 p_1. 试用 p_0 和 p_1 表示本 NCD 系统的转移概率，并给出稳定分布的表达式.

表 9.6 转移规则

初始折扣级别	本年度赔案数为 0	本年度赔案数为 1	本年度赔案数 > 1
0%	20%	0%	0%
20%	30%	0%	0%
30%	40%	0%	0%
40%	50%	0%	0%
50%	60%	30%	0%
60%	60%	40%	0%

第四部分 实用精算理论

本部分具体介绍精算实务中的保费计算方法以及准备金提取方法.

被保险人缴纳的保费称为毛保费.单位风险保单所缴纳的毛保费称为毛保费率,简称费率.风险保费与费率的主要区别在于后者考虑了费用、利润等因素.保险人在确定费率过程中应注意下面几个基本目标:

(1) 费率水平应该满足保险人预计未来支付赔付及费用等.保险人的收入包括保费收入及相关的投资收入等;支出包括所有的赔付额、与索赔相关的费用、销售费用、保费课税以及各个部门的营运费用等.保险人的收入必须不低于支出,否则会给保险人的经营带来不稳定.

(2) 费率中除应包含预计的赔付及费用外,还应有足够的利润及风险附加部分以应付未来意外事件的发生.保险人应根据市场情况确定适度的附加额度,过高的附加额度会导致费率过高使得保险人失去部分顾客,而过低的附加额度会因一些意外事故的发生导致保险人亏损的可能性增大.实际操作中保险人应平衡这两方面因素.

(3) 费率系统应鼓励被保险人进行损失控制.一个好的费率系统应鼓励被保险人主动降低损失发生的可能性以及损失发生后采取有效措施降低损失额.如第九章介绍的 NCD 系统可以鼓励驾驶员安全驾驶.

(4) 满足监管者的要求.保险监管机构通过相关法律规范费率厘定.如费率必须充足以及不体现不公平的歧视性等.

除上述基本目标外,费率还应保持相对稳定,不应因为被保险人不可理解的原因升高或降低,否则会导致顾客产生怀疑.另外,费率结构应该简单易懂,复杂的费率系统会给计算机管理带来困难.

准备金是保险人负债的主要部分,可分为未决赔款准备金、理赔费用准备金、未到期责任准备金和总准备金等. 保险人通常以每年的最后一天 (12 月 31 日) 作为评估日, 对各种类型的保单提取不同类型的准备金. 在评估日还没有保险事故发生的有效保单, 在余下的保险期限内仍有可能发生保险事故; 在评估日未结案的赔案, 保险人需对该赔案的未来赔付额进行估计; 在处理未决赔案过程中还会支出相关费用. 针对上述的不同情况保险人需要提取不同类别的准备金.

在评估日, 未发生保险事故保单的保费分为两部分: 一部分保费与保单生效日到评估日这段时间的承保风险相匹配, 称之为**已赚保费**; 剩余部分用于承保从评估日到保单到期日这段时间, 称之为**未赚保费**, 未赚保费又称为**未到期责任准备金**. 对于已发生保险事故并且理赔未结束的保单, 需要估计赔案在未来的赔付额, 即**未决赔款准备金**. 未决赔款准备金可分为两类: **已发生已报案未决赔款准备金**、**毛 IBNR 准备金** (又称广义已发生未报案未决赔款准备金). 在已发生赔案中, 对于已经报告给保险人的这部分赔案的未决赔款准备金称为已发生已报案未决赔款准备金. 毛 IBNR 准备金是指:

(1) 现有赔案的未决赔款准备金的发展, 即已发生已报案未决赔款准备金的修正;

(2) 已结案赔案可能再次索赔 (重开赔案) 的准备金;

(3) 已发生未报案赔案的准备金, 即纯 IBNR 准备金;

(4) 已报告但保险人未登记赔案的准备金, 即 RBNR (reported but not recorded) 准备金.

为处理未决赔案支出的费用而提取的准备金称为**理赔费用准备金**. 此外, 总准备金是指保险公司为了预防今后发生特大赔案而提取的准备金, 这一准备金是从保险公司的税后利润中提取的.

需要说明的是, 在许多书中将理赔费用准备金归为未决赔款准备金的一种, 即未决赔款准备金包括已发生已报案未决赔款准备金、毛 IBNR 准备金和理赔费用准备金. 为了能清楚地介绍各种准备金的提取方法, 本书将理赔费用准备金单独归为一类.

本部分偏重于精算实务方法的介绍. 第十章介绍费率厘定的两种方法, 并对两种方法之间的关系进行深入讨论; 第十一章分别讨论未决赔款准备金、未到期责任准备金和理赔费用准备金的评估方法, 主要偏重于数学方法的介绍.

第十章 费率厘定

本章 §10.1 为费率厘定简介, §10.2 通过一个例子解释费率表中的相对数相乘的原因, §10.3 和 §10.4 介绍多个风险因素下费率厘定的两种方法: **赔付率法**和**损失成本法**, §10.5 证明赔付率法和损失成本法的等价性, §10.6 通过几个例子综合运用前面的两种费率厘定方法. 需要强调的是, 本章在介绍损失成本法和赔付率法时将按照下面三个步骤进行: 首先根据总体数据估计总体费率的变化情况, 然后根据各个级别数据计算级别相对数, 最后得到基元的指示费率.

§10.1 费率厘定简介

本节先介绍费用厘定过程中需要考虑的基本要素: 费用、利润、损失成本等; 然后介绍在费率厘定过程中如何量化这些要素, 包括费率厘定中的一些基本概念, 并给出这些概念的数学描述.

10.1.1 费率中的损失成本、费用等因素

费率厘定中需要考虑保险人的成本. 保险人的成本不仅包括保险人的赔付额, 还包括保险人的费用支出及利润附加等. 保险人的费用可分为两类:

第一类是与理赔相关的费用, 简写为 LAE (loss adjustment expenses), 如对损失额进行评估过程中的费用支出. 这类费用中的一部分是与具体的赔案相关, 在进行费率厘定时可把该部分做为保单实际损失的一部分, 这部分费用称为**直接理赔费用**; 费用中另外的部分不能分配到具体赔案, 如理赔部门的工资等, 这部分费用称为**间接理赔费用**.

第一类费用以外的部分称为第二类费用, 如营销费用、保费税等. 这部分费用中有些可以表示为费率的百分比, 如营销费用.

计算费率时首先要确定单位风险保单的损失成本. 根据赔付数据可确定案均赔款和单位风险保单的平均索赔频率:

$$案均赔款 = \frac{终极赔付额}{赔案数目},$$

$$单位风险保单的平均索赔频率 = \frac{赔案数目}{总风险量}.$$

然后再计算保单的损失成本:

单位风险保单的损失成本
= 单位风险保单的平均索赔频率 × 案均赔款.

将索赔频率和案均赔款分开考虑, 有利于保险人根据未来发展趋势分别对索赔频率和案均赔款的估计值进行调整. 若不对二者做调整, 则上面公式可简化为

$$单位风险保单的损失成本 = \frac{终极赔付额}{总风险量}.$$

根据保险人的支出 (包括赔付额、费用、利润附加、风险附加) 等于保险人收入的原理, 可以建立保单的损失成本、费用、利润附加以及费率之间的平衡关系:

保险人的支出 (包括赔付额、费用、利润附加、风险附加)
= 保险人的保费和投资收入,

从中可以确定费率水平.

鉴于非寿险的险种多为一年期, 所以投资对产品定价的影响相对较小. 基于非寿险定价惯例, 本章不考虑投资收入因素.

本章会涉及两个重要概念: **已赚保费** 及 **赔付率**. 已赚保费可通过已获风险量与对应费率的乘积得到. 赔付额与已赚保费的比值称为赔付率.

10.1.2 费率计算方法

在实际应用中需要根据监管的具体要求采取相应的费率计算方法,下面先通过几个例子说明.

例 10.1.1 已知当前费率为 500 元, 并且在费率厘定时采用下表中的比例 (所列类别与费率之比):

营销费	12%
一般费用	15%
税	3%
利润	3%
总计	33%

保监会新的立法规定: 在未来费率厘定时每张单位风险保单的营销费统一按 50 元计算. 已知未来的费用、利润等比例为占费率中扣除营销费部分的比例, 且这些比例值 (营销费除外) 与上表比例值相同. 假设损失成本保持不变, 试计算未来费率.

解 按照给出的数据, 现在每张单位风险保单的损失成本为

$$500 \text{元} \times (1 - 33\%) = 335 \text{元}.$$

未来费率记为 IR, 则根据

$$(\text{IR} - 50) \times (15\% + 3\% + 3\%) + 335 \text{元} + 50 \text{元} = \text{IR},$$

可解得

$$\text{IR} = \frac{374.5}{79\%} \text{元} = 474.05 \text{元}.$$

例 10.1.2 给定现在的一般费用及利润等占费率的比例如下表:

营销费	20%
一般费用	8%
税	3%
利润	5%
赔付额及理赔费用	64%

在计算未来费率时,一般费用及利润额度保持不变,营销费的比例降低到 12%, 税的比例保持不变,损失成本 (包括理赔费用) 总额保持不变. 已知当前费率为 1000 元, 计算未来费率.

解 根据给出的数据, 每张单位风险保单的损失成本为

$$1000 \text{元} \times 64\% = 640 \text{元},$$

一般费用的额度为

$$1000 \text{元} \times 8\% = 80 \text{元},$$

利润为

$$1000 \text{元} \times 5\% = 50 \text{元}.$$

记未来费率为 IR, 则有

$$\text{IR} \times (3\% + 12\%) + 50 \text{元} + 80 \text{元} + 640 \text{元} = \text{IR}.$$

解得

$$\text{IR} = \frac{770 \text{元}}{85\%} = 905.88 \text{元}.$$

下面介绍一般情况下如何来进行费率厘定, 我们考虑只有一个费率水平的情况. 为方便计, 我们引入如下表示法:

IR (indicated rate): 未来的费率水平, 我们称为指示费率;

CR (current rate): 当前费率;

E: 总风险量;

LC (loss cost): 未来费率有效期间内单位风险保单的损失成本;

F: 每单位风险保单的固定费用;

G: 与保费不相关的费用 (即单位风险保单的固定费用) 占未来损失成本的比例, 即有 $G = \dfrac{F}{\text{LC}}$;

V: 费用中与指示费率成比例的部分占指示费率的比例;

Q: 利润附加部分与指示费率的比例, 这里假设利润附加额与指示费率成比例;

PLR (permissible loss ratio): 目标赔付率, 即预计损失成本占指示费率的比例, 即有

$$\mathrm{PLR} = \frac{\mathrm{LC}}{\mathrm{IR}};$$

W: 未来费率有效期间内的预计赔付率, 其中已赚保费按当前费率水平计算, 即有

$$W = \frac{E \times \mathrm{LC}}{E \times \mathrm{CR}} = \frac{\mathrm{LC}}{\mathrm{CR}};$$

$\Delta\mathrm{IR}$: 指示费率的总体变化量, 定义为

$$\Delta\mathrm{IR} = \frac{W}{\mathrm{PLR}} - 1.$$

根据前面的表示法, 损失成本部分为 $\mathrm{PLR} \times \mathrm{IR}$, 与指示费率相关的利润附加及费用部分为 $(V+Q) \times \mathrm{IR}$, 固定费用部分为

$$\mathrm{PLR} \times \mathrm{IR} \times G.$$

根据收入与支出相等的原理, 有

$$\mathrm{PLR} \times \mathrm{IR} + \mathrm{PLR} \times \mathrm{IR} \times G + (V+Q) \times \mathrm{IR} = \mathrm{IR}.$$

从中可解得

$$\mathrm{PLR} = \frac{1 - V - Q}{1 + G}.$$

又有

$$\Delta\mathrm{IR} + 1 = \frac{\mathrm{IR}}{\mathrm{CR}}$$

成立.

下面介绍两种费率计算方法:

损失成本法 (loss cost method) (又称纯保费法): 保险人收入为指示费率 IR, 支出为

$$\mathrm{LC} + (V+Q) \times \mathrm{IR} + F,$$

其中 $(V+Q) \times \mathrm{IR} + F$ 为费用与利润部分. 利用保险人的收入和支出相等, 得到

$$IR = LC + (V+Q) \times IR + F,$$

从中解出

$$IR = \frac{LC + F}{1 - V - Q}.$$

这种确定指示费率的方法称为损失成本法.

赔付率法 (loss ratio method): 赔付率法是基于对当前费率调整得到指示费率, 调整幅度为指示费率的总体变化量 ΔIR. 该方法按照如下公式计算指示费率:

$$IR = (\Delta IR + 1) \times CR,$$

其中

$$\Delta IR = \frac{W}{PLR} - 1.$$

根据赔付率法, 知

$$IR = (\Delta IR + 1) \times CR = \frac{LC}{CR \times PLR} \times CR$$
$$= \frac{LC}{PLR} = \frac{LC \times (1 + G)}{1 - V - Q}$$
$$= \frac{LC \times (1 + F/LC)}{(1 - V - Q)} = \frac{LC + F}{1 - V - Q},$$

即损失成本法与赔付率法得到相同的指示费率.

在本章下面的讨论中除特别说明外, 恒假设固定费用 $F = 0$, 即 $G = 0$. 在这一假设下所有费用、利润及风险附加等都可以表示为指示费率的一固定比例. 此时目标赔付率 PLR (又称允许损失率) 为费率中损失成本所占比例, 即

$$PLR = 1 - V - Q.$$

由

$$IR = PLR \times IR + (1 - PLR) \times IR,$$

知 $1 - PLR$ 为费用、利润及风险附加等占费率的比率.

10.1.3 费率结构及相对数

上小节介绍了只有一个费率水平的指示费率的计算方法. 在实务中往往有大量的风险因素, 为了定价操作方便通常采用乘法系统计算费率.

同一险种常分为不同的风险级别, 不同风险级别的费率水平也会有差异. 在实务中可根据多个风险因素划分费率表, 而每一风险因素又可细分为多个级别. 通常称费率结构中的每一个风险级别为**单元** (cell), 并选择其中一个单元作为基本单元 (base cell), 简称为**基元**. 基元需包含较多的风险量, 并且数据的可信度比较高. 基元的费率简称**基础费率**, 每个因素在基元中的级别称为该因素的**基本级别**.

下面引入**级别相对数**(class relativity) 的概念. 级别相对数是用来刻画每个因素各个级别费率与其基本级别费率之间的数量关系的, 各个单元之间的费率关系通过各个因素的级别相对数来给出, 其中基本级别相对数约定为 1.

下面通过一个例子来说明之. 考虑包含两类费率因素的车辆保险. 两类费率因素分别为 "驾驶员年龄" 以及 "车辆用途", "驾驶员年龄" 这一因素又划分为 "25 岁 +"(不低于 25 岁) 和 "25 岁以下" 两个级别, "车辆用途" 分为 "商用车" 及 "家用车" 两个级别. 按上述因素划分的费率表由下面四个单元构成: "25 岁 +, 家用车", "25 岁 +, 商用车", "25 岁以下, 家用车" 和 "25 岁以下, 商用车". 记各个单元的费率如下表:

年龄＼类型	家用车	商用车
25 岁 +	R_{11}	R_{12}
25 岁以下	R_{21}	R_{22}

选定 "年龄 25 岁 +, 家用车" 做为基元, 记基础费率为 x(单位: 元), 则 "驾驶员年龄" 这一因素的基本级别是 "25 岁 +", "车辆用途" 这一因素的基本级别是 "家用车", 且 "25 岁 +" 的相对数为 1, "家用

车"的相对数也为 1. 记 "25 岁以下" 的相对数为 A, "商用车" 的相对数为 B. 费率结构中各个单元相对数 D_{ij} 按下表方式确定:

年龄＼类型	家用车	商用车
25 岁 +	$D_{11} = 1$	$D_{12} = B$
25 岁以下	$D_{21} = A$	$D_{22} = A \times B$

各个单元的费率为该单元相对数与基础费率的乘积, 即按下表确定:

年龄＼类型	家用车	商用车
25 岁 +	$R_{11} = xD_{11} = x$	$R_{12} = xD_{12} = xB$
25 岁以下	$R_{21} = xD_{21} = xA$	$R_{22} = xD_{22} = xAB$

上面给出了费率结构中各单元费率的关系. 从中可以看出确定费率结构的关键是确定相对数 A 和 B 以及基础费率 x.

10.1.4 一些概念的数学描述

为表述方便, 本部分针对由两个因素划分的费率表给出一些概念的数学表达式. 考虑由两个因素确定的费率表, 第一个因素有 n 个级别, 各个级别用 i 表示, $i = 1, 2, \cdots, n$; 第二个因素有 m 个级别, 各个级别用 j 表示, $j = 1, 2, \cdots, m$. 用 (i, j) 表示第一个因素级别 i 和第二个因素级别 j 构成的单元. 表 10.1 给出该费率结构的示意图.

进行费率厘定的时刻称为当前时刻, 此时各个单元费率简称为当前费率, 未来期间内的新费率称为指示费率.

费率厘定需要根据过去的经验数据进行. 具体采用如下记法:

(1) 在过去的经验数据中, 用 e_{ij} 表示单元 (i, j) 的已获风险量.

(2) 当前基础费率记为 CR_B, 单元 (i, j) 的当前费率记为 CR_{ij}.

(3) 基元指示费率记为 IR_B, 单元 (i, j) 的指示费率记为 IR_{ij}.

(4) 第一个因素的各个级别当前相对数分别记为 $x_i, i = 1, 2, \cdots, n$, 第二个因素的各个级别当前相对数分别记为 $y_j, j = 1, 2, \cdots, m$.

(5) 在未来费率实施期间的相对数称为指示相对数. 第一个因素

表 10.1 费率结构示意图

第一个因素＼第二个因素	1	2	⋯	j	⋯	m
1	(1,1)	(1,2)	⋯	(1,j)	⋯	(1,m)
2	(2,1)	(2,2)	⋯	(2,j)	⋯	(2,m)
⋮	⋱	⋱	⋱	⋱	⋱	⋱
i	(i,1)	(i,2)	⋯	单元 (i,j)	⋯	(i,m)
⋮	⋱	⋱	⋱	⋱	⋱	⋱
n	(n,1)	(n,2)	⋯	(n,j)	⋯	(n,m)

各个级别的指示相对数分别记为 x_i^*, $i=1,2,\cdots,n$, 第二个因素各个级别的指示相对数分别记为 y_j^*, $j=1,2,\cdots,m$.

(6) 根据过去经验数据估计的单元 (i,j) 内保单在未来新费率适用期间的终极赔付额, 用 l_{ij} 表示.

(7) 考虑费用、利润等因素占费率的比例, 通过未来费率厘定中的目标赔付率刻画, 目标赔付率简记为 PLR. 在费率厘定中常事先给定.

在费率厘定过程中, 对未来新费率适用期间的终极赔付额的估计是相当重要的. 在估计过程中可以使用第六章介绍的方法. 下面通过一个例子来说明.

例 10.1.3 要确定在 1993 年 7 月 1 日开始实施的一年期保单的费率, 该费率适用期限为一年. 费率厘定基于 1991 保单年的经验数据进行, 并认为其具有完全信度. 给定目标赔付率为 0.600, 并假设行业相对数保持不变. 趋势因子由下表给出:

适用期限	趋势因子
1992 年 7 月 1 日至 1993 年 7 月 1 日	1.18
1992 年 7 月 1 日至 1994 年 7 月 1 日	1.30
1992 年 1 月 1 日至 1993 年 7 月 1 日	1.24
1992 年 1 月 1 日至 1994 年 7 月 1 日	1.36

1990 保单年的赔付数据如下:

1992年3月31日 累计赔付额 (元)	1992年3月31日 未决赔款准备金 (元)	1993年3月31日 累计赔付额 (元)	1993年3月31日 未决赔款准备金 (元)
400000	100000	625000	0

1991 保单年的经验数据见下表, 试给出各地区终极赔付额的估计.

	地区 1	地区 2
行业 1 的当前费率 (相对数)	100(1.00)	200(2.00)
行业 2 的当前费率 (相对数)	300(3.00)	600(6.00)
1991 保单年在 1993 年 3 月 31 日的已发生损失	360000	240000
行业 1 已获风险量	5000	2000
行业 2 已获风险量	1000	500

解 这是由两个因素——地区和行业划分的费率结构. 地区分为地区 1 和地区 2 两个级别, 行业分为行业 1 和行业 2 两个级别. 根据前面的假设, 行业 1 和行业 2 的相对数保持不变.

费率结构共划分为四个单元. 使用 (i,j) 表示行业 i 和地区 j 组成的单元. 各单元的已获风险量为

$$e_{11} = 5000, \quad e_{12} = 2000, \quad e_{21} = 1000, \quad e_{22} = 500,$$

基础费率 $\mathrm{CR}_B = 100$, 各单元的当前费率为

$$\mathrm{CR}_{11} = 100\,\text{元}, \quad \mathrm{CR}_{12} = 200\,\text{元}, \quad \mathrm{CR}_{21} = 300\,\text{元}, \quad \mathrm{CR}_{22} = 600\,\text{元}.$$

根据表中给出的条件, 知行业 1 和行业 2 的当前相对数分别为 $x_1 = 1, x_2 = 3$, 且行业的指示相对数与当前相对数相同, 地区 1 和地区 2 的当前相对数分别为 $y_1 = 1.00, y_2 = 2.00$.

1991 保单年的终极赔付额 l_{ij} 的估计:

(1) 未来费率适用期间赔案的平均发生时间: 在 1993 年 7 月 1 日开始实施的一年期保单的指示费率, 该费率适用期限为一年, 所以可假定赔案发生的平均时间为 1994 年 7 月 1 日;

(2) 使用的数据: 使用 1991 保单年的数据, 可以认为这些保单的平均损失发生在 1992 年 1 月 1 日;

(3) 利用题中给出的趋势因子, 知 1992 年 1 月 1 日到 1994 年 7 月 1 日的趋势因子为 1.36;

(4) 利用 1990 保单年的数据, 可以估计其在 1992 年 3 月 31 日至 1993 年 3 月 31 日的发展因子为

$$\frac{625000}{500000} = 1.25.$$

结合 (1) ~ (4) 的结果, 1991 保单年地区 1 的终极赔付额 (以 1994 年 7 月 1 日的价格水平) 为

$$l_{11} + l_{21} = 360000 \text{元} \times 1.25 \times 1.36 = 612000 \text{元},$$

地区 2 的终极赔付额 (以 1994 年 7 月 1 日的价格水平) 为

$$l_{12} + l_{22} = 240000 \text{元} \times 1.25 \times 1.36 = 408000 \text{元},$$

二者之和为

$$(612000 + 408000) \text{元} = 1020000 \text{元}.$$

下面引入**当前费率的加权平均**和**当前相对数的加权平均**这两个概念. 当前费率的加权平均, 简记为 $\overline{\text{CR}}$, 定义为

$$\overline{\text{CR}} = \frac{\sum_{i,j} \text{CR}_{ij} e_{ij}}{\sum_{i,j} e_{ij}},$$

其中权重为各个单元的已获风险量. 当前相对数的加权平均, 简记为 $\overline{\text{CD}}$, 定义为

$$\overline{\text{CD}} = \frac{\sum_{i,j} x_i y_j e_{ij}}{\sum_{i,j} e_{ij}}.$$

利用 $\text{CR}_{ij} = \text{CR}_B x_i y_j$, 可得

$$\overline{\text{CR}} = \text{CR}_B \times \overline{\text{CD}}.$$

类似地, **指示费率的加权平均** $\overline{\text{IR}}$ 定义为

$$\overline{\mathrm{IR}} = \frac{\sum\limits_{i,j} \mathrm{IR}_{ij} e_{ij}}{\sum\limits_{i,j} e_{ij}},$$

指示相对数的加权平均 $\overline{\mathrm{ID}}$ 定义为

$$\overline{\mathrm{ID}} = \frac{\sum\limits_{i,j} x_i^* y_j^* e_{ij}}{\sum\limits_{i,j} e_{ij}},$$

二者满足

$$\overline{\mathrm{IR}} = \mathrm{IR_B} \times \overline{\mathrm{ID}}.$$

过去经验数据在当前费率水平下的总已赚保费为

$$\sum_{i,j} \mathrm{CR}_{ij} e_{ij} = \frac{\sum\limits_{i,j} \mathrm{CR}_{ij} e_{ij}}{\sum\limits_{i,j} e_{ij}} \cdot \sum_{i,j} e_{ij} = \overline{\mathrm{CR}} \cdot \sum_{i,j} e_{ij},$$

即当前费率水平下的总已赚保费等于当前费率的加权平均 $\overline{\mathrm{CR}}$ 与总已获风险量的乘积. 进一步, 有

$$\begin{aligned} & \text{当前费率水平下的总已赚保费} \\ &= \overline{\mathrm{CR}} \times \sum_{i,j} e_{ij} \\ &= \overline{\mathrm{CD}} \times \mathrm{CR_B} \times \text{总已获风险量}. \end{aligned}$$

前面的结论可以总结为下面的命题:

命题 10.1.1 综上所述, 有

当前费率水平下的总已赚保费 $= \mathrm{CR_B} \times \overline{\mathrm{CD}} \times$ 总已获风险量;

指示费率水平下的总已赚保费 $= \mathrm{IR_B} \times \overline{\mathrm{ID}} \times$ 总已获风险量;

$$\mathrm{IR_B} = \frac{\overline{\mathrm{IR}}}{\overline{\mathrm{ID}}};$$

$$\frac{\text{指示费率水平下的总已赚保费}}{\text{当前费率水平下的总已赚保费}} = \frac{\overline{\mathrm{IR}}}{\overline{\mathrm{CR}}}.$$

10.1.2 小节在只有一个费率水平下, 定义了指示费率的总体变化量 ΔIR, 这一定义可以推广到有多个费率水平的情况. 多个费率水平费率结构的指示费率总体变化量仍记为 ΔIR, 定义为

$$\Delta \text{IR} = \frac{\text{指示费率水平下的总已赚保费}}{\text{当前费率水平下的总已赚保费}} - 1.$$

这一变化量揭示了未来总体费率的增长. 根据命题 10.1.1 知,

$$\Delta \text{IR} = \frac{\overline{\text{IR}}}{\overline{\text{CR}}} - 1.$$

根据上述定义, 在只有一个费率水平下有

$$\Delta \text{IR} = \frac{\overline{\text{IR}}}{\overline{\text{CR}}} - 1 = \frac{\text{LC}}{\text{PLR} \cdot \overline{\text{CR}}} - 1 = \frac{W}{\text{PLR}} - 1,$$

这说明上述定义与 10.1.2 小节的 ΔIR 定义是一致的, 本小节定义是 10.1.2 小节的推广.

10.1.5 当前费率水平下总已赚保费的计算方法

鉴于当前费率水平下的已赚保费 (又称均衡已经保费) 在费率厘定中的重要性, 我们将在本小节内介绍两种计算方法: 精确计算方法以及平行四边形方法.

精确计算方法 考虑两个因素对应的费率结构. 在已知各个单元已获风险量 e_{ij} 的前提下, 当前费率水平下的总已赚保费为 $\sum_{i,j} \text{CR}_{ij} e_{ij}$. 这种方法适用于各个单元的风险量已知的情况.

平行四边形方法 在给定经验数据的总保费额但未知风险量的情况下, 可利用平行四边形方法近似计算这一总保费额对应于当前费率水平下的保费额度. 本书将介绍 SOA (Society of Actuaries) 方法及 CAS (Casualty Actuarial Society) 方法, 其中 SOA 方法在参考文献 [15] 中有介绍, CAS 方法在参考文献 [22] 中有使用. 下面通过一个例子具体介绍这两种方法.

给定下表中的数据:

日历年	已赚保费 (元)
1990	3853
1991	4600
1992	5125

设所有保单为一年期. 假设只有一个费率级别, 费率变化情况如下表:

日　　期	费率变化
1988 年 7 月 1 日	+12.5%
1990 年 11 月 15 日	+10.0%
1991 年 10 月 1 日	+8.0%

1988 年 7 月 1 日的费率水平记为 P, 则 1990 年 11 月 15 日的费率为 $1.10P$, 1991 年 10 月 1 日的费率为 $1.1 \times 1.08P = 1.188P$, 当前费率水平即为 $1.188P$. 下图给出了费率变化的示意图:

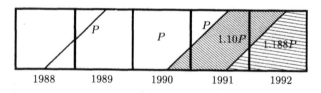

上图中水平线代表日期, 竖线代表已获风险量的比例. 保单有效日期从水平的底线开始, 沿斜率为 1 的直线移向顶部的水平线 (顶部表示保单已到期).

(1) 第一种方法 ——SOA 方法:

考虑 1990 年的已赚保费 3853 元, 现在要将这一额度折算到当前费率水平 ($1.188P$) 下的保费额. 按费率 P 计算的这部分保单的保费应该乘以因子 1.188, 按费率 $1.10P$ 计算的这部分保单的保费应该乘以因子 1.08. 从上面的图形可以看出, 按费率 $1.10P$ 计算部分的面积为

$$\frac{0.125 \times 0.125}{2} = 0.0078125,$$

按费率 P 计算部分的面积为

$$1 - 0.0078125 = 0.9921875,$$

将各部分的面积与对应的因子相乘得到 1990 年的水平因子

$$0.9921875 \times 1.188 + 0.0078125 \times 1.08 = 1.1872.$$

将 1990 年的已赚保费 3853 元折算到当前费率水平, 可以利用下面的方法近似:

$$3853 元 \times 1.1872 = 4574 元.$$

类似地, 1991 年有效保单对应三个费率水平: $P, 1.1P$ 和 $1.188P$, 对应区域的面积分别为 $0.3828125, 0.5859375$ 和 0.03125. 所以水平因子为

$$0.3828125 \times 1.188 + 0.5859375 \times 1.08 + 0.03125 \times 1 = 1.1188.$$

折算到当前费率水平的保费额为 $4600 元 \times 1.1188 = 5147 元$.

1992 年的水平因子为 1.0225, 折算到当前费率水平的保费额为 $5125 元 \times 1.0225 = 5240 元$.

前面的计算结果在下表中列出:

年度 (1)	已赚保费 (元) (2)	费率水平因子 (3)	当前费率水平下的已赚保费 (元) (4) = (2) × (3)
1990	3853	1.1872	4574
1991	4600	1.1188	5147
1992	5125	1.0225	5240

(2) 第二种方法 —— CAS 方法:

考虑 1990 年的已赚保费 3853 元. 先要将这一额度折算为风险量, 然后再乘以 $1.188P$ 折算到当前的费率水平. 按费率 $1.10P$ 计算部分的面积为 $0.125 \times 0.125 / 2 = 0.0078125$, 按费率 P 计算部分的面积为 0.9921875, 将各部分的面积与对应的保费水平相乘, 得到

$$0.9921875 \times P + 0.0078125 \times 1.10P = 1.00078125P.$$

因此 1990 年已赚保费 3853 元折算的近似风险量为

$$\frac{3853}{1.00078125P} = \frac{3849.992}{P},$$

所以在当前费率水平下得到保费的近似值为

$$\frac{3849.992}{P} \times 1.188P 元 = 4574 元.$$

1991 年的保单对应三个费率水平：$P, 1.1P$ 和 $1.188P$，对应区域的面积分别为 $0.3828125, 0.5859375, 0.03125$. 所以水平因子为

$$0.3828125 \times P + 0.5859375 \times 1.1P + 0.03125 \times 1.188P = 1.064469P,$$

折算到当前费率水平的保费额为

$$1.188P \times \frac{4600}{1.064469P} 元 = 5134 元.$$

类似地，1992 年的保费折算到当前费率水平的保费额为

$$1.188P \times \frac{5125}{1.188P \times (1 - \frac{1}{2} \times (\frac{3}{4})^2) + 1.10P \times \frac{1}{2} \times (\frac{3}{4})^2} 元 = 5234 元.$$

计算结果在下表中列出：

年度	已赚保费 (元)	当前费率水平下的已赚保费 (元)
1990	3853	4574
1991	4600	5134
1992	5125	5234

§10.2 费率结构的实例解释

同一险种分为不同的风险级别. 不同的风险级别之间有一定的差异，但又有一定的相关性. 在费率厘定时如何反映及量化这种相关性？10.1.3 小节给出了一个费率结构的例子，本节针对该费率结构的风险成本的估计给出费率结构中采用相对数相乘的一种解释. 我们根据下表给出的数据进行讨论：

驾驶员年龄	家用车保单数目	商用车保单数目	家用车总赔付额 (元)	商用车总赔付额 (元)
25 岁 +	5827	1280	882	248
25 岁以下	3570	1622	741	453

注意到上表中有两个风险因素:"驾驶员年龄"与"车的用途"."驾驶员年龄"划分为"25 岁 +"及"25 岁以下"两个级别,"车的用途"划分为"家用车"和"商用车"两个级别. 现在的问题是: 如何计算每个单元的损失成本.

(1) 第一种方式: 不考虑不同单元的差异, 统一利用总体数据计算. 根据表中的数据, 总赔付额为 $(882+248+741+453)$ 元 $= 2324$ 元, 总保单数目为 $5827+1280+3570+1622=12299$, 所以每张保单的损失成本为 2324 元 $/12299 = 0.18896$ 元.

(2) 第二种方式: 每个单元根据本单元的数据计算, 最后得到各单元单位风险保单的损失成本 (单位: 元) 如下表:

年龄 \ 类型	家用车	商用车
25 岁 +	0.15136	0.19375
25 岁以下	0.20756	0.27928

上面的两种方式都有片面性. 第一种方式忽略了各个单元的差异, 而第二种方式没有考虑不同单元的共性. 下面介绍两种方法: 加法模型与乘法模型.

10.2.1 加法模型

把 "25 岁 +, 家用车" 单元作为基元, 该单元的单位风险保单的损失成本设为 A 元. 假设 "25 岁以下" 的单位风险保单的损失成本较 "25 岁 +" 的多 C 元, "商用车" 的较 "家用车" 的多 B 元. 其他各单元单位风险保单的损失成本是根据基元的单位风险保单的损失成本 A 再加上对应的因子得到的, 具体见下表:

年龄＼类型	家用车	商用车
25 岁 +	A	$A+B$
25 岁以下	$A+C$	$A+B+C$

这一模型中假设不同级别的损失成本满足可加性, 故称之为 **加法模型**.

根据加法模型可得到各单元的预计赔付额. 如, "25 岁 +, 家用车" 单元共有 5827 张保单, 每张保单的损失成本为 A, 所以预计总赔付额为 $5827A$. 具体见下表:

单 元	实际赔付额 (元)	预计赔付额 (元)
25 岁 +, 家用车	882	$5827A$
25 岁 +, 商用车	248	$1280A+1280B$
25 岁以下, 家用车	741	$3570A+3570C$
25 岁以下, 商用车	453	$1622A+1622B+1622C$

接下来需要确定 A, B, C 的值. 为使得实际赔付额与预计赔付额的差值尽可能小, 我们采用下面的准则: 使

$$a(882-5287A)^2 + b(248-1280A-1280B)^2$$
$$+ c(741-3570A-3570C)^2 + d(453-1622A-1622B-1622C)^2$$

达到最小, 其中 a, b, c, d 为权重. 通常选择权重为对应项方差的倒数, 如 a 选取为 $\dfrac{1}{\mathrm{var}\,(N-5287A)}$, 其中 N 为该单元的实际赔付额. 如果进一步假设 N 服从泊松分布, 则

$$\frac{1}{\mathrm{var}\,(N-5287A)} = \frac{1}{E(N)},$$

所以可以选择 $\dfrac{1}{E(N)}$ 作为权重, 在这里我们用实际赔付额 882 作为

$E(N)$ 的估计. 基于上述考虑, 权重选为

$$a = \frac{1}{882}, \quad b = \frac{1}{248}, \quad c = \frac{1}{741}, \quad d = \frac{1}{453}.$$

利用最小二乘估计, 可得到

$$\hat{A} = 0.1495033, \quad \hat{B} = 0.0551411, \quad \hat{C} = 0.0622201.$$

最后, 损失成本的估计结果 (单位: 元) 见下表:

年龄＼类型	家用车	商用车
25 岁 +	0.1495033	0.2046444
25 岁以下	0.2117234	0.2668645

进而得到各个单元总赔付额的估计值 (单位: 元) 见下表:

年龄＼类型	家用车	商用车
25 岁 +	871(+11)	262(−14)
25 岁以下	756(−15)	433(+20)

表中括号中的数值为实际值减去估计值后的差额.

10.2.2 乘法模型

基元仍然是 "25 岁 +, 家用车" 单元, 其单位风险保单的损失成本记为 A. 假设 "25 岁以下" 的单位风险保单的损失成本与 "25 岁 +" 的比值为 C, "商用车" 的与 "家用车" 的比值为 B, 且各个单元的损失成本可表示为下表:

年龄＼类型	家用车	商用车
25 岁 +	A	AB
25 岁以下	AC	ABC

我们称这种模型为**乘法模型**.

乘法模型的实际赔付额及对应的预计赔付额见下表:

单 元	实际赔付额 (元)	预计赔付额 (元)
25+, 家用车	882	$5827A$
25+, 商用车	248	$1280AB$
25 岁以下, 家用车	741	$3570AC$
25 岁以下, 商用车	453	$1622ABC$

为计算方便,我们对损失成本的对数进行拟合,选择 a,b,c,d,使得

$$a\bigl(\ln(882) - \ln(5287A)\bigr)^2 + b\bigl(\ln(248) - \ln(1280AB)\bigr)^2 \\ + c\bigl(\ln(741) - \ln(3570AC)\bigr)^2 + d\bigl(\ln(453) - \ln(1622ABC)\bigr)^2$$

最小. 在这里,我们选择

$$a = 882, \quad b = 248, \quad c = 741, \quad d = 453,$$

具体原理见对加法模型中的权重选取方法的论述及本章习题 2. 最后得到估计值

$$\hat{A} = 0.150386, \quad \hat{B} = 1.31843, \quad \hat{C} = 1.39091.$$

进而有各个单元的单位风险保单的损失成本见下表:

类型 年龄	家用车 (元)	商用车 (元)
25 岁 +	0.150386	0.198273
25 岁以下	0.209173	0.27578

总赔付额的估计值 (单位: 元) 见下表:

类型 年龄	家用车	商用车
25 岁 +	876(+6)	254(−6)
25 岁以下	747(−6)	447(+6)

表中括号里的数值为实际值减去估计值.

通过前面的加法模型与乘法模型的拟合效果可以看出,乘法模型拟合的结果较好. 这个例子只是给出了费率结构中利用级别相对数相乘得到各单元费率的一种解释,未给出选择乘积模型的严格理论证明,并且其中有许多需要进一步探讨的问题,如权重的选择对逼近结果的影响、数据可信度等.

本书中采用乘法模型考虑费率结构.

§10.3 赔 付 率 法

本节针对两因素模型介绍赔付率法,所谓赔付率是指赔付额与保费之比. 模型中符号表示的详细介绍参见本章 §10.1.

在利用赔付率法进行费率厘定时,需要下面的数据:

(1) 根据经验数据预计的在未来费率实施期间各单元的终极赔付额 l_{ij}, $i \leq n, j \leq m$, 这里记由第一个因素基本级别和第二个因素级别 j 组成单元的终极赔付额为 l_{Bj};

(2) 目标赔付率 PLR, 在进行费率厘定时保险人常事先设定;

(3) 经验数据的已获风险量 e_{ij}, $i \leq n, j \leq m$, 这里记由第一个因素基本级别和第二个因素级别 j 组成单元的已获风险量为 e_{Bj};

(4) 当前基元费率 CR_B;

(5) 当前相对数 x_i, y_j, $i \leq n, j \leq m$.

赔付率法的原理叙述如下:首先根据经验数据计算指示费率的总体变化量 ΔIR, 然后根据各个级别的数据计算指示相对数, 最后利用

$$\frac{\text{指示费率水平下的总已赚保费}}{\text{当前费率水平下的总已赚保费}} = \Delta IR + 1$$

得到基元的指示费率.

根据命题 10.1.1, 有

指示费率水平下的总已赚保费 $= IR_B \times \overline{ID} \times$ 总已获风险量

及

当前费率水平下的总已赚保费 $= CR_B \times \overline{CD} \times$ 总已获风险量.

所以对于赔付率法有

$$\frac{\mathrm{IR}_B \times \overline{\mathrm{ID}} \times 总已获风险量}{\mathrm{CR}_B \times \overline{\mathrm{CD}} \times 总已获风险量} = \Delta\mathrm{IR} + 1,$$

整理得到基元的指示费率满足

$$\mathrm{IR}_B = \mathrm{CR}_B \times \frac{\overline{\mathrm{CD}}}{\overline{\mathrm{ID}}} \times (\Delta\mathrm{IR} + 1)$$

$$= \mathrm{CR}_B \times 回归平衡因子 \times (\Delta\mathrm{IR} + 1),$$

其中

$$回归平衡因子 = \frac{\overline{\mathrm{CD}}}{\overline{\mathrm{ID}}}.$$

上面的结果可以整理为下面的命题.

命题 10.3.1 对于赔付率法,基元的指示费率 IR_B 满足

$$\mathrm{IR}_B = \mathrm{CR}_B \times 回归平衡因子 \times (\Delta\mathrm{IR} + 1).$$

按照上面公式计算基元的指示费率时,需要先计算 $\Delta\mathrm{IR}$ 及回归平衡因子. 本节分下面的几部分介绍: 先介绍利用总的数据计算 $\Delta\mathrm{IR}$ 的方法; 随后介绍根据各个级别的数据计算各个级别指示相对数的方法; 最后根据前面的计算结果确定各单元的费率水平.

10.3.1 $\Delta\mathrm{IR}$ 的计算方法

$\Delta\mathrm{IR}$ 的计算不考虑单元的差异, 根据总的赔付数据进行. 具体地, 先根据总的赔付数据计算在未来费率适用期间的预计赔付率:

$$在未来费率适用期间的预计赔付率$$
$$= \frac{在未来费率适用期间的终极赔付额}{当前费率水平下的总已赚保费}.$$

然后利用上面的计算结果及给定的 PLR 计算 $\Delta\mathrm{IR}$:

$$\Delta\mathrm{IR} = \frac{在未来费率适用期间的预计赔付率}{\mathrm{PLR}} - 1.$$

上述方法是根据预计赔付率计算总体费率的变化量, 所以称为赔付率

法. 需要注意的是, 计算过程中使用的总已赚保费是以当前费率水平计算的.

对于两个因素的费率结构, 有

$$\text{在未来费率适用期间的预计赔付率} = \frac{\sum_{i,j} l_{ij}}{\sum_{i,j} \text{CR}_{ij} e_{ij}}.$$

例 10.3.1 考虑例 10.1.3. 根据赔付率法计算指示费率的总体变化量.

解 当前费率水平下的总已赚保费为

$$\sum_{i,j} \text{CR}_{ij} e_{ij} = (100 \times 5000 + 300 \times 1000 + 200 \times 2000 + 600 \times 500) \text{元}$$
$$= 1500000 \text{元}.$$

根据例 10.1.3 的计算结果, 知终极赔付额为 1020000 元, 所以预计赔付率为

$$\frac{1020000}{1500000} = 0.68.$$

指示费率的总体变化量为

$$\Delta \text{IR} = \frac{0.680}{0.600} - 1 = 13.3\%.$$

10.3.2 指示相对数的计算

确定指示相对数过程中使用各个级别的数据. 记 LR_B 表示某因素的基本级别当前费率水平下的预计赔付率, LR_i 表示该因素级别 i 的当前费率水平下的预计赔付率. 已知级别 i 的当前相对数 (记为当前相对数$_i$), 级别 i 的指示相对数 (记为 指示相对数$_i$) 如下来计算:

$$\text{指示相对数}_i = \text{当前相对数}_i \times \frac{\text{LR}_i}{\text{LR}_B}.$$

下面就前面介绍的两因素模型给出上述方法的数学描述, 考虑的是第一个因素级别 k 指示相对数 x_k^* 的计算.

第一个因素级别 k 的预计赔付率 (在当前费率水平下) 为

$$\text{LR}_k = \frac{\sum\limits_j l_{kj}}{\sum\limits_j e_{kj}\text{CR}_{kj}},$$

该因素基本级别的预计赔付率为

$$\text{LR}_B = \frac{\sum\limits_j l_{Bj}}{\sum\limits_j e_{Bj}\text{CR}_{Bj}}.$$

按照赔付率法, 指示相对数 x_k^* 按如下方式来确定：

$$x_k^* = x_k \frac{\text{LR}_k}{\text{LR}_B} = x_k \frac{\sum\limits_j l_{kj}}{\sum\limits_j e_{kj}\text{CR}_{kj}} \times \frac{\sum\limits_j e_{Bj}\text{CR}_{Bj}}{\sum\limits_j l_{Bj}}.$$

这里给出两个例子.

例 10.3.2 给定下表中的数据, 利用赔付率法计算各级别的指示相对数:

级别	当前相对数	预计赔付率 (在当前费率水平下)	预计损失成本 (元)
A	1.00	0.65	129
B	0.85	0.71	120
C	1.21	0.66	158.7

解 级别 B 的指示相对数为

$$\text{指示相对数}_B = 0.85 \times \frac{0.71}{0.65} = 0.93,$$

级别 C 的指示相对数为

$$\text{指示相对数}_C = 1.21 \times \frac{0.66}{0.65} = 1.23.$$

例 10.3.3 考虑例 10.1.3. 根据赔付率法计算指示相对数.

解 根据例 10.1.3 的结果, 地区 1 和地区 2 的指示相对数的计算过程见下表.

地区	当前相对数	当前费率水平下的预计赔付率	指示相对数
1	1.00	$\dfrac{612000}{5000 \times 100 + 1000 \times 300} = 0.765$	$y_1^* = 1$
2	2.00	$\dfrac{408000}{2000 \times 200 + 500 \times 600} = 0.582857$	$y_2^* = 2.00 \dfrac{0.582857}{0.765} = 1.5238$

10.3.3 指示费率的确定

根据险种的各个级别的指示相对数与当前相对数,可以计算

$$\text{回归平衡因子} = \frac{\overline{\text{CD}}}{\overline{\text{ID}}},$$

然后利用命题 10.3.1 中的公式得到基元的指示费率.

例 10.3.4 给定下表的数据:

地区	当前相对数	指示相对数	已获风险量
地区 1	1.00	1.00	410
地区 2	0.85	0.93	395
地区 3	1.21	1.23	195

已知基元的当前费率为 100 元. 假设未来指示费率的总体变化量为 $+10\%$, 计算基元的指示费率.

解 由 $\Delta \text{IR} = 10\%$, 知基元的指示费率 IR_B 为

$$\text{IR}_B = \text{CR}_B \times (1 + \Delta \text{IR}) \times \frac{\overline{\text{CD}}}{\overline{\text{ID}}}$$

$= 100 \text{元} \times (1 + 0.10)$

$\quad \times \dfrac{(1.00 \times 410 + 0.85 \times 395 + 1.21 \times 195)/(410 + 395 + 195)}{(1.00 \times 410 + 0.93 \times 395 + 1.23 \times 195)/(410 + 395 + 195)}$

$= 106.16 \text{元}.$

最后可得到指示费率表:

地区	当前费率 (元)	指示费率 (元)
地区 1	100	106.16
地区 2	85	$106.16 \times 0.93 = 98.73$
地区 3	121	$106.16 \times 1.23 = 130.58$

例 10.3.5 考虑例 10.1.3. 根据赔付率法计算各单元的指示费率.

解 根据例 10.1.3、例 10.3.1 和例 10.3.3 的计算结果, 可得

$$\overline{\mathrm{CD}} = \frac{5000 \times 1 + 1000 \times 3 + 2000 \times 2 + 500 \times 6}{8500} = 1.7647,$$

$$\overline{\mathrm{ID}} = \frac{5000 \times 1 + 1000 \times 3 + 2000 \times 1.5238 + 500 \times 3 \times 1.5238}{8500}$$

$$= 1.5686.$$

因此, 基元的指示费率为

$$\mathrm{IR}_B = 100\text{元} \times 1.133 \times \frac{1.7647}{1.5686} = 127.50\text{元}.$$

进而可得到指示费率表:

	地区 1 的指示费率 (元)	地区 2 的指示费率 (元)
行业 1	127.50	$127.50 \times 1.5238 = 194.28$
行业 2	$127.50 \times 3 = 382.50$	$127.50 \times 3 \times 1.5238 = 582.85$

10.3.4 基元指示费率的另一种计算过程

在计算基元指示费率时还可以采取另一种做法, 具体步骤如下:

(1) 先计算 $\mathrm{CR}_B \times (\Delta \mathrm{IR} + 1)$, 然后以基础费率 $\mathrm{CR}_B \times (\Delta \mathrm{IR} + 1)$ 及指示相对数计算总已赚保费, 计算结果与当前费率水平下的总已赚保费的比值记为 z_1;

(2) 计算比例

$$z_2 = \frac{\Delta \mathrm{IR} + 1}{z_1};$$

(3) 最后计算

$$\mathrm{CR}_B \times (\Delta \mathrm{IR} + 1) \times z_2.$$

下面的命题说明,上述方法得到的结果便为基元的指示费率 IR_B.

命题 10.3.2 对于赔付率法,有

$$\mathrm{IR}_B = \mathrm{CR}_B \times (\Delta \mathrm{IR} + 1) \times z_2.$$

证明 以基础费率 $\mathrm{CR}_B \times (\Delta \mathrm{IR} + 1)$ 及指示相对数计算的总已赚保费为

$$\mathrm{CR}_B \times (\Delta \mathrm{IR} + 1) \times \overline{\mathrm{ID}} \times 总已获风险量.$$

又

当前费率水平下的总已赚保费 $= \mathrm{CR}_B \times \overline{\mathrm{CD}} \times 总已获风险量.$

二者比值为

$$z_1 = \frac{\mathrm{CR}_B \times (\Delta \mathrm{IR} + 1) \times \overline{\mathrm{ID}} \times 总已获风险量}{\mathrm{CR}_B \times \overline{\mathrm{CD}} \times 总已获风险量} = \frac{(\Delta \mathrm{IR} + 1) \times \overline{\mathrm{ID}}}{\overline{\mathrm{CD}}},$$

所以

$$\begin{aligned}
& \mathrm{CR}_B \times (\Delta \mathrm{IR} + 1) \times z_2 \\
&= \mathrm{CR}_B \times (\Delta \mathrm{IR} + 1) \times \frac{\Delta \mathrm{IR} + 1}{z_1} \\
&= \mathrm{CR}_B \times (\Delta \mathrm{IR} + 1)^2 \times \frac{\overline{\mathrm{CD}}}{(\Delta \mathrm{IR} + 1)\overline{\mathrm{ID}}} \\
&= \mathrm{CR}_B \times (\Delta \mathrm{IR} + 1) \times \frac{\overline{\mathrm{CD}}}{\overline{\mathrm{ID}}} = \mathrm{IR}_B.
\end{aligned}$$

证毕.

下面给出应用上面方法的一个例子.

例 10.3.6 给定下表的数据:

级别	当前相对数	当前费率水平下的已赚保费	指示相对数
1	1.0	14370968	1.00
2	1.45	9438017	1.3125
3	1.80	8002463	1.6503
总计		31811448	

设当前的基础费率为 $CR_B = 160$ 元,指示费率的总体变化量为 $\Delta IR = 10.14\%$. 计算基元的指示费率.

解 根据给出的条件, 160 元 $\times(\Delta IR + 1) = 176.22$ 元. 所以在指示相对数下,以基础费率 176.22 元计算的总已赚保费为

$$\frac{176.22 \times 1.00}{160 \times 1.00} \times 14370968 \text{元} + \frac{176.22 \times 1.3125}{160 \times 1.45} \times 9438017 \text{元}$$
$$+ \frac{176.22 \times 1.6503}{160 \times 1.80} \times 8002463 \text{元} = 33317830 \text{元},$$

因此有

$$z_1 = \frac{33317830}{31811448} = 1.0474.$$

进一步,

$$z_2 = \frac{\Delta IR + 1}{z_1} = \frac{1.1014}{1.0474} = 1.0516.$$

所以基元的指示费率为

$$\begin{aligned} IR_B &= CR_B \times (\Delta IR + 1) \times z_2 \\ &= 176.22 \text{元} \times 1.0516 \\ &= 185.31 \text{元}. \end{aligned}$$

上面的例子说明,如果将当前基础费率简单地提高 10.14%, 结果是总保费并没有提高 10.14%, 只增长了 4.74%. 这是由于指示相对数与当前相对数有所不同造成的. 因此最后需要将 176.22 元进行调整,

再乘以因子 $z_2 = 1.0516$.

§10.4 损失成本法

损失成本法是根据预计损失成本计算费率，又称**纯保费法**. 这种方法先根据总体数据计算指示费率的加权平均 $\overline{\mathrm{IR}}$，接下来根据各个级别数据计算各级别的指示相对数，然后计算指示相对数的加权平均 $\overline{\mathrm{ID}}$，最后由

$$\mathrm{IR}_B = \frac{\overline{\mathrm{IR}}}{\overline{\mathrm{ID}}}$$

确定基元的指示费率.

10.4.1 指示费率的加权平均

损失成本法根据总的数据计算在未来费率适用期间预计的损失成本. 单位风险保单的预计损失成本按下式计算：

$$\text{单位风险保单的预计损失成本} = \frac{\text{在未来费率适用期间的终极赔付额}}{\text{总已获风险量}}.$$

接下来考虑费用、利润和风险附加等因素，根据给定的目标赔付率 PLR 确定指示费率的加权平均 $\overline{\mathrm{IR}}$：

$$\overline{\mathrm{IR}} = \frac{\text{单位风险保单的预计损失成本}}{\mathrm{PLR}}.$$

这种方法是基于预计损失成本计算指示费率，所以称之为损失成本法.

对于由两个因素划分的费率表，指示费率的加权平均按如下方式计算：

$$\overline{\mathrm{IR}} = \frac{\text{在未来费率适用期间的终极赔付额}}{\text{总已获风险量}} \Big/ \mathrm{PLR}$$

$$= \frac{\sum_{i,j} l_{ij}}{\text{PLR} \sum_{i,j} e_{ij}}.$$

例 10.4.1 根据下面的数据,利用损失成本法计算指示费率的加权平均:

终极赔付额: 30000000 元;
总已获风险量: 1000000;
目标赔付率: 0.700.

解 根据所给的经验数据,有

$$\text{单位风险保单的预计损失成本} = \frac{30000000}{1000000} \text{元} = 30 \text{元}.$$

所以有

$$\overline{\text{IR}} = \frac{30}{0.70} \text{元} = 42.86 \text{元}.$$

例 10.4.2 考虑例 10.1.3. 利用损失成本法计算指示费率的加权平均.

解 根据例 10.1.3 的计算结果,

$$\text{单位风险保单的预计损失成本} = \frac{1020000 \text{元}}{8500} = 120 \text{元},$$

得到

$$\overline{\text{IR}} = \frac{120}{\text{PLR}} \text{元} = \frac{120}{0.600} \text{元} = 200 \text{元}.$$

10.4.2 指示相对数的确定

下面根据各级别的数据确定指示相对数. 用 LC_B 表示基本级别单位风险保单的预计损失成本, LC_i 表示级别 i 的单位风险保单的预计损失成本. 级别 i 的指示相对数如下式计算:

$$\text{指示相对数}_i = \frac{\text{LC}_i}{\text{LC}_B},$$

即根据预计损失成本的比确定指示相对数.

需要注意的是,根据赔付率法计算指示相对数时需要已知该级别的当前相对数,而根据损失成本法计算则不需要.

考虑由两个因素划分的费率表,现要计算第一个因素级别 k 的指示相对数. 利用级别 k 的修正总风险量 $\sum_j e_{kj} y_j$ 来计算级别 k 的单位风险保单的预计损失成本

$$\mathrm{LC}_k = \frac{\sum_j l_{kj}}{\sum_j e_{kj} y_j}.$$

注意:这里使用的风险量 $\sum_j e_{kj} y_j$ 与风险量 $\sum_j e_{kj}$ 的差别,前者考虑了风险的不同质性. 类似地,第一个因素基本级别的单位风险保单的预计损失成本为

$$\mathrm{LC}_B = \frac{\sum_j l_{Bj}}{\sum_j e_{Bj} y_j}.$$

二者之比为级别 k 的指示相对数:

$$x_k^* = \frac{\mathrm{LC}_k}{\mathrm{LC}_B} = \frac{\sum_j l_{kj}}{\sum_j e_{kj} y_j} \cdot \frac{\sum_j e_{Bj} y_j}{\sum_j l_{Bj}}.$$

第二个因素的指示相对数可类似地考虑.

需要注意的是,这种方法采用的已获风险量为修正风险量.

例 10.4.3 根据例 10.3.4 的数据,按照损失成本法计算各级别的指示相对数.

解 根据损失成本法,有

$$\text{指示相对数}_B = \frac{120}{129} = 0.93$$

及

$$\text{指示相对数}_C = \frac{158.7}{129} = 1.23.$$

例 10.4.4 考虑例 10.1.3. 利用损失成本法计算指示相对数.

解 根据例 10.1.3 的计算结果, 计算过程及结果见下表 (注意在计算过程中需要对已获风险量加权).

地区	当前相对数	修正的总风险量
1	1.00	$5000 + 1000 \times 3 = 8000$
2	2.00	$2000 + 500 \times 3 = 3500$

地区	单位风险保单的预计损失成本 (元)	指示相对数
1	$\dfrac{1.25 \times 1.36 \times 360000}{8000} = 76.5$	$y_1^* = 1.00$
2	$\dfrac{1.25 \times 1.36 \times 240000}{3500} = 116.57$	$y_2^* = \dfrac{116.57}{76.5} = 1.5238$

10.4.3 费率结构的确定

前面首先得到了 $\overline{\text{IR}}$. 通过各个级别的指示相对数可计算 $\overline{\text{ID}}$, 最后根据下式计算基元的指示费率:

$$\text{IR}_B = \frac{\overline{\text{IR}}}{\overline{\text{ID}}}.$$

例 10.4.5 考虑例 10.1.3. 利用损失成本法计算基元的指示费率.

解 根据例 10.1.3、例 10.4.2 及例 10.4.4 的计算结果, 知

$$\overline{\text{ID}} = \frac{5000 \times 1 + 1000 \times 3 + 2000 \times 1.5238 + 500 \times 3 \times 1.5238}{8500}$$
$$= 1.5686.$$

因此, 基元的指示费率为

$$\text{IR}_B = \frac{\overline{\text{IR}}}{\overline{\text{ID}}} = \frac{200 \, \text{元}}{1.5686} = 127.50 \, \text{元}.$$

类似可得各个单元的指示费率. 注意按照赔付率法和按照损失成本法

得到相同的指示费率.

§10.5 两种方法的等价性

赔付率法和损失成本法基于不同的原理确定指示费率, 本节要证明两种方法得到相同的指示费率水平. 下面的讨论针对两个因素的费率结构进行.

定理 10.5.1 赔付率法与损失成本法得到相同的指示费率的加权平均.

证明 (1) 损失成本法: 指示费率的加权平均 $\overline{\text{IR}}_{\text{LC}}$ 为

$$\overline{\text{IR}}_{\text{LC}} = \frac{\text{在未来费率适用期间的终极赔付额}}{\text{总已获风险量}} \bigg/ \text{PLR}$$

$$= \frac{\sum_{i,j} l_{ij}}{\text{PLR} \times \sum_{i,j} e_{ij}};$$

(2) 赔付率法: 注意到

$$\text{在未来费率适用期间的预计赔付率} = \frac{\sum_{i,j} l_{ij}}{\sum_{i,j} \text{CR}_{ij} e_{ij}}$$

及

$$\Delta \text{IR} = \frac{\text{在未来费率适用期间的预计赔付率}}{\text{PLR}} - 1.$$

所以根据命题 10.1.1, 指示费率的加权平均 $\overline{\text{IR}}_{\text{LR}}$ 为

$$\overline{\text{IR}}_{\text{LR}} = \overline{\text{CR}} \times (\Delta \text{IR} + 1)$$

$$= \frac{\sum_{i,j} \text{CR}_{ij} e_{ij}}{\sum_{i,j} e_{ij}} \times \frac{\sum_{i,j} l_{ij}}{\sum_{i,j} \text{CR}_{ij} e_{ij}} \times \frac{1}{\text{PLR}}$$

$$= \frac{\sum_{i,j} l_{ij}}{\sum_{i,j} e_{ij} \text{PLR}} = \overline{\text{IR}}_{\text{LC}}.$$

综上所述，两种方法得到相同的指示费率的加权平均. 证毕.

定理 10.5.2 赔付率法与损失成本法得到相同的指示相对数.

证明 我们考虑第一个因素级别 k 的指示相对数.

(1) 损失成本法：级别 k 的修正总已获风险量为 $\sum_j e_{kj} y_j$，所以级别 k 的单位风险保单的预计损失成本为

$$\text{LC}_k = \frac{\sum_j l_{kj}}{\sum_j e_{kj} y_j},$$

第一个因素基本级别的单位风险保单的预计损失成本为

$$\text{LC}_\text{B} = \frac{\sum_j l_{\text{B}j}}{\sum_j e_{\text{B}j} y_j},$$

因此，级别 k 的指示相对数为

$$x^*_{k,\text{LC}} = \frac{\text{LC}_k}{\text{LC}_\text{B}} = \frac{\sum_j l_{kj}}{\sum_j e_{kj} y_j} \times \frac{\sum_j e_{\text{B}j} y_j}{\sum_j l_{\text{B}j}}.$$

(2) 赔付率法：级别 k 的单位风险保单的预计赔付率 (当前费率水平) 为

$$\text{LR}_k = \frac{\sum_j l_{kj}}{\sum_j e_{kj} \text{CR}_{kj}},$$

第一个因素基本级别的预计赔付率 (当前费率水平) 为

$$\text{LR}_\text{B} = \frac{\sum_j l_{\text{B}j}}{\sum_j e_{\text{B}j} \text{CR}_{\text{B}j}}.$$

因此, 级别 k 的指示相对数为

$$x_{k,\mathrm{LR}}^* = x_k \frac{\mathrm{LR}_k}{\mathrm{LR}_\mathrm{B}}$$

$$= x_k \frac{\sum_j l_{kj}}{\sum_j e_{kj}\mathrm{CR}_{kj}} \times \frac{\sum_j e_{\mathrm{B}j}\mathrm{CR}_{\mathrm{B}j}}{\sum_j l_{\mathrm{B}j}},$$

再将等式

$$\sum_j e_{kj}\mathrm{CR}_{kj} = \sum_j e_{kj}\mathrm{CR}_\mathrm{B} x_k y_j = \mathrm{CR}_\mathrm{B} x_k \sum_j e_{kj} y_j$$

及

$$\sum_j e_{\mathrm{B}j}\mathrm{CR}_{\mathrm{B}j} = \sum_j e_{\mathrm{B}j}\mathrm{CR}_\mathrm{B} x_\mathrm{B} y_j = \mathrm{CR}_\mathrm{B} \sum_j e_{\mathrm{B}j} y_j$$

代入 (注意到基本级别的当前相对数 $x_\mathrm{B} = 1$), 得到

$$x_{k,\mathrm{LR}}^* = \frac{\sum_j l_{kj}}{\sum_j e_{kj} y_j} \times \frac{\sum_j e_{\mathrm{B}j} y_j}{\sum_j l_{\mathrm{B}j}}.$$

上面两种方法得到了相同的指示相对数. 定理证毕.

由上面的两个定理, 再根据命题 10.1.1 知两种方法得到相同的指示费率水平.

§10.6 几 个 例 子

本节通过几个例子来介绍两种费率的计算方法.

例 10.6.1 已知指示费率的总体变化量为 7%, 行业间的相对数保持不变. 这里假设对所有地区, 各个行业之间的已获风险量的比例都相同. 根据下表给出的数据计算地区 3 行业 1 的指示费率:

地区	已获风险量	地区内的当前费率 的加权平均 (元)	当前费率水平下 的预计赔付率
1	500	190	0.720
2	300	163	0.620
3	200	120	0.770

行业	当前相对数	已获风险量
1	1.00	600
2	1.25	100
3	1.50	100
4	1.75	100
5	2.00	100

解 这是由两个因素 —— 地区和行业构成的费率结构. 地区 1 的风险量最多, 所以选定该地区为地区的基本级别. 由题意知行业 1 为行业的基本级别.

各单元已获风险量用 e_{ij} ($i = 1, 2, 3, j = 1, 2, \cdots, 5$) 表示, 其中 i 代表地区, j 表示行业. 根据不同地区的各个行业已获风险量的比例都相同的假设, 知

$$\left(\frac{e_{12}}{e_{11}}, \frac{e_{13}}{e_{11}}, \frac{e_{14}}{e_{11}}, \frac{e_{15}}{e_{11}}\right) = \left(\frac{e_{22}}{e_{21}}, \frac{e_{23}}{e_{21}}, \frac{e_{24}}{e_{21}}, \frac{e_{25}}{e_{21}}\right)$$
$$= \left(\frac{e_{32}}{e_{31}}, \frac{e_{33}}{e_{31}}, \frac{e_{34}}{e_{31}}, \frac{e_{35}}{e_{31}}\right).$$

根据表中给出的行业数据知

$$e_{1j} + e_{2j} + e_{3j} = 100, \quad 2 \leq j \leq 5; \quad e_{11} + e_{21} + e_{31} = 600.$$

由此可得

$$\left(\frac{e_{32}}{e_{31}}, \frac{e_{33}}{e_{31}}, \frac{e_{34}}{e_{31}}, \frac{e_{35}}{e_{31}}\right) = \left(\frac{1}{6}, \frac{1}{6}, \frac{1}{6}, \frac{1}{6}\right),$$

再由

$$\sum_j e_{1j} = 500, \quad \sum_j e_{2j} = 300, \quad \sum_j e_{3j} = 200,$$

解得

$$e_{11} = 500 \times \frac{6}{10} = 300,$$
$$e_{21} = 300 \times \frac{6}{10} = 180,$$
$$e_{31} = 200 \times \frac{6}{10} = 120.$$

(1) 不考虑地区的差异，根据行业间的相对数保持不变的假设可计算行业相对数的加权平均为

$$\frac{1.00 \times 600 + 1.25 \times 100 + 1.50 \times 100 + 1.75 \times 100 + 2.00 \times 100}{1000} = 1.25,$$

且每个地区各个行业相对数的加权平均为

$$\frac{1.00 \times e_{i1} + 1.25 \times e_{i2} + 1.50 \times e_{i3} + 1.75 \times e_{i4} + 2.00 \times e_{i5}}{\sum_j e_{ij}}$$
$$= 1.00 \times \frac{6}{10} + 1.25 \times \frac{1}{10} + 1.50 \times \frac{1}{10} + 1.75 \times \frac{1}{10} + 2.00 \times \frac{1}{10}$$
$$= 1.25.$$

(2) 利用赔付率法计算地区间的指示相对数，其结果列在下表:

地区	行业 1 的费率 (元)	当前相对数	当前费率水平下的预计赔付率	指示相对数
1	$\frac{190}{1.25} = 152.00$	1.00	0.720	1.00
2	$\frac{163}{1.25} = 130.40$	$\frac{130.40}{152.00} = 0.8578947$	0.620	$0.8578947 \times \frac{0.620}{0.72} = 0.7387426$
3	$\frac{120}{1.25} = 96.00$	$\frac{96.00}{152.00} = 0.6315789$	0.770	$0.6315789 \times \frac{0.77}{0.72} = 0.6754385$

(3) 根据前面的计算结果,得到各个单元指示相对数的加权平均为

$$\overline{\mathrm{ID}} = \{1.00 \times (1.00 \times e_{11} + 1.25 \times e_{12} + 1.50 \times e_{13} + 1.75 \times e_{14}$$
$$+ 2.00 \times e_{15}) + 0.7387426 \times (1.00 \times e_{21} + 1.25 \times e_{22}$$
$$+ 1.50 \times e_{23} + 1.75 \times e_{24} + 2.00 \times e_{25}) + 0.6754385 \times (1.00 \times e_{31}$$
$$+ 1.25 \times e_{32} + 1.50 \times e_{33} + 1.75 \times e_{34} + 2.00 \times e_{35})\}/1000$$

$$= 1.25 \times \frac{1.00 \times \sum_{j} e_{1j} + 0.7387426 \times \sum_{j} e_{2j} + 0.6754385 \times \sum_{j} e_{3j}}{1000}$$

$$= 1.25 \times \frac{1.00 \times 500 + 0.7387426 \times 300 + 0.6754385 \times 200}{1000}$$

$$= 1.07089.$$

类似地,可得到当前相对数的加权平均为

$$\overline{\mathrm{CD}} = 1.25 \times \frac{1.00 \times 500 + 0.8578947 \times 300 + 0.6315789 \times 200}{1000}$$
$$= 1.104605.$$

(4) 按照赔付率法,基元的指示费率为

$$\mathrm{IR_B} = 152\,\text{元} \times 1.07 \times \frac{1.104605}{1.07089}$$
$$= 167.76\,\text{元},$$

因此地区 3 行业 1 的指示费率为 $167.76\,\text{元} \times 0.6754385 = 113.31\,\text{元}$.

在利用实际数据时有时需考虑已发生损失,已发生损失的定义已在第六章给出. 每年度的已发生损失为本年度末的未决赔款准备金与上年度末的未决赔款准备金的差再加上本年度的实际赔付额,某年度末的累计已发生损失为该年度末的未决赔款准备金与至该年度末的累计赔付额之和. 下面先通过一个例子说明如何计算已发生损失,然后给出一个利用已发生损失数据进行费率厘定的例子.

例 10.6.2 给定下面的信息,确定 1990 日历年、1992 日历年的已发生损失及 1991 事故年的累计已发生损失.

赔案 1 案发时间:1990 年 12 月 1 日;报案时间:1990 年 12 月 15 日;历史发展数据 (单位:元) 见下表:

日期	累计赔付额	未决赔款准备金	总计
1990 年 12 月 15 日	0	500	500
1990 年 12 月 31 日	500	500	1000
1991 年 12 月 31 日	500	500	1000
1992 年 1 月 15 日	2000	0	2000

赔案 2 案发时间:1991 年 12 月 15 日;报案时间 1992 年 2 月 1 日;历史发展数据 (单位:元) 见下表:

日期	累计赔付额	未决赔款准备金	总计
1992 年 2 月 1 日	1000	2000	3000
1992 年 12 月 1 日	5000	0	5000

赔案 3 案发时间:1991 年 12 月 31 日;报案时间:1992 年 2 月 15 日;历史发展数据 (单位:元) 见下表:

日期	累计赔付额	未决赔款准备金	总计
1992 年 3 月 15 日	0	10000	10000
1992 年 12 月 31 日	0	5000	5000

解 各个年度的已发生损失 (单位:元) 见下表.

	1990 日历年 已发生损失	1992 日历年 已发生损失	1991 事故年 已发生损失
赔案 1	$500 + 500 = 1000$	$2000 - 500 + 0 - 500 = 1000$	0
赔案 2	0	5000	5000
赔案 3	0	5000	5000
总计	1000	11000	10000

下面的例子是利用已发生损失数据进行费率厘定.

例 10.6.3 目标赔付率为 0.800, 基元的当前费率为 100 元. 地区

1 和地区 2 的当前相对数分别为 1.00 和 1.10, 行业 1 和行业 2 的当前相对数分别为 1.00 和 1.20. 1992 年已获风险量数据见下表:

行业＼地区	地区 1	地区 2
行业 1	10000	2000
行业 2	4000	2000

1992 事故年的已发生损失 (单位: 元) 数据见下表:

行业＼地区	地区 1	地区 2
行业 1	700000	200000
行业 2	400000	270000

其他事故年的累计已发生损失 (单位: 元) 数据见下表:

事故年	至 1990 年 12 月	至 1991 年 12 月	至 1992 年 12 月
1989	1000000	1050000	1050000
1990	1100000	1210000	1270500
1991		1300000	1430000

当前日期为 1992 年 12 月 31 日. 新费率将于 1994 年 2 月 1 日开始实施, 保单为一年期, 新费率标准适用期限为一年. 已知每年的趋势因子为 8%. 基于 1992 事故年数据, 按损失成本法确定地区 2 行业 2 的指示费率.

解 基元为地区 1 的行业 1.

(1) 新费率从 1994 年 2 月 1 日开始实施, 到 1995 年 2 月 1 日停止使用, 因此可假定新费率实行期间损失发生的平均时间为 1995 年 2 月 1 日;

(2) 根据各事故年的已发生损失数据, 按照平均法计算发展因子:

$$f_1 = \left(\frac{1210000}{1100000} + \frac{1430000}{1300000}\right)\Big/2 = 1.10,$$

$$f_2 = \left(\frac{1050000}{1000000} + \frac{1270500}{1210000}\right) \bigg/ 2 = 1.05.$$

(3) 累计已发生损失为

$(700000 + 200000 + 400000 + 270000)$ 元 $= 1570000$ 元,

1992 年 7 月 1 日与 1995 年 2 月 1 日之间的间隔为 $2\frac{7}{12}$ 年, 所以 1992 事故年的终极赔付额 (折算到 1995 年 2 月 1 日) 为

1570000 元 $\times 1.05 \times 1.10 \times 1.08^{2+7/12} = 2212210$ 元.

(4) 下面按照损失成本法计算. 指示费率的加权平均为

$$\overline{\mathrm{IR}} = \frac{2212210}{(10000 + 2000 + 4000 + 2000) \times 0.8} \text{元} = 153.62569 \text{元}.$$

地区间指示相对数见下表 (表中 $L = 1.05 \times 1.10 \times 1.08^{2+7/12}$):

地区	修正总风险量	预计损失成本 (元)	指示相对数
1	$10000 \times 1.000 + 4000 \times 1.20$ $= 14800$	$\dfrac{1100000 \times L}{14800} = 104.727$	1.00
2	$2000 \times 1.000 + 2000 \times 1.200$ $= 4400$	$\dfrac{470000 \times L}{4400} = 150.572$	$\dfrac{150.572}{104.727} = 1.437$

行业的指示相对数见下表 (表中 L 同上表):

行业	预计损失成本 (元)	指示相对数
1	$\dfrac{900000 \times L}{10000 \times 1 + 2000 \times 1.1} = 103.946$	1.00
2	$\dfrac{670000 \times L}{4000 \times 1 + 2000 \times 1.1} = 152.268$	$\dfrac{152.268}{103.946} = 1.465$

利用前面的计算结果, 指示相对数的加权平均为

$$\overline{\mathrm{ID}} = \frac{10000 \times 1 + 4000 \times 1.465 + 2000 \times 1.437 + 2000 \times 1.465 \times 1.437}{18000}$$

$= 1.2746936.$

地区 1 行业 1 为基元,所以其指示费率为

$$IR_B = \frac{\overline{IR}}{\overline{ID}} = \frac{153.62569}{1.2746963}元$$

$$= 120.5197 元.$$

地区 2 行业 2 的指示费率为

$$120.5197 元 \times 1.437 \times 1.465 = 253.72 元.$$

习 题

1. 讨论 §10.2 乘法模型中的参数 a, b, c, d 的选择对计算结果的影响.

2. 证明:对于参数为 λ 的泊松随机变量 N,

$$\lambda \mathrm{var}(\ln(N) I_{\{N>0\}}) \to 1, \quad \lambda \to \infty.$$

这里定义 $0 \times \infty = 0$.

3. 某保险人销售半年期和一年期两种类型保单. 在 1992 年有下表的保费收入:

保单类型	保费收入 (元)
半年期	24000000
一年期	120000000

假设保单签发时间在每一年内是均匀分布的. 计算 1992 年的已赚保费.

4. 已知单位风险保单损失成本的对数的瞬时增长率 (即 $\ln(LC(t))$ 对 t 的导数) 为 10%. 新的费率针对一年期的保单, 开始实施的时间为 1993 年 11 月 1 日, 适用一年时间. 给定 1990 保单年的损失成本为 200 元, 1991 保单年的损失成本为 217 元. 确定新费率厘定中的单位风险保单的损失成本. (假设根据 1990 年数据和 1991 年数据计算得到结果的权重分别为 40% 和 60%.)

5. 给定下表的数据:

日历年	已赚保费 (元)
1991	2927
1992	3301
1993	3563

已知下表的费率变化：

日 期	费率变化
1989 年 7 月 1 日	+10%
1991 年 7 月 1 日	+8%
1993 年 4 月 1 日	+5%

利用 SOA 方法计算各年度在当前费率水平下的已赚保费．

6. 给定下表的数据来确定行业之间的指示相对数．给出你的建议．

行业	当前相对数	预计赔付率	单位风险保单的预计损失成本 (元)	一种指示相对数的计算结果
A	1.00	0.500	80.00	1.00
B	1.05	0.520	84.00	1.05
C	1.10	0.510	91.00	1.14
D	1.20	0.490	92.00	1.15
E	1.30	0.540	99.00	1.24
F	1.40	0.510	120.00	1.50
G	1.50	0.520	140.00	1.75

7. 给定下表的数据：

地区	已获风险量	当前费率的加权平均 (元)	当前费率水平下的预计赔付率
1	3000	225	0.700
2	1500	200	0.660
3	3500	180	0.720

行业	地区 1 已获风险量	地区 2 已获风险量	地区 3 已获风险量	当前相对数
A	2000	800	2250	1.00
B	150	150	200	1.10
C	600	400	800	0.90
D	100	100	200	1.25
E	150	50	50	2.00

已知指示费率的总体变化量为 3%,行业的相对数保持不变. 计算地区 3 行业 B 的指示费率.

8. 指示费率于 1993 年 1 月 1 日开始适用,保单期限为一年,指示费率使用一年时间. 给定目标损失率 0.600, 每年的趋势因子为 5%. 假设只有一个费率水平. 给定下面表中的信息,试确定指示费率.(假设利用 1989 保单年和 1990 保单年计算结果所占的权重分别为 30% 和 70%.)

保单年	当前费率水平下的已赚保费 (元)	终极赔付额 (元)
1989	2000000	1000000
1990	3000000	2000000

9. 给定下面的数据 (单位:元),确定 1991 事故年在 1992 年 12 月 31 日的累计已发生损失.

赔案号	事故年	1991年赔付额	1992年赔付额	1991年12月31日未决赔款准备金	1992年12月31日未决赔款准备金
1	1990	100	300	1100	0
2	1991	200	0	50	200
3	1991	0	300	150	0
4	1992	0	100	0	100

10. 给定下表数据 (单位:元),计算 1992 日历年的已发生损失与已赚保费的比值.

1992 年收入保费	100000
1992 年赔付额	90000
1991 年 12 月 31 日的未赚保费	50000
1992 年 12 月 31 日的未赚保费	40000
1991 年 12 月 31 日的未决赔款准备金	160000
1992 年 12 月 31 日的未决赔款准备金	140000

11. 对于例 10.3.6,计算指示费率下的总已赚保费与当前费率水平下的总已赚保费的比值,并利用命题 10.3.1 介绍的公式计算基元的指示费率.

第十一章 准备金的评估方法

§11.1 准备金简介

准备金分为未决赔款准备金、理赔费用准备金、未到期责任准备金和总准备金等. 而未决赔款准备金又包括已发生已报案未决赔款准备金、毛 IBNR 准备金. 前面提到过, 在许多书中将理赔费用准备金归为未决赔款准备金中的一类. 本书为了能清楚地介绍各种准备金的提取方法, 特将理赔费用准备金单独列为一类.

已发生已报案未决赔款准备金是指为已向保险公司提出索赔的未结赔案提取的准备金. 毛 IBNR 准备金 (又称广义已发生未报案未决赔款准备金) 包括现有赔案的未决赔款准备金的发展变化、已结案赔案可能再次索赔 (重立赔案) 的准备金、纯 IBNR 准备金 (已发生未报案未决赔款准备金)、已报告但保险人未登记赔案 (RBNR) 准备金. 在评估日, 需要对费用中直接与赔案相关的部分提取直接理赔费用准备金, 对不与具体赔案直接相关的间接理赔费用部分提取间接理赔费用准备金.

本章侧重于准备金评估理论中的数学方法. 重点介绍未决赔款准备金的评估方法, 包括赔付率法、链梯法、Bornhuetter-Ferguson 方法和分离方法. 对纯 IBNR 准备金的计算及准备金的贴现也做了简单的说明. 此外, 还简单介绍了理赔费用准备金和未到期责任准备金的评估方法. 对于已发生已报案未决赔款准备金, 实际中常采用逐案评估法来进行, 由理赔人员对每一笔赔案的赔付成本进行估计, 在此不做过多涉及.

注意, 将未决赔款准备金减去已发生已报案未决赔款准备金, 就得到了毛 IBNR 准备金. 另外, 在精算实务中, 精算师会根据经验及未来的发展趋势对计算结果进行适度调整.

§11.2 赔付率法

在评估日,可采用下面方法对各险种计算未决赔款准备金. 先根据预计赔付率计算终极赔付额:

终极赔付额 = 预计赔付率 × 已赚保费;

然后再减去累计赔付额, 得到未决赔款准备金:

未决赔款准备金 = 终极赔付额 − 累计赔付额.

最后对各险种汇总得到总未决赔款准备金. 这种方法基于预计赔付率计算未决赔款准备金,故称之为**赔付率法**.

赔付率法的关键问题是如何确定赔付率, 有些国家规定了最低的赔付率. 在确定赔付率时, 应使赔付率反映产品变化的情况.

表 11.1 给出在评估日 2005 年 12 月 31 日计算未决赔款准备金的一个例子.

表 11.1 赔付率法计算毛 IBNR 准备金 (单位:千元)

事故年	已赚保费 (1)	预计赔付率 (2)	终极赔付额 (3) = (1) × (2)	累计赔付额 (4)	未决赔款准备金 (5) = (3) − (4)	已发生已报案未决赔款准备金 (6)	毛 IBNR 准备金 (7) = (5) − (6)
2003	101946	0.8	81557	78224	3333	1256	2077
2004	112068	0.75	84051	81287	2764	2234	530
2005	97796	0.75	73347	66402	6945	5432	1513

§11.3 链梯法

链梯法通过对历史经验数据进行分析以确定发展因子,进而预测各个年度的终极赔付额. 这种方法假定每个事故年具有相同的理赔规律, 先使用流量三角形估计各个事故年的终极赔付额; 然后将终极赔付额减去累计赔付额就得到未决赔款准备金; 再将未决赔款准备金扣除已发生已报案未决赔款准备金后, 便得到了毛 IBNR 准备金.

在利用链梯法进行分析时, 数据可以使用赔付额数据, 也可以使用已发生损失 (又称已报案赔款) 数据, 处理的数学方法是相同的.

定理 11.3.1 对于链梯法, 在发展年第 i 年底的未决赔款准备金满足如下等式:

$$未决赔款准备金 = 终极赔付额 \times \left(1 - \frac{1}{f_{i,\infty}}\right),$$

其中

$$f_{i,\infty} = \prod_{j>i} f_j,$$

f_j 为发展年第 j 年的发展因子.

证明 在发展年第 i 年底, 对于

$$f_{i,\infty} = \prod_{j>i} f_j,$$

有

$$终极赔付额 = 累计赔付额 \times f_{i,\infty}.$$

所以

$$累计赔付额 = 终极赔付额 \times \frac{1}{f_{i,\infty}}.$$

因此, 未决赔款准备金为

$$未决赔款准备金 = 终极赔付额 - 累计赔付额$$
$$= 终极赔付额 \times \left(1 - \frac{1}{f_{i,\infty}}\right).$$

定理证毕.

例 11.3.1 利用表 6.15 的数据, 在评估日 1980 年 12 月 31 日计算未决赔款准备金.

解 考虑表 6.15 的累计赔付额. 为方便起见, 下面将该表在表 11.2 中重新给出.

表 11.2 累计赔付额 (单位: 元)

事故年\发展年	第 0 年	第 1 年	第 2 年	第 3 年	第 4 年	第 4 年后
1976	580222	1079901	1319902	1453503	1508415	1677402
1977	494534	993827	1186054	1345061		
1978	551136	1060211	1298456			
1979	648031	1312219				
1980	746003					

利用均值方法得到各个发展年的发展因子如下:

$$f_1 = 1.9553, \quad f_2 = 1.2139, \quad f_3 = 1.1168,$$
$$f_4 = 1.0378, \quad f_{4,\infty} = 1.1120.$$

进而得到预计的终极赔付额及未决赔款准备金. 见表 11.3.

表 11.3 未决赔款准备金

事故年	终极赔付额 (元)	未决赔款准备金 (元)
1976	1677402	1677402 − 1508415 = 168987
1977	1345061 × 1.0378 × 1.1120 = 1552246	1552246 − 1345061 = 207185
1978	1298456 × 1.1168 × 1.1120 × 1.0378 = 1673482	1673482 − 1298456 = 375026
1979	1312219 × 1.2139 × 1.1168 × 1.1120 × 1.0378 = 2052972	2052972 − 1312219 = 740753
1980	746003 × 1.9553 × 1.2139 × 1.1168 × 1.1120 × 1.0378 = 2282079	2282079 − 746003 = 1536076

计算未决赔款准备金时, 有些情况下需要考虑通货膨胀的影响. 下面通过一个例子说明.

例 11.3.2 给出表 11.2 的数据. 考虑下面的通货膨胀因子:
1976 年 7 月 1 日至 1977 年 7 月 1 日: 11.3%
1977 年 7 月 1 日至 1978 年 7 月 1 日: 12.4%

1978 年 7 月 1 日至 1979 年 7 月 1 日：14.0%

1979 年 7 月 1 日至 1980 年 7 月 1 日：17.3%

1980 年 7 月 1 日至 1980 年 12 月 31 日：10.0%

1980 年后的通货膨胀因子为每年 20%. 假设发展年第 4 年后的给付是在发展年第 7 年年中进行. 在评估日 1980 年 12 月 31 日计算未决赔款准备金.

解 将 6.3.4 小节根据均值方法计算得到的未来各年预计的赔付额 (表 6.21) 结果列出，见表 11.4：

表 11.4　未来各年的预计赔付额

事故年＼发展年	第 1 年	第 2 年	第 3 年	第 4 年	第 4 年后
1976					266567
1977				54088	260577
1978			162944	61729	297391
1979		302069	208296	78910	380162
1980	750603	348380	240230	91008	438446

根据表 11.4 得到在 1980 年 12 月 31 日的未决赔款准备金. 结果见表 11.5.

表 11.5　考虑通胀因素的未决赔款准备金（单位：元）

事故年	未决赔款准备金
1976	266567
1977	54088 + 260577 = 314665
1978	162944 + 61729 + 297391 = 522064
1979	302069 + 208296 + 78910 + 380162 = 969437
1980	750603 + 348380 + 240230 + 91008 + 438446 = 1868667

进一步要讨论的是：考虑通货膨胀和不考虑通货膨胀下未决赔款准备金的差异，根据例 11.3.1 和例 11.3.2 的计算结果得到表 11.6.

表 11.6 通货膨胀因素对未决赔款准备金的影响

事故年 (1)	未决赔款准备金 (元) (考虑通货膨胀) (2)(表 11.5)	未决赔款准备金 (元) (不考虑通货膨胀) (3)(表 11.3)	比值 (4)=(2)/(3)
1976	266567	168987	1.5770
1977	314665	207185	1.5190
1978	522064	375026	1.3921
1979	969437	740753	1.3087
1980	1868667	1536076	1.2165

§11.4 Bornhuetter-Ferguson 方法

Bornhuetter-Ferguson 方法是链梯法和赔付率法的组合,简称 B-F 法. 这种方法的原理是:

(1) 先利用赔付率法计算终极赔付额:

$$\text{终极赔付额} = \text{赔付率} \times \text{已赚保费};$$

(2) 利用链梯法公式计算未决赔款准备金 (见结论 11.3.1),

$$\text{未决赔款准备金} = \text{终极赔付额} \times \left(1 - \frac{1}{f_{i,\infty}}\right),$$

其中

$$f_{i,\infty} = \prod_{j>i} f_j,$$

f_j 为发展年第 j 年的发展因子.

下面通过一个例子来说明.

例 11.4.1 给定下面的发展因子:

$$f_1 = 1.41, \quad f_2 = 1.22,$$
$$f_3 = 1.16, \quad f_4 = 1.08,$$
$$f_{4,\infty} = 1.04.$$

在 1991 年发生的赔案截止到 1992 年 12 月 31 日共赔付了 420000 元赔款. 已知 1991 事故年的已赚保费为 1000000 元, 赔付率为 0.600. 在评估日 1992 年 12 月 31 日, 利用上述三种方法分别计算 1991 事故年的未决赔款准备金 (单位: 元).

解 赔付率法:

$$1000000 \times 0.600 - 420000 = 180000.$$

链梯法:

$$\text{终极赔付额} = 420000 \times 1.22 \times 1.16 \times 1.08 \times 1.04 = 667612,$$

所以

$$\text{未决赔款准备金} = 667612 - 420000 = 247612.$$

B-F 方法: 根据赔付率法, 终极赔付额为

$$1000000 \times 0.600 = 600000,$$

因此未决赔款准备金为

$$600000 \times \left(1 - \frac{1}{1.22 \times 1.16 \times 1.08 \times 1.04}\right) = 222535.$$

§11.5 索赔频率与案均赔款分开考虑

第六章针对总体数据及完全数据给出了理赔模型的估计. 如果可以得到累计赔付额和累计赔案数目的数据, 就可以对理赔规律进行更细致地讨论.

表 11.7 给出了某险种的累计已结案赔案的赔付数据, 表 11.8 给出了对应的累计已结案的赔案数目. 下面对表 11.7 和表 11.8 的数据进行分析.

对于每一事故年, 各发展年年底的累计赔付额除以相应的累计结案数目, 得到截止到该发展年底的已结案赔案的案均赔款: 如

$$\frac{1200}{400} \text{千元} = 3000 \text{元}, \quad \frac{1600}{480} \text{千元} = 3333 \text{元}.$$

表 11.7 已结案赔案的累计赔付额 (单位：千元)

事故年＼发展年	第 0 年	第 1 年	第 2 年	第 3 年	第 4 年
1988	1200	4500	7000	8800	10000
1989	1600	5100	8800	12500	
1990	1700	6800	11000		
1991	2080	7600			
1992	2533				

表 11.8 累计已结案的赔案数目

事故年＼发展年	第 0 年	第 1 年	第 2 年	第 3 年	第 4 年	估计的终极赔案数目
1988	400	700	850	930	1000	1000
1989	480	790	1000	1140		1200
1990	500	950	1190			1400
1991	570	1050				1500
1992	600					1500

结果见表 11.9。另外，使用终极赔案数目去除每发展年底的累计结案数目得到表 11.10。

表 11.9 已结案赔案的案均赔款 (单位：元)

事故年＼发展年	第 0 年	第 1 年	第 2 年	第 3 年	第 4 年	估计的终极赔案数目
1988	3000	6429	8235	9140	10000	1000
1989	3333	6456	9026	11062		1200
1990	3400	7158	9244			1400
1991	3649	7238				1500
1992	4222					1500

由于 1988 事故年所有赔案都已结案，所以这里假设所有赔案截

止到发展年第 4 年底都已结案是合理的. 表 11.9 给出了不同时间内已结案赔案的案均赔款的发展趋势, 从中可以看出案均赔款的增长比例. 表 11.10 给出了各个事故年结案比率的进展情况, 这一比率从另一个方面给出了赔案的发展趋势.

表 11.10　各事故年结案比率进展表 (单位: %)

发展年 事故年	第 0 年	第 1 年	第 2 年	第 3 年	第 4 年
1988	40.0	70.0	85.0	93.0	100.0
1989	40.0	65.8	81.3	94.2	
1990	35.7	67.9	85.0		
1991	38.0	70.0			
1992	40.0				

根据各自的数据, 利用流量三角形可以给出各自事故年的终极案均赔款及终极赔案数目, 然后利用

$$终极赔付额 = 终极案均赔款 \times 终极赔案数目$$

及

$$未决赔款准备金 = 终极赔付额 - 累计赔付额$$

得到未决赔款准备金. 这种计算未决赔款准备金的方法, 称为 **案均赔款法**.

§11.6　分　离　方　法

本节介绍基于分离方法计算未决赔款准备金的基本方法以及衍生的两种修正方法: 比率方法和总赔付额方法.

下面以例 6.4.1 为例来说明, 在 1990 年 12 月 31 日计算未决赔款准备金. 例 6.4.1 中针对表 11.2 及表 6.22 中的数据给出了终极赔付额的计算方法. 为方便计, 我们将表 6.22 的数据重新在表 11.11 中给出.

表 11.11 赔案数目 (包括 IBNR)

事故年	赔案数目	事故年	赔案数目
1976	48298	1979	41674
1977	43430	1980	39265
1978	41454		

根据前面的数据得到未来各年的预计赔付额, 见表 11.12, 详细的计算过程见 §6.4 及表 6.23.

表 11.12 未来各年度的预计赔付额 (单位: 元)

事故年 \ 发展年	第 1 年	第 2 年	第 3 年	第 4 年	第 4 年后
0(1976)					266567
1(1977)				59269	287639
2(1978)			178770	67888	329463
3(1979)		300286	215660	81896	397453
4(1980)	750196	339518	243835	92596	449374

注意: 利用分离模型计算未决赔款准备金时需要估计 IBNR 赔案数目, IBNR 赔案数目的估计方法可见于第六章以及下一节的讨论. 下面具体针对上面的例子论述三种方法: 基本方法、比率方法和总赔付额方法.

11.6.1 基本方法

基本方法是将按照分离方法得到的未来各发展年的预计赔付额相加, 便得到各个事故年的未决赔款准备金, 如将表 11.12 中每一事故年的数据相加得到表 11.13.

11.6.2 比率方法

比率方法以基本方法为基础. 先按照分离方法计算过去的预计赔付额, 如果过去的实际赔付额超过了其预计赔付额, 则未来的预计赔

表 11.13 基本方法下的未决赔款准备金 (单位: 元)

事故年	未决赔款准备金
0(1976)	266567
1(1977)	59269+287639=346908
2(1978)	329463+67888+178770=576121
3(1979)	397453+81896+215660+300286=995295
4(1980)	449374+92596+243835+339518+750196=1875519

付额也应该以相同的比例上调. 反之亦然. 这种方法称为比率方法.

根据例 6.4.1 的结果, 可以计算得到过去各事故年在各发展年的赔付额, 见表 11.14. 据此可以得到未决赔款准备金, 见表 11.15. 表 11.15 中第 4 列比率为 "实际赔付额 / 预计赔付额".

表 11.14 过去各年的预计赔付额 (单位: 元)

发展年 事故年	第0年	第1年	第2年	第3年	第4年	总计
1976	580066	480927	211724	137092	54927	1464736
1977	511532	504809	205978	156075		1378394
1978	569949	521305	248918			1340172
1979	619902	663513				1283415
1980	739472					739472

表 11.15 比率方法下的未决赔款准备金 (单位: 元)

事故年 (1)	累计 赔付额 (2)(表11.2)	过去的预计 赔付额 (3)(表11.14)	比率 (实际/预计) (4)=(2)/(3)	基本方法下的 未决赔款准备金 (5)(表11.13)	比率方法下的 未决赔款准备金 (6) = (4) × (5)
1976	1508415	1464736	1.0298	266567	274511
1977	1345061	1378394	0.9758	346908	338513
1978	1298456	1340172	0.9689	576121	558204
1979	1312219	1283415	1.0224	995295	1017590
1980	746003	739472	1.0088	1875519	1892024
总计				4060410	4080842

11.6.3 总赔付额方法

总赔付额方法需要根据分离方法计算每事故年过去预计的赔付额和未来预计的赔付额，将二者相加得到预计的总赔付额。该方法假设这一预计的总赔付额是固定的，如果过去赔付额的估计值超过了实际赔付额，则未决赔款准备金需相应减少同等的量；反之，如果过去赔付额的估计值低于实际赔付额，则未决赔款准备金需相应的增加。使用公式来表示，即为

$$未决赔款准备金 = 预计的总赔付额 - 累计赔付额.$$

根据上述方法，得到表 11.16.

表 11.16 总赔付额方法下的未决赔款准备金 (单位: 元)

事故年	至1980年底的预计赔付额	1980年以后的预计赔付额	预计总赔付额	至1980年底的累计赔付额	未决赔款准备金
(1)	(2)(表 11.14)	(3)(表 11.13)	(4)=(2)+(3)	(5)(表 11.2)	(6) = (4) − (5)
1976	1464736	266567	1731303	1508415	222888
1977	1378394	346908	1725302	1345061	380241
1978	1340172	576121	1916293	1298456	617837
1979	1283415	995295	2278710	1312219	966491
1980	739472	1875519	2614991	746003	1868988
总计					4056445

§11.7 IBNR 准备金的计算

第六章介绍了 IBNR 赔案数目的估计方法。相应地可以采用下面的方法计算 IBNR 准备金.

$$IBNR准备金 = 预计的 IBNR 赔案数目 \times IBNR 的案均赔款 \times (1+i)^{-r},$$

其中 r 是预计 IBNR 赔案的平均赔付时间，i 为实际利率.

IBNR 赔案的案均赔款与已报案赔案的案均赔款的比例可以用来刻画 IBNR 赔案的特殊性：

$$\frac{\text{IBNR的案均赔款}}{\text{已报案赔案的案均赔款}}.$$

§11.8 准备金的贴现

为了考虑货币的时间价值，在有些情况下需要对未决赔款准备金进行贴现. 下面用表 11.17 的数据来说明贴现对准备金的影响.

表 11.17 累计赔付额 (单位：元)

发展年 事故年	第0年	第1年	第2年	第3年	第4年	第5年	第6年	第7年
1985	5445	8602	11052	12464	13064	13416	13847	14032
1986	5847	9333	10699	11547	12592	13646	14015	
1987	5981	10835	12783	15337	17017	17506		
1898	7835	12288	16176	19511	21599			
1989	9763	16280	19843	23827				
1990	10745	16929	21478					
1991	14137	22253						
1992	15162							

根据上表，按照均值方法得到发展因子：

$$f_1 = 1.615, \quad f_2 = 1.239, \quad f_3 = 1.172,$$
$$f_4 = 1.092, \quad f_5 = 1.044, \quad f_6 = 1.030,$$
$$f_7 = 1.013.$$

各事故年预计的未来累计赔付额见表 11.18. 进而可以得到各事故年在各发展年的赔付额，见表 11.19.

设贴现利率为 8%，下面考虑贴现情况下的未决赔款净准备金. 假设各年度赔款在年中支付. 在评估日 1992 年 12 月 31 日得到的各年度的准备金见表 11.20.

表 11.18 预计的未来累计赔付额（单位：元）

事故年＼发展年	第1年	第2年	第3年	第4年	第5年	第6年	第7年
1985							
1986							14197
1987						18031	18266
1898					22549	23226	23528
1989				26019	27164	27979	28343
1990			25172	27488	28698	29558	29943
1991		27571	32314	35287	36839	37944	38438
1992	24487	30339	35557	38828	40537	41753	42296

表 11.19 预计的未来各年的赔付额（单位：元）

事故年＼发展年	第0年	第1年	第2年	第3年	第4年	第5年	第6年	第7年
1985								
1986								182
1987							525	224
1988						950	676	302
1989					2192	1145	815	364
1990				3694	2316	1209	861	384
1991			5318	4742	2973	1553	1105	493
1992		9325	5852	5218	2271	1708	1216	543

表 11.20 贴现后的未决赔款准备金（单位：元）

事故年＼发展年	第1年 (1)	第2年 (2)	第3年 (3)	第4年 (3)	第5年 (5)	第6年 (6)	第7年 (7)	未决赔款准备金 (1)+…+(7)
1985								0
1986							175	175
1987						505	208	714
1988					914	602	249	1766
1989				2109	1020	658	272	4080
1990			3555	2063	997	658	272	7545
1991		5117	4225	2453	1186	782	323	14086
1992	8973	5214	4305	2499	1208	796	329	23324

表 11.20 的计算过程中假设各年度的准备金是在年中支付的. 如, 对于 1986 事故年的发展年第 7 年, 有

$$182 \text{元} \times 1.08^{-0.5} = 175 \text{元},$$

对于 1992 事故年的发展年第 7 年, 平均赔付时间距评估日为 6.5 年, 因此

$$543 \text{元} \times (1.08)^{-6.5} = 329 \text{元}.$$

§11.9 理赔费用准备金的评估方法

下面分直接理赔费用准备金和间接理赔费用准备金来介绍.

11.9.1 直接理赔费用准备金的评估方法

一般可以使用比例法对直接理赔费用准备金进行评估. 该方法假定直接理赔费用与相应赔款之间存在着一种稳定的比例关系, 并且这种比例关系在过去和将来保持一致. 这种比例关系可以通过流量三角形确定, 并且可应用于理赔费用准备金的评估.

下面通过表 11.21 和表 11.22 来说明. 表 11.21 给出累计赔付额的数据, 表 11.22 为对应的累计直接理赔费用数据, 假设截至到发展年第 3 年末所有赔案都已理赔完毕.

表 11.21 累计赔付额 (单位: 元)

发展年 事故年	第 0 年	第 1 年	第 2 年	第 3 年
2002	22120	42001	54023	74112
2003	22073	41015	52110	
2004	19987	39876		
2005	34125			

表 11.22　累计直接赔款费用 (单位：元)

事故年＼发展年	第 0 年	第 1 年	第 2 年	第 3 年
2002	1110	2118	3112	4233
2003	1011	2034	3079	
2004	999	2001		
2005	1567			

在评估日 2005 年 12 月 31 日，要根据上述两个表格数据确定各事故年的直接理赔费用准备金. 下面分几步来进行：

(1) 估计各事故年的终极赔付额. 根据表 11.21 的数据，利用平均法可以得到发展因子 $f_1 = 1.9174$, $f_2 = 1.2784$, $f_3 = 1.1868$. 进而得到 2003 事故年的终极赔付额为

$$52110 \times f_3 = 61844;$$

2004 事故年的终极赔付额为

$$39876 \times f_2 \times f_3 = 60500;$$

2005 事故年的终极赔付额为

$$34125 \times f_1 \times f_2 \times f_3 = 99273.$$

(2) 计算各事故年的终极赔付额对应的直接理赔费用额度. 用表 11.22 中的数值除以表 11.21 中对应位置的数值，得到累计直接赔款费用与累计赔付额之比，见表 11.23.

表 11.23　累计直接赔款费用与累计赔付额之比

事故年＼发展年	第 0 年	第 1 年	第 2 年	第 3 年
2002	0.0502	0.0504	0.0576	0.066
2003	0.0458	0.0496	0.0591	
2004	0.0500	0.0502		
2005	0.0459			

计算表 11.23 的发展因子, 得到表 11.24 的发展因子.

表 11.24　发展因子

事故年	f_1'	f_2'	f_3'
2002	1.004	1.1429	1.1458
2003	1.083	1.1915	
2004	1.004		
平均法	1.030	1.167	1.146

这样, 对于事故年 2003 年, 每 100 元终极赔付额对应的直接理赔费用为

$$100 \times 0.0591 \times f_3' = 6.773;$$

事故年 2004 年每 100 元终极赔付额对应的直接理赔费用为

$$100 \times 0.0502 \times f_2' \times f_3' = 6.714;$$

事故年 2005 年每 100 元终极赔付额对应的直接理赔费用为

$$100 \times 0.0459 \times f_1' \times f_2' \times f_3' = 6.323.$$

(3) 计算直接理赔费用准备金. 将计算结果减去累计直接理赔费用, 得到直接理赔费用准备金, 见表 11.25.

表 11.25　直接理赔费用准备金 (单位: 元)

事故年	每百元赔付额的终极直接理赔费用 (1)	终极赔付额 (2)	终极直接理赔费用 (3)=(1)×(2)/100	累计直接理赔费用 (4)	直接理赔费用准备金 (5) = (3) − (4)
2003	6.773	61844	4189	3079	1110
2004	6.714	60500	4062	2001	2061
2005	6.323	99273	6277	1567	4710

11.9.2　间接理赔费用准备金的评估方法

间接理赔费用不直接与具体赔案相关, 保险公司对间接理赔费用的记录数据不如直接理赔费用详细, 这一点与直接理赔费用不同.

确定间接理赔费用准备金的原理是先估计单位赔付额的间接理赔费用额,然后再根据已发生已报案未决赔款准备金和毛 IBNR 准备金计算间接理赔费用准备金. 下面通过表 11.26 中的数据说明如何计算单位赔付额的间接理赔费用.

表 11.26　间接理赔费用准备金 (单位: 元)

日历年	间接理赔费用	赔付额
2000	12356	91900
2001	13829	100566
2002	15480	111526
2003	17540	130789
2004	21760	164067
2005	25666	171467
总计	106431	770315

利用总的间接理赔费用与总的赔付额的比

$$\frac{106431}{770315} = 0.1382$$

作为单位赔付额所承载的间接理赔费用的估计值. 得到该估计值后,需要考虑间接理赔费用的发生时间. 间接理赔费用在整个理赔过程中都可能发生, 所以我们假设在立案时的间接理赔费用发生比例为 a, 剩余的 $1-a$ 部分发生在理赔过程中. 由于未决赔款准备金包括已发生已报案未决赔款准备金和毛 IBNR 准备金, 因此已发生已报案未决赔款准备金对应的总理赔费用准备金为

$$0.1382 \times (1-a) \times \text{已发生已报案未决赔款准备金},$$

毛 IBNR 准备金 (严格来讲, 应是纯 IBNR 准备金) 对应的间接理赔费用的准备金为

$$0.1382 \times \text{毛 IBNR 准备金},$$

两者相加, 得到总的间接理赔费用准备金为

$$0.1382((1-a) \times \text{已发展已报案未决赔款准备金} + \text{毛 IBNR 准备金}).$$

若所有间接理赔费用在立案后发生，则 $a=0$，此时有

$0.1382 \times$ (已发生已报案未决赔款准备金 + 毛 IBNR 准备金).

在上面的计算过程中，认为比值 0.1382 适用于已发生已报案未决赔款准备金和毛 IBNR 准备金. 如果有更详尽的数据，则可以分别计算各自的间接费用比例，最后得到间接理赔费用准备金.

§11.10 未到期责任准备金的评估方法

在风险均匀分布的情况下，当签单时间以及保费收入均匀分布时，可以使用二十四分之一法、三百六十五分之一法等计算未到期责任准备金. 在风险分布不均匀的情况下可以使用七十八法则、逆七十八法则及流量预期法.

11.10.1 风险均匀分布的情况

二十四分之一法 对于期限为一年的保单，假设在每个统计月内保单的签单时间以及保费收入是均匀分布的. 这样可以假设签单的平均时间在该月中. 在评估日 2005 年 12 月 31 日评估未到期责任准备金时，在 2005 年 1 月份的未赚保费占该月保费收入的 1/24，在 2 月份的未赚保费占该月保费收入的 3/24，以此类推，在 12 月份的未赚保费占该月保费收入的 23/24. 对于保单期限多于一年的保单，可以类似处理.

二十四分之一法假设每个统计月内保单的签单时间以及已签保费是均匀分布的，当保险业务集中于某一段时间时这种方法不适用.

三百六十五分之一法 以日为基础对每张保单评估未到期责任准备金，对于在评估日保险责任未终止的保单逐单进行评估. 未赚保费的比例采用下面公式计算：

$$\frac{\text{保单到期日与准备金评估日之间的天数}}{\text{以天来计算的保险期限}}$$

如对于 2005 年 1 月 31 日签单的一年期保单，保费为 1000 元. 若在 2005 年 12 月 31 日使用三百六十五分之一法计算该保单的未到期责任准备金，则有

$$1000 元 \times \frac{31}{365} = 84.9 元.$$

11.10.2 风险分布不均匀的情况

在保险实务中经常会遇到在整个保险期限内风险分布不均匀的情形. 有些产品在保险初期风险较大，随着时间的推移风险逐渐降低；有些产品在保险初期风险较小，随着时间的推移风险逐渐增大. 如，对于消费贷款信用保险，随着贷款额的降低，风险逐渐下降；对于农作物保险，在收获前面临灾害的风险最大. 根据不同的情况，可以采用不同的计算方法.

先考虑一年期保单风险递减的情况.

七十八法则 假设签单后各月的风险按比例 $12:11:\cdots:1$ 逐月递减，由于

$$12 + 11 + \cdots + 2 + 1 = 78,$$

所以称该方法为七十八法则. 根据七十八法则，在承保后的第 1 个月该月已赚保费的比例为 12/78，在承保后的第 2 个月该月已赚保费的比例为 11/78，依此类推. 下面通过一个例子说明.

例 11.10.1 考虑三张一年期的保单 A, B, C，保费都为 1000 元. 保单 A 在 2005 年 6 月 1 日签单，保单 B 在 2005 年 7 月 1 日签单，保单 C 在 2005 年 6 月 10 日签单. 在 2005 年 12 月 31 日，利用七十八法则分别计算三张保单的未到期责任准备金.

解 保单 A 的未到期责任准备金为

$$1000 元 \times \frac{1+2+3+4+5}{78} = 192.3 元.$$

保单 B 的未到期责任准备金为

$$1000 元 \times \frac{1+2+3+4+5+6}{78} = 269.23 元.$$

可以近似地认为保单 C 的未到期责任准备金为前两者的线性组合:

$$192.3 \text{元} \times \frac{2}{3} + 269.23 \text{元} \times \frac{1}{3} = 217.94 \text{元}.$$

对于一年期保单的风险递增的情况,可以按照 **逆七十八法则** 进行评估. 逆七十八法则假设签单后各月的风险按比例 $1:2:\cdots:12$ 逐月递增, 同样地有

$$12 + 11 + \cdots + 2 + 1 = 78.$$

在承保后的第 1 个月内, 该月已赚保费为保费收入的 1/78; 在承保后的第 2 个月内, 该月已赚保费为保费收入的 2/78, 依此类推.

对于保单期限长于一年的情况, 可以类似地按照七十八法则或逆七十八法则进行处理.

流量预期法 是根据实际风险分布计算未到期责任准备金的一种方法. 如果可以得到风险的分布, 则根据该分布可以计算未赚保费比例.

考虑一年期的某特殊保险, 其风险分布如下表:

季　度	1	2	3	4
风险的概率函数	30%	30%	20%	20%

从而有下表:

季　度	1	2	3	4
已赚保费比例	30%	60%	80%	100%
未赚保费比例	70%	40%	20%	0%

其中已赚保费比例为前几个月的风险的概率函数之和, 1 减去已赚保费的比例则为未赚保费比例.

习　题

1. 给出各发展年的累计赔付额 (单位: 元) 如下表:

事故年 \ 发展年	第0年	第1年	第2年	第3年	第4年	第5年	第6年
1993	1780	2673	2874	3094	3157	3166	3166
1994	3226	4219	4532	4881	5144	5199	
1995	3652	4989	5762	6436	6720		
1996	2723	4301	5526	6231			
1997	2923	4666	5349				
1998	2990	5417					
1999	3917						

在评估日 1999 年 12 月 31 日分别利用平均法、最近 5 年平均法以及均值法计算未决赔款准备金.

2. 每年赔付数据 (单位: 元) 如下表:

事故年 \ 发展年	第0年	第1年	第2年	第3年	第4年	第5年
1994	192	251	153	145	98	0
1995	205	280	195	150	102	
1996	230	345	230	212		
1997	288	410	275			
1998	398	563				
1999	530					

在 1999 年 12 月 31 日按下列要求分别计算未决赔款准备金:

(1) 利用链梯法, 基于平均法和均值法计算;

(2) 使用利率 $i = 0.09$ 来确定考虑贴现因素的未决赔款准备金. (假设各年度的赔付在年中进行.)

3. 下面的第一个表格给出了各发展年年底累计已结案的赔案数目, 第二个表格给出了累计赔付额 (只包括已结案赔案, 单位: 千元):

事故年\发展年	第0年	第1年	第2年	第3年	第4年	估计总的赔案数目
1995	400	700	850	930	1000	1000
1996	480	790	1000	1140		1200
1997	500	950	1190			1400
1998	570	1050				1500
1999	600					1500

事故年\发展年	第0年	第1年	第2年	第3年	第4年
1995	2000	6000	9000	11200	14000
1996	2600	6840	10920	15600	
1997	2380	8960	14400		
1998	3120	10800			
1999	3800				

(1) 分析不同时间段结案的赔案数目占总赔案数目的比例;

(2) 分析不同时间段结案赔案的案均赔款占最终案均赔款的比例.

4. 下面给出某事故年的数据, 使用 B-F 法计算未决赔款准备金.

已赚保费: 1000;

预计赔付率: 0.650;

$f_{i,\infty} = 1.21$;

累计已发生损失: 600;

累计赔付额: 500.

5. 下表给出各年度的赔付数据, 表中第 2 行从第 3 列开始表示 1996 事故年在各日历年的实际赔付额 (单位: 元), 以下各行意义类同.

事故年	已赚保费	1996 年	1997 年	1998 年	1999 年
1996	25000	10000	5000	2000	0
1997	29750		12050	6025	2400
1998	33000			14500	7250
1999	38000				17475

每一事故年的预计赔付率都为 0.700. 分别使用链梯法、赔付率法及 B-F 方法, 在 1999 年 12 月 31 日计算未决赔款准备金.

6. 已知某保单的未到期责任准备金为 100 元. 这 100 元中, 预计赔付率为 77%, 维持费用率为 28.32%, 预期的投资收益率为 1.6%.

(1) 假设费用在年初发生, 预计赔付时间在下一年的年中. 试分析准备金是否充足;

(2) 假设费用在年初发生, 预计赔付时间在下一年的年末. 试分析准备金是否充足.

7. 给出下表的累计赔付额数据:

事故年\发展年	第 0 年	第 1 年	第 2 年	第 3 年	第 4 年	第 5 年	第 6 年
1999	22603	40064	54301	64114	71257	75950	78224
2000	22054	43970	58737	71841	78076	81287	
2001	20166	39147	51319	60417	66402		
2002	19297	37355	50391	62347			
2003	20555	42898	62832				
2004	17001	33568					
2005	11346						

对应的累计直接理赔费用由下表给出:

事故年\发展年	第 0 年	第 1 年	第 2 年	第 3 年	第 4 年	第 5 年	第 6 年
1999	554	1110	2118	3231	4211	4170	5429
2000	485	1244	2256	3578	4567	5202	
2001	446	1104	1981	2973	3785		
2002	405	953	1809	2905			
2003	388	1025	2161				
2004	357	843					
205	216						

利用平均法计算直接理赔费用准备金.

8. 累计赔付额和对应的间接理赔费用由下表中给出：

日历年	间接理赔费用 (元)	累计赔付额 (元)
1999	12345	91955
2000	13826	10576
2001	15486	111530
2002	17344	130708
2003	19425	145889
2004	21756	164051
2005	24367	171397

计算每 100 元赔款的间接理赔费用额.

附录 正态分布表

$$\Phi(x) = \frac{1}{\sqrt{2\pi}} \int_{-\infty}^{x} e^{-t^2/2} \, dt$$

x	$\Phi(x)$	x	$\Phi(x)$	x	$\Phi(x)$
0.00	0.5000	0.62	0.7324	1.24	0.8925
0.02	0.5080	0.64	0.7389	1.26	0.8962
0.04	0.5160	0.66	0.7454	1.28	0.8997
0.06	0.5239	0.68	0.7517	1.30	0.9032
0.08	0.5319	0.70	0.7580	1.32	0.9066
0.10	0.5398	0.72	0.7642	1.34	0.9099
0.12	0.5478	0.74	0.7704	1.36	0.9131
0.14	0.5557	0.76	0.7764	1.38	0.9162
0.16	0.5636	0.78	0.7823	1.40	0.9192
0.18	0.5714	0.80	0.7881	1.42	0.9222
0.20	0.5793	0.82	0.7939	1.44	0.9251
0.22	0.5871	0.84	0.7995	1.46	0.9279
0.24	0.5948	0.86	0.8051	1.48	0.9306
0.26	0.6026	0.88	0.8106	1.50	0.9332
0.28	0.6103	0.90	0.8159	1.52	0.9357
0.30	0.6179	0.92	0.8212	1.54	0.9382
0.32	0.6255	0.94	0.8264	1.56	0.9406
0.34	0.6331	0.96	0.8315	1.58	0.9429
0.36	0.6406	0.98	0.8365	1.60	0.9452
0.38	0.6480	1.00	0.8413	1.62	0.9474
0.40	0.6554	1.02	0.8461	1.64	0.9495
0.42	0.6628	1.04	0.8508	1.66	0.9515
0.44	0.6700	1.06	0.8554	1.68	0.9535
0.46	0.6772	1.08	0.8599	1.70	0.9554
0.48	0.6844	1.10	0.8643	1.72	0.9573
0.50	0.6915	1.12	0.8686	1.74	0.9591
0.52	0.6985	1.14	0.8729	1.76	0.9608
0.54	0.7054	1.16	0.8770	1.78	0.9625
0.56	0.7123	1.18	0.8810	1.80	0.9641
0.58	0.7190	1.20	0.8849	1.82	0.9656
0.60	0.7257	1.22	0.8888	1.84	0.9671

(续表)

x	$\Phi(x)$	x	$\Phi(x)$	x	$\Phi(x)$
1.86	0.9686	2.56	0.9948	3.26	0.9994
1.88	0.9699	2.58	0.9951	3.28	0.9995
1.90	0.9713	2.60	0.9953	3.30	0.9995
1.92	0.9726	2.62	0.9956	3.32	0.9995
1.94	0.9738	2.64	0.9959	3.34	0.9996
1.96	0.9750	2.66	0.9961	3.36	0.9996
1.98	0.9761	2.68	0.9963	3.38	0.9996
2.00	0.9772	2.70	0.9965	3.40	0.9997
2.02	0.9783	2.72	0.9967	3.42	0.9997
2.04	0.9793	2.74	0.9969	3.44	0.9997
2.06	0.9803	2.76	0.9971	3.46	0.9997
2.08	0.9812	2.78	0.9973	3.48	0.9997
2.10	0.9821	2.80	0.9974	3.50	0.9998
2.12	0.9830	2.82	0.9976	3.52	0.9998
2.14	0.9838	2.84	0.9977	3.54	0.9998
2.16	0.9846	2.86	0.9979	3.56	0.9998
2.18	0.9854	2.88	0.9980	3.58	0.9998
2.20	0.9861	2.90	0.9981	3.60	0.9998
2.22	0.9868	2.92	0.9982	3.62	0.9999
2.24	0.9875	2.94	0.9984	3.64	0.9999
2.26	0.9881	2.96	0.9985	3.66	0.9999
2.28	0.9887	2.98	0.9986	3.68	0.9999
2.30	0.9893	3.00	0.9987	3.70	0.9999
2.32	0.9898	3.02	0.9987	3.72	0.9999
2.34	0.9904	3.04	0.9988	3.74	0.9999
2.36	0.9909	3.06	0.9989	3.76	0.9999
2.38	0.9913	3.08	0.9990	3.78	0.9999
2.40	0.9918	3.10	0.9990	3.80	0.9999
2.42	0.9922	3.12	0.9991	3.82	0.9999
2.44	0.9927	3.14	0.9992	3.84	0.9999
2.46	0.9931	3.16	0.9992	3.86	0.9999
2.48	0.9934	3.18	0.9993	3.88	0.9999
2.50	0.9938	3.20	0.9993	3.90	1.0000
2.52	0.9941	3.22	0.9994	3.92	1.0000
2.54	0.9945	3.24	0.9994	3.94	1.0000

部分习题解答与提示

第 一 章

1. 条件期望为

$$E[(S-E(S))^3|N]$$
$$= E\left[\left(\sum_{i=1}^{N} X_i - NE(X) + NE(X) - E(X)E(N)\right)^3 \bigg| N\right]$$
$$= E\left(\left[\sum_{i=1}^{N}(X_i - E(X))\right]^3 \bigg| N\right)$$
$$\quad + 3(N-E(N))E\left(\left[\sum_{i=1}^{N}(X_i - E(X))\right]^2 \bigg| N\right)E(X)$$
$$\quad + 3(N-E(N))^2 E\left(\left[\sum_{i=1}^{N}(X_i - E(X))\right] \bigg| N\right)E^2(X)$$
$$\quad + E^3(X)(N-E(N))^3$$
$$= NE[X-E(X)^3] + 3N[N-E(N)]E(X-E(X))^2 E(X)$$
$$\quad + (E(X))^3 E[N-E(N)]^3,$$

所以有

$$E[(S-E(S))^3 = E\{E[(S-E(S))^3|N]\}$$
$$= E(N)E[X-E(X)^3] + 3\mathrm{var}\,(X)\mathrm{var}\,(N)E(X)$$
$$\quad + (E(X))^3 E[N-E(N)]^3$$

2. 由题意，知 $N \sim P(50)$，所以 $E(N) = \mathrm{var}\,(N) = 50$. 又

$$E(X) = 1 \times 0.3 + 2 \times 0.6 + 3 \times 0.1 = 1.8,$$

$$E(X^2) = 1 \times 0.3 + 2^2 \times 0.6 + 3^2 \times 0.1 = 3.6.$$

因此 $\text{var}(X) = 3.6 - 1.8^2 = 0.36$, 由此得

$$\text{var}(S) = E(N)\text{var}(X) + (E(X))^2 \text{var}(N)$$
$$= 50 \times 0.36 + 1.8^2 \times 50 = 180.$$

3. 由题意, 有

$$P(S = 5) = P(X_1 = 0)\left(P(X_2 = 2) \times P(X_3 = 3) + P(X_2 = 3)P(X_3 = 2)\right)$$
$$+ P(X_1 = 1)(P(X_2 = 1) \times P(X_3 = 3) + P(X_2 = 3)P(X_3 = 1)$$
$$+ P(X_2 = 2)P(X_3 = 2))$$
$$= p(0.1 \times 0.25 + 0.1 \times 0.25)$$
$$+ (1 - p)(0.2 \times 0.25 + 0.1 \times 0.25 + 0.1 \times 0.25)$$
$$= 0.1 - 0.05p = 0.06,$$

推出 $p = 0.8$.

4. 由题意, 有

$$E(S) = \int_0^1 5x^5 dx = \frac{5}{6}, \quad E(S^2) = \int_0^1 5x^6 dx = \frac{5}{7},$$
$$\text{var}(S) = E(S^2) - (E(S))^2 = \frac{5}{252}.$$

利用 $P(S \leq k) = \int_0^k 5x^4 dx = 0.9$ 可解得 $k = 0.98$. 所以由

$$(1 + \theta)E(S) = E(S) + \lambda\sqrt{\text{var}(S)} = 0.98,$$

推出 $\theta = 0.176, \lambda = 1.04123$.

5. 由题意, 有

$$P(S > 100) = P(N = 1)0.5 + P(N = 2)\left(1 - \Phi\left(\frac{100 - 200}{\sqrt{18}}\right)\right)$$
$$+ P(N = 3)\left(1 - \Phi\left(\frac{100 - 300}{\sqrt{27}}\right)\right) = 0.4.$$

6. 由题意,有 $E(X) = 2, E(X^2) = 5$,所以 $\text{var}(X) = 5 - 4 = 1$. 又 $E(N) = 3/4$ 及

$$\text{var}(N) = \text{var}(E[N|\Lambda]) + E(\text{var}[N|\Lambda])$$
$$= \text{var}(\Lambda) + E(\Lambda)$$
$$= \frac{3}{16} + \frac{3}{4} = \frac{15}{16},$$

所以

$$\text{var}(S) = E(N)\text{var}(X) + (E(X))^2\text{var}(N) = 4\text{var}(N) + E(N) = 4.5.$$

7. 赔付次数的期望为

$$E\left(\sum_{i=1}^{N} I_{\{X_i > 2\}}\right) = E(N)P(X > 2) = 100\mathrm{e}^{-1/5} = 81.87,$$

所以总赔付额的期望为

$$E(S) = E\left(\sum_{i=1}^{N}(X_1 - 2)_+\right)$$
$$= E(N)E(X-2)_+ = E(N)E[(X-2)_+|X>2]P(X>2)$$
$$= 100 \times 10 \times \mathrm{e}^{-2/10} = 818.7.$$

第 二 章

1. X 的分布函数为

$$F_X(y) = 1 - \left(\frac{\theta}{y}\right)^\alpha, \quad y > \theta,$$

所以当 $\tau > 0$,有

$$F_Y(y) = 1 - \left(\frac{\theta}{y^\tau}\right)^\alpha, \quad y > \theta.$$

当 $\tau < 0$, 有
$$F_Y(y) = \left(\frac{\theta}{y^\tau}\right)^\alpha, \quad y > \theta.$$

2. Γ 分布的密度函数为
$$f(x) = \frac{\beta^\alpha e^{-\beta x} x^{\alpha-1}}{\Gamma(\alpha)}, \quad x > 0,$$

由此有
$$\frac{df(x)}{dx} = \frac{\beta^\alpha}{\Gamma(\alpha)}\left((\alpha-1)x^{\alpha-2}e^{-\beta x} - \beta e^{-\beta x}x^{\alpha-1}\right)$$
$$= \frac{\beta^\alpha}{\Gamma(\alpha)}x^{\alpha-2}e^{-\beta x}(\alpha - 1 - \beta x).$$

当 $\alpha \geq 1$ 时, 众数为 $\dfrac{\alpha-1}{\beta}$.

再根据
$$E(X) = \frac{\alpha}{\beta}, \quad \text{var}(X) = \frac{\alpha}{\beta^2}$$

有
$$\alpha = \frac{(E(X))^2}{\text{var}(X)}, \quad \beta = \frac{E(X)}{\text{var}(X)}.$$

4. Y 的密度函数为
$$f_Y(y) = -\tau y^{\tau-1} f_X(y^\tau) = \frac{2}{3} y^{-3} e^{-\frac{1}{3}y^{-2}}$$

所以期望
$$E(Y) = \int_0^\infty \frac{2}{3} y^{-2} e^{-\frac{1}{3}y^{-2}} dy$$
$$= \int_0^\infty \frac{2}{3} e^{-\frac{1}{3}t^2} dt = \sqrt{\frac{\pi}{3}}.$$

5. 设 $X \sim \Gamma(\alpha, \beta)$. 令 $Y = CX, C > 0$. 则对 $x \geq 0$,
$$P(Y \leq x) = \int_0^{\frac{x}{C}} \frac{\beta^\alpha e^{-\beta t} t^{\alpha-1}}{\Gamma(\alpha)} dt$$

$$= \int_0^x \frac{(\beta C)^\alpha e^{-\beta Cs} s^{\alpha-1}}{\Gamma(\alpha)} ds.$$

所以 $X \sim \Gamma(\alpha, C\beta)$.

7. 根据 C 和 X 的独立性, 有

$$E(Y) = E(C)E(X)$$

及

$$\text{var}(Y) = \text{var}(CX) = \text{var}(E[CX|C]) + E[\text{var}[CX|C]]$$
$$= (E(X))^2 \text{var}(C) + E(C^2)\text{var}(X).$$

8. 对 $y > 0$, 有

$$P(Y > y) = E\left[P\left(X > \frac{y}{C}\bigg|C\right)\right] = \int_a^b e^{-\frac{y}{c\theta}} \frac{1}{c\ln(b/a)} dc.$$

所以密度函数

$$f_Y(y) = \int_a^b e^{-\frac{y}{c\theta}} \frac{1}{c^2\theta \ln(b/a)} dc$$
$$= \frac{1}{y\ln(b/a)}\left(e^{-\frac{y}{a\theta}} - e^{-\frac{y}{b\theta}}\right).$$

9. (1) 由题意, 有

$$P(X > d) = \int_d^\infty f(x) dx$$
$$= \int_d^\infty 0.0004 x e^{-0.02x} dx = (0.02d + 1)e^{-0.02d}.$$

(2) 在索赔发生的条件下, 保险人的预计赔付额为

$$E(X - d|X > d) = \frac{\int_d^\infty x f(x) dx}{\int_d^\infty f(x) dx} - d$$

$$= \frac{0.02d^2 + 2d + 100}{0.02d + 1} - d = \frac{d + 100}{0.02d + 1}.$$

(3) 根据 $E(X) = 100$ 及

$$E(\min\{X, 50\}) = \int_0^{50} xf(x)\mathrm{d}x + \int_{50}^{\infty} 50f(x)\mathrm{d}x = 44.81$$

得到

$$\frac{E(\min\{X, 50\})}{E(X)} = \frac{44.81}{100} = 0.4481.$$

(4) 由

$$E(\max\{X - d, 0\}) = \int_d^{\infty} 0.0004x\mathrm{e}^{-0.02x}(x - d)\mathrm{d}x$$
$$= (0.02d^2 + 2d + 100)\mathrm{e}^{-0.02d} - d(0.02d + 1)\mathrm{e}^{-0.02d}$$
$$= (100 + d)\mathrm{e}^{-0.02d}$$

及

$$E(\max\{X - d, 0\})^2 = \int_d^{\infty} 0.0004x\mathrm{e}^{-0.02x}(x - d)^2\mathrm{d}x$$
$$= (100d + 15000)\mathrm{e}^{-0.02d}$$

可得

$$\mathrm{var}\,(\max\{X - d, 0\}) = (100d + 15000)\mathrm{e}^{-0.02d} - (d + 100)^2\mathrm{e}^{-0.04d}.$$

(5) 由

$$E(\min\{X, d\}) = d\int_d^{\infty} 0.0004x\mathrm{e}^{-0.02x}\mathrm{d}x + \int_0^d x^2 0.0004\mathrm{e}^{-0.02x}\mathrm{d}x$$
$$= 100 - (100 + d)\mathrm{e}^{-0.02d}$$

及

$$E(\min\{X, d\})^2 = 15000 - (2d^2 + 300d + 15000)\mathrm{e}^{-0.02d},$$

可得

$$\mathrm{var}\,(\min\{X,d\}) = 5000 - (2d^2 + 100d - 5000)\mathrm{e}^{-0.02d} - (d+100)^2 \mathrm{e}^{-0.04d}.$$

第 三 章

1. 假设

$$N_1 \sim P(\lambda_1), \quad N_2 \sim P(\lambda_2), \quad N_3 \sim P(\lambda_3),$$

则有

$$E(S) = \lambda_1 + 2\lambda_2 + 3\lambda_3 = 56,$$
$$\mathrm{var}\,(S) = \lambda_1 + 4\lambda_2 + 9\lambda_3 = 126,$$
$$E(S - E(S))^3 = \lambda_1 + 8\lambda_2 + 27\lambda_3 = 314.$$

解得

$$\lambda_1 = 10, \quad \lambda_2 = 11, \quad \lambda_3 = 8.$$

2. 由

$$P(N = n) = \binom{n+r-1}{n}\left(\frac{1}{1+\beta}\right)^r\left(\frac{\beta}{1+\beta}\right)^n, \quad n = 0, 1, 2, \cdots$$

知当 $r \to 0$ 时,

$$P(N = n | N > 0) = \frac{(n+r-1)(n+r-2)\cdots(r+1)}{n!}$$
$$\times \frac{r}{(1+\beta)^r - 1}\left(\frac{\beta}{1+\beta}\right)^n$$
$$\to \frac{1}{n\ln(1+\beta)}\left(\frac{\beta}{1+\beta}\right)^n, \quad n = 1, 2, \cdots.$$

3. 由题意, 知

$$E(N) = \frac{1 - 1/4}{1 - \mathrm{e}^{-\ln 2}}\lambda = \frac{3}{2}\ln 2$$

及
$$E(N)^2 = \frac{3}{4} \frac{\lambda^2 + \lambda}{\frac{1}{2}} = \frac{3}{2}(\ln^2 2 + \ln 2).$$

所以
$$\operatorname{var}(N) = E(N)^2 - (E(N))^2 = \frac{3}{2}\ln 2 - \frac{3}{4}\ln^2 2,$$

$$P(N = 3) = \left(1 - \frac{1}{4}\right)\frac{e^{-\lambda}\lambda^3}{3!(1 - e^{-\ln 2})} = \frac{1}{8}\ln^3 2.$$

4. 由题意，有
$$\operatorname{var}(N) = \frac{a+b}{(1-a)^2}, \quad E(N) = \frac{a+b}{1-a}.$$

5. 对于概率函数
$$p_n = \frac{1}{n\ln(1+\beta)}\left(\frac{\beta}{1+\beta}\right)^n, \quad n = 1, 2, \cdots,$$

有 $\beta = 2$. 由此知
$$p_n = \frac{n-1}{n}\left(\frac{\beta}{1+\beta}\right)p_{n-1}$$

服从 $(a, b, 1)$ 类，其中
$$a = \frac{\beta}{1+\beta}, \quad b = -\frac{\beta}{1+\beta}.$$

又
$$E(N) = \frac{\beta}{\ln(1+\beta)} = \frac{2}{\ln 3}, \quad E(N^2) = \frac{\beta(1+\beta)}{\ln(1+\beta)} = \frac{6}{\ln 3}.$$

6. 此分布为二项分布，属于 $(a, b, 0)$ 类，$a = -\frac{1}{3}$, $b = 4$. 概率函数为
$$p_n = C_{11}^n \left(\frac{1}{4}\right)^n \left(\frac{3}{4}\right)^{11-n}, \quad n = 0, 1, 2, \cdots, 11.$$

7. 利用概率函数来证明.

8. 利用矩母函数来证明.

第 四 章

1. 由题意,有

$$P(S = 0) = e^{-\lambda} = e^{-0.6},$$
$$P(S = 1) = P(N = 1, X_1 = 1) = P(N = 1)P(X_1 = 1)$$
$$= 0.12e^{-0.6},$$
$$P(S = 2) = P(N = 1, X_1 = 2) + P(N = 2, X_1 = 1, X_2 = 1)$$
$$= 0.1872e^{-0.6},$$

所以

$$P(S \geq 3) = 1 - P(S = 0) - P(S = 1) - P(S = 2)$$
$$= 1 - 1.3072e^{-0.6} = 0.2826.$$

2. $F(x)$ 为复合泊松分布,泊松参数 $\lambda = 2$,损失分布为

$$f_X(1) = \frac{1}{2}f_A(1) + \frac{1}{2}f_B(1) = \frac{3}{4} \quad \text{及} \quad f_X(2) = \frac{1}{4}.$$

所以 $F^{*(4)}$ 也为复合泊松分布,泊松参数为 $\lambda = 2 \times 4 = 8$,损失分布保持不变.

假设 $S = \sum\limits_{i=1}^{N} X_i$ 的分布函数为 $F^{*(4)}$. 则由 $X_i \leq 2$, 知

$$F^{*(4)}(6) = P(N \leq 3) + P(N = 4)P(X_1 + X_2 + X_3 + X_4 \leq 6)$$
$$+ P(N = 5)P(X_1 + \cdots + X_5 \leq 6)$$
$$+ P(N = 6)P(X_1 + \cdots + X_6 \leq 6)$$
$$= 0.1764.$$

3. 根据已知条件知

$$E(S) = \lambda E(X) = 29(f_X(1) + 2f_X(2) + 3f_X(3)) = 56,$$

$$\text{var}(S) = \lambda E(X^2) = 29(f_X(1) + 4f_X(2) + 9f_X(3)) = 126$$

及

$$f_X(1) + f_X(2) + f_X(3) = 1,$$

解得

$$f_X(1) = \frac{10}{29}, \quad f_X(2) = \frac{11}{29}, \quad f_X(3) = \frac{8}{29}.$$

因此得到损失额为 2 的预计损失数目为

$$29 \times f_X(2) = 11.$$

4. 根据 Panjer 递推算法来确定. 由此, 有

$$f_S(0) = P(N=0) = \mathrm{e}^{-0.1},$$

$$f_S(1) = \frac{0.1}{1} f_X(1) f_S(0) = 0.03 \mathrm{e}^{-0.1},$$

$$f_S(2) = \frac{0.1}{2} (f_X(1) f_S(1) + f_X(2) f_S(0)) = 0.01045 \mathrm{e}^{-0.1},$$

其他的类似.

5. 由 X 服从期望为 θ 的指数分布, 知

$$f_X^{*(n)}(x) = \frac{x^{n-1} \mathrm{e}^{-\frac{x}{\theta}}}{\theta^n (n-1)!}, \quad x > 0,$$

因此有复合 Logarithmic 分布的概率函数为

$$f_S(x) = \sum_{n=1}^{\infty} p_n f_X^{*(n)}(x)$$

$$= \sum_{n=1}^{\infty} \frac{1}{n \ln(1+\beta)} \left(\frac{\beta}{1+\beta}\right)^n \frac{x^{n-1} \mathrm{e}^{-\frac{x}{\theta}}}{\theta^n (n-1)!}$$

$$= \frac{\mathrm{e}^{-x/\theta}}{x \ln(1+\beta)} \sum_{n=1}^{\infty} \left(\frac{x\beta}{\theta(1+\beta)}\right)^n \frac{1}{n!}$$

$$= \frac{e^{-x/\theta}}{x\ln(1+\beta)}[e^{\frac{x\beta}{\theta(1+\beta)}} - 1]$$

$$= \frac{e^{-\frac{x}{\theta(1+\beta)}} - e^{-\frac{x}{\theta}}}{x\ln(1+\beta)}.$$

6. (1) 由题意，有

$$f_S(0) = P(N=0) = e^{-4}.$$

(2) 由 Panjer 递推，

$$f_S(x) = \sum_{y=1}^{x} \frac{4y}{x} f_S(x-y) f_X(y)$$

$$= \frac{4}{3}\left(\frac{1}{x} f_S(x-1) + \frac{2}{x} f_S(x-2) + \frac{3}{x} f_S(x-3)\right).$$

(3) 由题意，有

$$f_S(1) = \frac{4}{3} f_S(0) = \frac{4}{3} e^{-4},$$

$$f_S(2) = \frac{4}{3}\left(\frac{1}{2} f_S(1) + f_S(0)\right) = \frac{20}{9} e^{-4},$$

$$f_S(3) = \frac{4}{3}\left(\frac{1}{3} f_S(2) + \frac{2}{3} f_S(1) + f_S(0)\right) = \frac{284}{81} e^{-4}.$$

7. 密度函数为

$$f(x) = \frac{\alpha \theta^\alpha}{x^{\alpha+1}}, \quad x > \theta.$$

由 $E(X) = 1$ 知 $\theta = 1 - 1/\alpha$. 对于 $j > [\theta/h]$, 有

$$K_j^A = P(X < jh+h) - P(X < jh) = P(jh \leq X < jh+h)$$

$$= \left(\frac{\theta}{h}\right)^\alpha [j^{-\alpha} - (j+1)^{-\alpha}],$$

$$K_j^B = P(X \leq jh) - P(X < (j-1)h)$$

$$= \left(\frac{\theta}{h}\right)^{\alpha}[j^{-\alpha} - (j-1)^{-\alpha}].$$

8. 根据概率生成函数可以验证

$$E(N - E(N))^3 = \lambda,$$

因此有

$$\begin{aligned}
&E(S - E(S))^3 \\
&= E\left\{E\left[\left(\sum_{i=1}^{N} X_i - NE(X) + (N - E(N))E(X)\right)^3 \bigg| N\right]\right\} \\
&= E(N)E(X - E(X))^3 + 3\text{var}(N)E(X)\text{var}(X) \\
&\quad + E(N - E(N))^3(E(X))^3 \\
&= \lambda[E(X - E(X))^3 + 3E(X)\text{var}(X) + (E(X))^3] \\
&= \lambda E(X^3).
\end{aligned}$$

9. 对于

$$p_n = \frac{1}{\ln(1+\beta)}\left(\frac{\beta}{1+\beta}\right)^n,$$

有

$$E(N) = \frac{\beta}{\ln(1+\beta)}, \quad \text{var}(N) = \frac{\beta(1+\beta)\ln(1+\beta) - \beta^2}{[\ln(1+\beta)]^2},$$

则有

$$\begin{aligned}
EI_1(X) &= 1 \times 0.2 + 2 \times 0.1 = 0.4, \\
EI_1^2(X) &= 1 \times 0.2 + 4 \times 0.1 = 0.6
\end{aligned}$$

及

$$\text{var}(I_1(X)) = 0.6 - 0.4^2 = 0.44.$$

因此, 有

$$\text{var}(\hat{S}) = E(N)\text{var}(I_1(X)) + (EI_1(X))^2\text{var}(N)$$

$$= \frac{0.6\beta + 0.16\beta^2}{\ln(1+\beta)} - \frac{0.16\beta^2}{[\ln(1+\beta)]^2},$$

$$f_{\hat{S}}(0) = \sum_{n=1}^{\infty} p_n (f_X(1))^n$$

$$= \sum_{n=1}^{\infty} \left(\frac{\beta}{1+\beta}\right)^n \frac{1}{n\ln(1+\beta)} \times 0.7^n$$

$$= \frac{\ln\left(\frac{1+\beta}{1+0.3\beta}\right)}{\ln(1+\beta)}$$

及

$$f_{\hat{S}}(1) = P(\hat{S}=1) = \sum_{n=1}^{\infty} p_n C_n^1 f_X(2) f_X^{n-1}(1)$$

$$= \sum_{n=1}^{\infty} \frac{1}{n\ln(1+\beta)} \left(\frac{\beta}{1+\beta}\right)^n n \times 0.2 \times 0.7^{n-1}$$

$$= \frac{\beta}{5(1+0.3\beta)\ln(1+\beta)}.$$

第 五 章

1. (1) 矩估计: 计算 $u(\lambda)$ 的矩母函数

$$M_\Lambda(t) = \int_0^\infty e^{\lambda t} \frac{g}{\sqrt{2\pi h \lambda^3}} e^{-\frac{(\lambda-g)^2}{2h\lambda}} d\lambda$$

$$= e^{\frac{g}{h} - \frac{g}{h}(1-2ht)^{1/2}} \int_0^\infty \frac{g/\sqrt{1-2ht}}{\sqrt{2\pi h \lambda^3/(1-2ht)}} e^{-\frac{1-2ht}{2h\lambda}(\lambda - \frac{g}{\sqrt{1-2ht}})^2} d\lambda.$$

根据题中给出的密度函数形式, 知

$$\frac{g/\sqrt{1-2ht}}{\sqrt{2\pi h \lambda^3/(1-2ht)}} e^{-\frac{1-2ht}{2h\lambda}\left(\lambda - \frac{g}{\sqrt{1-2ht}}\right)^2}, \quad \lambda > 0$$

为一密度函数,所以有
$$M_\Lambda(t) = e^{\frac{g}{h}(1-(1-2ht)^{1/2})}.$$

因此有
$$E(\Lambda) = \left.\frac{\partial M_\Lambda(t)}{\partial t}\right|_{t=0} = g,$$
$$E(\Lambda^2) = \left.\frac{\partial^2 M_\Lambda(t)}{\partial t^2}\right|_{t=0} = g^2 + gh.$$

由于
$$E(N) = E[E(N|\Lambda)] = E(\Lambda) = g$$

及
$$E(N^2) = E(E[N^2|\Lambda]) = E[\Lambda^2 + \Lambda] = g^2 + gh + g,$$

所以
$$\mathrm{var}\,(N) = g(1+h),$$

由此得到矩估计为
$$\hat{g} = \overline{x}, \quad \hat{h} = \frac{s^2}{\overline{x}} - 1.$$

(2) 最大似然估计:可以得到
$$p_0 = E\{E[N=0|\Lambda]\} = E[e^{-\Lambda}] = M_\Lambda(-1) = e^{\frac{g}{h}(1-(1+2h)^{1/2})},$$
$$p_1 = E\{E[N=1|\Lambda]\} = E[e^{-\Lambda}\Lambda] = p_0\frac{g}{\sqrt{1+2h}}.$$

根据
$$p_k = \int_0^\infty e^\lambda \frac{\lambda^k}{k!}\frac{g}{\sqrt{2\pi h\lambda^3}}e^{-\frac{(\lambda-g)^2}{2h\lambda}}\mathrm{d}\lambda,$$

利用分部积分可得到
$$p_k = \frac{\left(1+\dfrac{1}{2h}\right)(k+1)}{k-\dfrac{1}{2}}p_{k+1} - \frac{g^2}{2h\left(k-\dfrac{1}{2}\right)k}p_{k-1},$$

整理得到
$$(2h+1)(k+1)kp_{k+1} = p_k h(2k-1)k + g^2 p_{k-1}, \quad k=2,3,\cdots$$

似然函数为
$$L(g,h) = \prod_{i=1}^{n} p_i^{n_i},$$

通过对 g,h 求偏导并令其等于零,最后可得到最大似然估计 $\hat{g} = \overline{x}$ 及 $\hat{h}$,$\hat{h}$ 是方程 $\dfrac{1}{h}\sum\limits_{k=0}^{\infty} n_k T_k(h) = \overline{x}$ 的正的数值解,其中

$$T_0(h) = \overline{x}(1+2h)^{-1/2},$$

$$T_k(h) = \frac{1}{1+2h}\left[(2k-1)h + \frac{\overline{x}^2}{T_{k-1}(h)}\right], \quad k=1,2,\cdots$$

及
$$T_k(h) = (k+1)p_{k+1}/p_k.$$

2. (1) 矩估计:帕累托分布的密度函数
$$f(x) = \frac{\alpha\theta^\alpha}{x^{\alpha+1}}, \quad x > \theta.$$

矩
$$E(X^k) = \frac{\alpha\theta^k}{\alpha-k}.$$

由
$$E(X) = \frac{\alpha\theta}{\alpha-1} = 278.014, \quad E(X^2) = \frac{\alpha\theta^2}{\alpha-2} = 306357.422,$$

得到
$$\hat{\alpha} = 2.1565, \quad \hat{\theta} = 149.09$$

(2) 最大似然估计:似然函数为
$$\frac{\alpha^{35}\theta^{35\alpha}}{\left(\prod\limits_{i=1}^{35} x_i\right)^{\alpha+1}} \prod_{i=1}^{35} I_{\{x_i > \theta\}},$$

可解得
$$\hat{\theta} = 8.06, \quad \hat{\alpha} = 0.3626$$

3. 泊松分布的参数的矩估计为 $\hat{\lambda} = 0.61$. 由于方差比期望小，不适合用负二项分布来拟合数据.

第 七 章

1. $\overline{X}$ 满足完全信度的条件为 $\mathrm{var}(\overline{X}) \leq \mu^2/\lambda_0$. 根据题中的要求知应有
$$y_{0.9}/0.05 = y_{0.95}/r,$$
利用正态近似有
$$y_{0.9} = 1.645, \quad y_{0.95} = 1.96.$$
所以根据
$$\frac{1.645}{0.05} = \frac{1.96}{r},$$
可推得 $r = 0.0596$.

2. 如果根据索赔次数来确定索赔频率的信度，则根据部分信度的计算公式，有
$$0.4 = \sqrt{\frac{100}{n_F}},$$
从中解得
$$n_F = \frac{100}{0.4^2} = 625,$$
再由
$$0.9 = \sqrt{\frac{n}{n_F}},$$
得到 $n = 507$. 因此应增加的保单数目为 $507 - 100 = 407$.

3. 在错误计算情况下，预计的最低索赔频率 $\lambda = 1500$，即
$$1500 = \lambda_0 \left(1 + \frac{\sigma_0^2}{\mu_0^2}\right) = \lambda_0(1 + 0.6211^2).$$

正确的情况下，预计的最低索赔频率为

$$\lambda = \lambda_0 \left(1 + \frac{\sigma_0^2}{\mu_0^2}\right) = \lambda_0(1 + 0.52^2).$$

解得 $\lambda = 1376.5$.

4. 最低索赔频率为

$$\lambda = \left(\frac{y_{0.9}}{0.05}\right)^2 \left(1 + \frac{\sigma_0^2}{\mu_0^2}\right) = \left(\frac{y_{0.95}}{r}\right)^2.$$

根据给出的分布，有

$$\mu_0 = \frac{5}{4}, \quad \sigma_0 = \frac{5}{48},$$

再根据 $y_{0.9} = 1.645, y_{0.95} = 1.96$，可解得 $r = 0.056$.

5. 当个体索赔额为常数时，最低的预计索赔数目为

$$\lambda = \lambda_0(1+0) = 2670.$$

当个体索赔额服从对数正态分布时，最低赔案频率为

$$\begin{aligned}\lambda &= \lambda_0\left(1 + \frac{\sigma_0^2}{\mu_0^2}\right) \\ &= 2670 \times \left(1 + \frac{1500000}{1000^2}\right) \\ &= 6675.\end{aligned}$$

第 八 章

1. 对于 $\boldsymbol{X} = (X_1, X_2, \cdots, X_n)$，有

$$E(X_{n+1}|\boldsymbol{X} = \boldsymbol{x}) = \int_0^\infty \mu_{n+1}(\theta)\pi_{\Theta|\boldsymbol{X}}(\theta|\boldsymbol{x})\mathrm{d}\theta.$$

根据

$$f_{\boldsymbol{X}}(\boldsymbol{x}) = \int_0^\infty \prod_{i=1}^n [f(x_i,\theta)]\pi(\theta)\mathrm{d}\theta$$

$$= \int_0^\infty \left[\prod_{i=1}^n x_i\right] e^{-\theta \sum_{i=1}^n x_i} \theta^{2n+1} e^{-\theta} d\theta$$

$$= \prod_{i=1}^n x_i \int_0^\infty \theta^{2n+1} e^{-\theta\left(1+\sum_{i=1}^n x_i\right)} d\theta$$

$$= \frac{(2n+1)! \prod_{i=1}^n x_i}{\left(\sum_{i=1}^n x_i + 1\right)^{2n+2}},$$

有

$$\pi_{\Theta|\boldsymbol{X}}(\theta|\boldsymbol{x}) = \frac{\pi(\boldsymbol{x},\theta)}{f_{\boldsymbol{X}}(\boldsymbol{x})}$$

$$= \frac{\left(\prod_{i=1}^n x_i\right)\theta^{2n+1}e^{-\theta\left(1+\sum_{i=1}^n x_i\right)}}{\dfrac{(2n+1)!\prod_{i=1}^n x_i}{\left(\sum_{i=1}^n x_i+1\right)^{2n+2}}}$$

$$= \frac{\left(\sum_{i=1}^n x_i + 1\right)^{2n+2}}{(2n+1)!} \theta^{2n+1} e^{-\theta\left(1+\sum_{i=1}^n x_i\right)}.$$

又

$$\mu_{n+1}(\theta) = E[X_{n+1}|\Theta=\theta] = \int_0^\infty x^2 \theta^2 e^{-\theta x} dx = \frac{2}{\theta},$$

因此有

$$E(X_{n+1}|\boldsymbol{X}=\boldsymbol{x}) = \int_0^\infty \mu_{n+1}(\theta) \pi_{\Theta|\boldsymbol{X}}(\theta|\boldsymbol{x}) d\theta$$

$$= \int_0^\infty \frac{2}{\theta} \frac{\left(\sum_{i=1}^n x_i + 1\right)^{2n+2}}{(2n+1)!} \theta^{2n+1} e^{-\theta\left(1+\sum_{i=1}^n x_1\right)} d\theta$$

$$= \frac{2\left(\sum_{i=1}^{n} x_i + 1\right)^{2n+2}}{(2n+1)!} \int_0^\infty \theta^{2n} e^{-\theta\left(1+\sum_{i=1}^{n} x_1\right)} d\theta$$

$$= \frac{2}{2n+1}\left(1 + \sum_{i=1}^{n} x_i\right).$$

最后,

$$E(X_{n+1}) = E\left(\frac{2}{\Theta}\right) = \int_0^\infty \frac{2}{\theta} \theta e^{-\theta} d\theta = 2.$$

2. 根据下面的等式:

$$E(X_3) = \hat{\alpha}_0 + \hat{\alpha}_1 E(X_1) + \hat{\alpha}_2 E(X_2),$$
$$\text{cov}(X_1, X_3) = \hat{\alpha}_1 \text{cov}(X_1, X_1) + \hat{\alpha}_2 \text{cov}(X_1, X_2),$$
$$\text{cov}(X_2, X_3) = \hat{\alpha}_1 \text{cov}(X_1, X_2) + \hat{\alpha}_2 \text{cov}(X_2, X_2),$$

得到

$$4 = \hat{\alpha}_0 + \hat{\alpha}_1 + 2\hat{\alpha}_2,$$
$$2 = \hat{\alpha}_1 + \hat{\alpha}_2,$$
$$3 = \hat{\alpha}_1 + 2\hat{\alpha}_2,$$

解得

$$\hat{\alpha}_1 = \hat{\alpha}_2 = \hat{\alpha}_0 = 1.$$

从而信度保费为

$$1 + X_1 + X_2.$$

3. (1) 经计算易得

$$\mu(\theta) = \frac{2}{\theta}$$

及

$$\mu = E\mu(\Theta) = 1.$$

又

$$v(\theta) = \text{var}(X|\Theta = \theta) = \frac{2}{\theta^2}, \quad v = Ev(\Theta) = 1$$

及
$$a = \text{var}(\mu(\Theta)) = 2 - 1 = 1.$$

此题中 $m_i = 1, w(\theta) = 0$ 及
$$\text{var}(X_j | \Theta = \theta) = v(\theta).$$

利用定理 8.3.3, 可得第 7 年的信度保费为
$$Z\overline{X} + (1-Z)\mu,$$

其中,
$$m^* = \sum_{j=1}^{6} \frac{m_j}{v} = 6,$$

$$Z = \frac{am^*}{1+am^*} = \frac{6}{1+6} = \frac{6}{7},$$

所以有
$$\hat{\alpha}_0 = (1-Z)\mu = \frac{\mu}{1+am^*} = \frac{1}{7}.$$

(2) 类似前面的讨论, 有
$$Z = \frac{am^*}{1+am^*} = \frac{n}{1+n}.$$

4. (1) 先证明
$$\mu(\theta) = -\frac{q'(\theta)}{q(\theta)}.$$

由
$$\frac{\partial}{\partial \theta} f_{X|\Theta}(x|\theta) = \frac{\partial}{\partial \theta} \frac{p(x)\mathrm{e}^{-\theta x}}{q(\theta)}$$

$$= -f_{X|\Theta}(x|\theta)\left(x + \frac{q'(\theta)}{q(\theta)}\right),$$

可知
$$\int_{\mathbb{R}} \frac{\partial}{\partial \theta} f_{X|\Theta}(x|\theta)\mathrm{d}x = -\int_{\mathbb{R}} x f_{X|\Theta}(x|\theta)\mathrm{d}x - \frac{q'(\theta)}{q(\theta)} \int_{\mathbb{R}} f_{X|\Theta}(x|\theta)\mathrm{d}x$$

$$= -\mu(\theta) - \frac{q'(\theta)}{q(\theta)}.$$

由

$$\frac{\partial}{\partial \theta} \int_{\mathbb{R}} f_{X|\Theta}(x|\theta) \mathrm{d}x = \frac{\partial}{\partial \theta} 1 = 0,$$

知

$$\mu(\theta) = -\frac{q'(\theta)}{q(\theta)}.$$

(2) 然后证明 $v(\theta) = -\mu'(\theta)$.

根据题意有

$$\frac{\partial}{\partial \theta} f_{X|\Theta}(x|\theta) = -(x - \mu(\theta)) f_{X|\Theta}(x|\theta),$$

又

$$\frac{\partial^2}{\partial \theta^2} f_{X|\Theta}(x|\theta) = \mu'(\theta) f_{X|\Theta}(x|\theta) + (x - \mu(\theta))^2 f_{X|\Theta}(x|\theta),$$

知

$$0 = \int_{\mathbb{R}} \frac{\partial^2}{\partial \theta^2} f_{X|\Theta}(x|\theta) \mathrm{d}x$$

$$= \mu'(\theta) \int_{\mathbb{R}} f_{X|\Theta}(x|\theta) \mathrm{d}x + \int_{\mathbb{R}} (x - \mu(\theta))^2 f_{X|\Theta}(x|\theta) \mathrm{d}x$$

$$= \mu'(\theta) + \mathrm{var}\,(X|\Theta = 0),$$

所以

$$v(\theta) = \mathrm{var}\,(X|\Theta = \theta) = -\mu'(\theta).$$

(3) 再证明

$$E\mu(\Theta) = b.$$

易于验证

$$\frac{\pi'(\theta)}{\pi(\theta)} = -\frac{k q'(\theta)}{q(\theta)} - bk = -k(\mu(\theta) - b).$$

所以根据
$$\pi(\theta_1) - \pi(\theta_0) = \int_{\theta_0}^{\theta_1} \pi'(\theta)\mathrm{d}\theta = 0,$$

得到
$$E\mu(\Theta) = b.$$

(4) 计算贝叶斯保费. 有
$$E(X_{n+1}|\boldsymbol{X}=\boldsymbol{x}) = \int_{\theta_0}^{\theta_1} \mu(\theta)\pi_{\Theta|\boldsymbol{X}}(\theta|\boldsymbol{x})\mathrm{d}\theta.$$

根据
$$\pi_{\Theta|\boldsymbol{X}}(\theta|\boldsymbol{x}) = \frac{1}{f_{\boldsymbol{X}}(\boldsymbol{x})}\left[\prod_{j=1}^{n} f_{X_j|\Theta}(x_j|\theta)\right]\pi(\theta)$$
$$= cq(\theta)^{-n-k}\mathrm{e}^{-\theta(bk+n\overline{x})}$$
$$= cq(\theta)^{-k_*}\mathrm{e}^{-\mu_* k_* \theta},$$

知此种情况下的密度函数形式与 $\pi(\theta)$ 的密度函数形式相同,
$$\mu_* = \frac{bk + n\overline{X}}{k+n} = \frac{n}{n+k}\overline{X} + \frac{k}{n+k}b$$

其中, $k_* = n + k$. 因此可推得
$$E(X_{n+1}|\boldsymbol{X}=\boldsymbol{x}) = \int_{\theta_0}^{\theta_1} \mu(\theta)cq(\theta)^{k_*}\mathrm{e}^{-\mu_* k_* \theta}\mathrm{d}\theta$$
$$= \mu_* = Z\overline{X} + (1-Z)\mu.$$

由于其为 X_j 的线性函数, 所以满足精确信度.

第 九 章

1. (1) 折扣级别 0%, 30%, 50% 对应的保单数目分别为 x_1, x_1, x_2. 根据
$$x_0 = (x_0 + x_1 + x_2)(1 - p_0),$$

$$x_1 = x_0 p_0,$$
$$x_2 = x_1 p_0 + x_2 p_0,$$
$$x_0 + x_1 + x_2 = 10000,$$

解得

$$x_0 = 10000(1 - p_0),$$
$$x_1 = 10000(1 - p_0)p_0,$$
$$x_2 = \frac{x_1 p_0}{1 - p_0} = 10000 p_0^2.$$

(i) $\lambda = 0.1$ 时， $p_0 = \mathrm{e}^{-\lambda} = 0.90484$，此时有

$$x_0 = 952, \quad x_1 = 861, \quad x_2 = 8187.$$

总保费为

$$100 x_0 + 70 x_1 + 50 x_2 = 564820.$$

(ii) $\lambda = 0.2$ 时， $p_0 = \mathrm{e}^{-\lambda} = 0.8187$，此时有

$$x_0 = 1813, \quad x_1 = 1484, \quad x_2 = 6703.$$

总保费为

$$100 x_0 + 70 x_1 + 50 x_2 = 620330.$$

(2), (3) 略.

第 十 章

3. 半年期保单的已赚保费：

$$24000000 \text{元} \times 0.5 + 24000000 \text{元} \times 0.5 \times 0.5 = 18000000 \text{元},$$

一年期已赚保费：

$$120000000 \text{元} \times 0.5 = 60000000 \text{元}.$$

所以总已赚保费为 18000000 元 + 60000000 元 = 78000000 元.

4. 由题意,有

$$200 \text{元} \times \exp(0.10 \times (3 + 10/12)) \times 0.40$$
$$+ 217 \text{元} \times \exp(0.10 \times (2 + 10/12)) \times 0.60 = 290.22 \text{元}.$$

5. 由题意,有

年度	水平因子	已赚保费 (元)	当前费率水平下 已赚保费 (元)
1991	$1.05 \times (1/8) + 1.08 \times 1.05 \times (7/8) = 1.1235$	2927	$2927 \times 1.1235 = 3288.48$
1992	$1.05 \times 1.08 \times (1/8) + 1.05 \times (7/8) = 1.0605$	3301	$3301 \times 1.0605 = 3500.71$
1993	$9/32 \times 1 + 1.05 \times (23/32) = 1.0359$	3563	$3563 \times 1.0359 = 3690.91$

6. 利用赔付率法来计算,较准确些.

7. 先计算当前费率水平,再利用赔付率法计算指示费率为 207.29 元.

8. 由题意,有

$$\frac{1000000}{2000000} \times (1.05)^4 \times \frac{0.30}{0.600}$$
$$+ \frac{2000000}{3000000} \times (1.05)^3 \times \frac{0.70}{0.600} = 1.2042516.$$

9. 700 元.

10. 1992 年的已赚保费为:

$$(50000 + 100000 - 40000) \text{元} = 110000 \text{元},$$

1992 日历年的已损失为

$$(90000 + 140000 - 160000) \text{元} = 70000 \text{元},$$

比率为 70000 元 /110000 元 $= 0.63$.

第 十 一 章

1. 6853 元, 6879 元, 7089 元.

2. 平均法: 3365元 (未贴现); 2989元 (贴现); 均值: 3382元 (未贴现), 3004元 (贴现).

4. 112.81元.

5. 11325元, 15116元, 13660元.

参考文献

[1] 陈家鼎, 刘婉如, 汪仁官. 概率统计讲义. 第三版. 北京: 高等教育出版社, 2005.
[2] 汪仁官. 概率论引论. 北京: 北京大学出版社, 1994.
[3] 李中杰. 非寿险精算学. 郑州: 河南科学技术出版社, 1996.
[4] 孟生旺, 袁卫. 实用非寿险精算学. 北京: 经济科学出版社, 1999.
[5] 谢志刚, 韩天雄. 风险理论与非寿险精算. 天津: 南开大学出版社, 2000.
[6] 邹公明. 非寿险精算数学与实务. 上海: 上海财经大学出版社, 2003.
[7] 王静龙, 汤鸣, 韩天雄. 非寿险精算. 北京: 中国人民大学出版社, 2004.
[8] 李恒琦. 非寿险精算. 成都: 西南财经大学出版社, 2004.
[9] 谢志刚, 周晶晗. 非寿险责任准备金评估. 北京: 中国财政经济出版社, 2006.
[10] 张琳. 非寿险定价. 中国精算师（非寿险方向）资格考试参考资料.
[11] 韩天雄. 非寿险精算数学. 中国精算师（非寿险方向）资格考试参考资料.
[12] 张博. 精算学. 北京: 北京大学出版社, 2005.
[13] 吴小平. 保险公司非寿险业务准备金评估实务指南. 北京: 中国财政经济出版社, 2005.
[14] 肖争艳, 高洪忠. 非寿险精算. 北京: 中国人民大学出版社, 2006.
[15] Brown R L, Gottlieb L R. Introduction to ratemaking and loss reserving for property and casualty insurance. 2nd ed. Winsted, C.T.: Actex, 2001.
[16] Straub E. Non-life insurance mathematics. Berlin, Heidelberg: Springer-Verlag; Zurich: Association of Swiss Actuaries, 1998.
[17] Hossack I B, Pollard J H, Zehnwirth B. Introductory statistics with applications in general insurance. Cambridge: Cambridge University Press, 1993.
[18] Lemaire J. Bonus-malus systems in automobile insurance. Massachusetts: Kluwer, 1995.

[19] Klugman S A, Panjer H H, Willmot G E. Loss models: from data to decisions. 2nd ed. N.J.: Wiley, 2004.

[20] Panjer H H. Recursive evaluation of a family of compound distributions. Astin Bulletin, 1981, 12(1): 22~26.

[21] Panjer H H, Willmot G E. Insurance risk models. Schaumburg: Society of Actuaries, 1992.

[22] Foundations of casualty actuarial science. 4th ed. Virginia: Casualty Actuarial Society, 2001.

[23] Samuel A B. Study manual: course 4 of Society of Actuaries, exam 4 of the Casualty Actuarial Society. Winsted, C.T.: Actex, 2000.

[24] Gauger M A. Study manual: course 3 of Society of Actuaries, exam 3 of the Casualty Actuarial Society. Winsted, C.T.: Actex, 2004.

名词索引

A

$(a,b,0)$ 类分布	40
$(a,b,1)$ 类分布	48
案均赔款法	249

B

Bühlmann 模型	158
Bühlmann-Straub 模型	160
Bornhuetter-Ferguson (B-F) 方法	246
报案年数据	94
保单年数据	94
贝叶斯保费	145
比率方法	249
标度分布族	31
部分信度	134

C

CAS 方法	211
乘法模型	215

D

单元	203
当前费率的加权平均	207
当前相对数的加权平均	207

E

二十四分之一法	259
二项分布	5

F

发展因子	104
费率	133
分离方法	115
负二项分布	5
复合风险模型	8
复合泊松随机变量	9
复合二项随机变量	9
复合负二项随机变量	9
风险保费	75
风险单位	75
风险量	76

G

概率生成函数	3
个体风险模型	16

H

回归平衡因子	218

I

IBNR (已发生未报案) 赔案	120

J

基本级别	203
基础费率	203
基元	203
级别相对数	203
加法模型	214
假设检验	85
间接理赔费用	197
间接理赔费用准备金	255
经验费率	133
精确信度	161
矩估计	82
矩母函数	3
均值法	104

L

理赔费用准备金	196
理赔模型	92
链梯法	242
零点截断	44
零点修正	44
流量预期法	261

M

毛 IBNR 准备金	196
目标赔付率 (PLR)	201

N

NCD 系统	181
逆七十八法则	261

P

Panjer 递推算法	61
泊松分布	5
赔付率	198
赔付率法	202
平均法	104
平行四边形方法	209

Q

七十八法则	260
趋势因子	108

R

日历年数据	94

S

SOA 方法	210
三百六十五分之一法	259
事故年数据	94
损失成本	75
损失成本法	201
损失分布	9
索赔次数	9
索赔临界值	183
索赔频率	9, 75

T

同质的	82

W

完全数据	93
完全数据类型	92
完全信度	134
未到期责任准备金	196
未决赔款准备金	196
未赚保费	196

X

信度保费	145
信度加权平均法	173
信度因子	134

Y

延迟表	121
已发生损失	104
已发生已报案未决赔款准备金	196
已获风险量	77
已签风险量	77
已赚保费	196, 198
有效风险量	77

Z

再保险	68
直接理赔费用	197
直接理赔费用准备金	255
指示费率 (IR)	200
指示费率的加权平均	207
指示费率的总体变化量	201
指示相对数的加权平均	208
置信区间	82
终极赔付额	106
自留额	68
总赔付额方法	249
总体数据类型	92
总准备金	196
最大似然估计	82
最近 5 年平均法	104